신주 사마천 사기 24

외척세가

초원왕세가

형연세가

제도혜왕세가

소상국세가

조상국세가

유후세가

이 책은 롯데장학재단의 지원을 받아 번역, 출간되었습니다.

신주 사마천 사기 24 / 외척세가·초원왕세가·형연세가·제도혜왕세가·소상국세가·조상국세가·유후세가

초판 1쇄 인쇄 2022년 6월 15일
초판 1쇄 발행 2022년 6월 30일

지은이 (본문) 사마천
(삼가주석) 배인·사마정·장수절
번역 및 신주 한가람역사문화연구소 사기연구실

펴낸이 이덕일
펴낸곳 한가람역사문화연구소

등록번호 제2019-000147호
주소 서울특별시 종로구 김상옥로17 대호빌딩 신관 305호
전화 02) 711-1379
팩스 02) 704-1390
이메일 hgr4012@naver.com

ISBN 979-11-90777-34-6 94910

값은 뒤표지에 있습니다.

세계 최초
삼가주석
완역

신주
사마천
사기

외척세가 | 초원왕세가 | 형연세가
제도혜왕세가 | 소상국세가
조상국세가 | 유후세가

지은이
본문_ 사마천
삼가주석_ 배인·사마정·장수절

번역 및 신주
한가람역사문화연구소 사기연구실

한가람역사문화연구소

차례

사기 제51권 史記卷五十一
형연세가 荊燕世家

사기 제52권 史記卷五十二
제도혜왕세가 齊悼惠王世家

차례

사기 제53권 史記卷五十三
소상국세가 蕭相國世家

사기 제54권 史記卷五十四
조상국세가 曹相國世家

사기 제55권 史記卷五十五
유후세가 留侯世家

新註史記

신주사기17	사기 31권	오태백세가	편
	사기 32권	제태공세가	편
신주사기18	사기 33권	노주공세가	편
	사기 34권	연소공세가	편
	사기 35권	관채세가	편
	사기 36권	진기세가	편
	사기 37권	위강숙세가	편
신주사기19	사기 38권	송미자세가	편
	사기 39권	진세가	편
신주사기20	사기 40권	초세가	편
	사기 41권	월왕구천세가	편
신주사기21	사기 42권	정세가	편
	사기 43권	조세가	편
신주사기22	사기 44권	위세가	편
	사기 45권	한세가	편
	사기 46권	전경중완세가	편
신주사기23	사기 47권	공자세가	편
	사기 48권	진섭세가	편
신주사기24			◀
			◀
			◀
			◀
			◀
			◀
			◀
신주사기25	사기 56권	진승상세가	편
	사기 57권	강후주발세가	편
	사기 58권	양효왕세가	편
	사기 59권	오종세가	편
	사기 60권	삼왕세가	편

원 사료는 중화서국中華書局 발행의 《사기》와 영인본 《백납본사기百衲本史記》를 기본으로 삼고, 인터넷 사료로는 대만 중앙연구원 역사어언연구소歷史語言研究所에서 제공하는 한적전자문헌자료고漢籍電子文獻資料庫의 《사기》를 참조했다.

일러두기

1. 네모 상자 안의 글은 사기 본문 및 삼가주석 서문의 글이다.
2. 한글 번역문 바로 아래 한문 원문을 실어 쉽게 대조할 수 있게 했다.
3. 삼가주석 아래 신주를 실어 우리 연구진의 새로운 해석을 달았다.
4. 사기 분문뿐만 아니라 삼가주석도 필요할 경우 신주를 달았다.
5. 직역을 원칙으로 삼고 의역은 최대한 피했다.
6. 한문 원문의 ( )는 빠져야 할 글자를, [ ]는 추가해야 할 글자를 나타낸다.

《사기》〈세가〉에 관하여

1. 〈세가〉의 여섯 유형

《사기》〈본기本紀〉가 제왕들의 사적이라면 〈세가世家〉는 제후들의 사적이다. 〈본기〉가 모두 12편으로 1년의 열두 달을 상징한다면 〈세가〉는 모두 30편으로 한 달을 상징한다. 훗날 북송北宋의 구양수歐陽修(1007~1072)가 《신오대사新五代史》를 편찬하면서 〈열국세가列國世家〉 10편을 저술했지만 반고班固는 《한서漢書》를 편찬할 때 〈열전〉만 저술하고 〈세가〉는 두지 않았다. 반고는 천하의 군주는 황제 1인이라고 다른 왕들의 존재를 인정하지 않았지만, 사마천은 〈세가〉를 설정해 각 지역의 제후도 독자적 영역을 가진 군주로 인정했다. 따라서 〈세가〉는 사마천이 역사를 바라보는 독특한 시각이 담긴 체제이다. 물론 《사기》의 중심은 〈본기〉로 제왕들이 중심이자 축이지만 그 중심이자 축은 혼자서는 기능하지 못하고 다른 기구들의 보좌가 있어야 제 역할을 할 수 있는데, 그중에서 제후로서 보좌한 인물들의 사적이 〈세가〉이다.

사마천이 〈세가〉를 편찬할 수 있었던 제도의 뿌리는 주나라의 봉건제라고 할 수 있다. 주나라는 제후들을 분봉할 때 공작, 후작, 백작, 자작, 남작의 다섯 작위를 주었는데 이들이 기본적으로 〈세가〉에 분류될 수 있는 제후들이다. 그러나 사마천은 주나라 이래의 수많은 제후 중에서 일부를 추려 30편의 〈세가〉를 저술했다. 〈세가〉는 대략 여섯 유형으로 나눌 수 있다.

〈세가〉의 유형별 분류

유형	목록	편수	내용
1	오태백吳太伯, 제태공齊太公, 노주공魯周公, 연소공燕召公, 관채管蔡, 진기陳杞, 위강숙衛康叔, 송미자宋微子, 진晉, 초楚, 월왕구천越王句踐, 정鄭	12	주나라 초기 분봉 제후
2	조趙, 위魏, 한韓, 전경중완田敬仲完	4	춘추전국 시기 제후가 된 인물들
3	공자孔子	1	유학의 종주
4	진섭陳涉	1	진秦 멸망 봉기의 단초
5	외척外戚, 초원왕楚元王, 형연荊燕, 제도혜왕齊悼惠王, 양효왕梁孝王, 오종五宗, 삼왕三王	7	한나라 외척 및 종친
6	소상국蕭相國, 조상국曹相國, 유후留侯, 진승상陳丞相, 강후주발絳侯周勃	5	한나라 초 개국공신

2. 〈세가〉의 대부분은 동이족 혈통

여섯 유형 중 가장 중요한 것은 제1유형으로 모두 열두 편이다. 주로 주나라 초기에 분봉된 제후들의 사적인데, 제1유형을 특징하는 가장 중요한 요소는 혈통이다. 사마천은 열두 편의 〈세가〉를 모두 오제의 후손으로 설정했다. 사마천이 《사기》를 지은 가장 중요한 목적은 황제黃帝를 시작으로 삼는 한족漢族의 천하사를 서술하려는 것이었는데, 이 목적을 더욱 세밀하게 이루려는 이유로 〈세가〉를 서술한 것이다. 사마천은 《사기》에서 동이족의 역사를 한족의 역사로 대체하고자 했는데, 〈세가〉도 이 목적 내에서 벗어나서는 안 되었다.

이런 의도에서 사마천은 〈세가〉의 대부분을 주나라 왕실의 후예로 설정했다. 상商(은)나라는 동이족 국가임이 명확했기에 상나라를 꺾고 중원을 차지한 주나라를 한족의 역사를 만든 최초의 나라로 간주하고 대부분의 〈세가〉를 주나라 왕실의 후예로 설정한 것이다. 이것은 비단 사마천의 의도뿐만 아니라 주나라 자체에도 이런 성격이 있었다. 주나라는 상나라를 꺾고 중원을 차지한 후 자국의 수도를 천하의 중심이라고 인식하기 시작했다. 여기에서 하락河洛이란 개념이 나온다. 낙양 북쪽으로 흐르는 황하黃河에서 하河 자를 따고 수도 낙양洛陽에서 낙洛 자를 딴 것이 '하락河洛'인데, 이곳이 주나라의 중심부였고 이 지역을 주족周族들이 중국中國이라고 부른 것이 중국의 탄생이었다.

그러나 〈세가〉의 시조 대부분을 주나라 왕실의 후예로 만들어 한족漢族의 역사를 서술하려는 사마천의 의도가 성공을 거두기는 쉽지 않았다. 해석이 사실을 너무 뛰어넘었기 때문이다. 역사의 사실을 바꾸는 것은 쉽지 않은 일이어서 사마천이 서술한 〈세가〉의 이면을 연구하면 각 나라의 시조들이 사실은 한족이 아니라 동이족임을 간파할 수 있다.

특히 주나라의 시조 후직后稷도 한족이 아닌 동이족이라는 점에서 사마천의 의도가 성공을 거두기는 쉽지 않은 일이었다. 후직에 대해 《사기》 〈주본기〉에서는 후직의 어머니 강원姜原이 제곡帝嚳의 원비元妃라고 말하고 있는데, 오제의 세 번째 제왕인 제곡은 동이족 소호少昊 김천씨의 손자로 동이족임이 명확하다. 그러므로 그 후예인 주나라 왕실은 동이족의 후예인 것이다. 그러니 사마천이 〈세가〉의 대부분을 주 왕실의 후예로 설정해 한족의 역사를 만들려고 했던 의도는 처음부터 빗나갈 수밖에 없었다. 사마천의 이런 의도를 간파하는 역사학자가 나타난다면 말이다.

주나라 시조 후직이 동이족이라면 사마천이 주왕실의 후예로 설정한 〈세가〉의 주요 인물들인 오태백, 노주공, 연소공, 관채(관숙 선, 채숙 도) 위강숙, 진강숙, 정환공 등도 모두 동이족의 후예일 수밖에 없다.

이는 실제의 혈통을 바꾸는 것이 얼마나 어려운 것인가를 말해주는 것이다. 〈세가〉의 두 번째 주인공인 제태공 여상이 동이족이라는 점이 이를 말해준다. 여상이 살았다는 '동해 위쪽[東海上]'에 대해서 배인裴駰이 《집해》에서 "《여씨춘추呂氏春秋》에는 '동이東夷의 땅이다.'라고 했다."고 쓴 것처럼 제태공은 명백한 동이족이자 상나라의 후예였다. 또한 진기(진陳나라와 기杞나라)는 맹자가 동이족이라고 말했던 순임금의 후예이고, 송미자는 동이족 국가였던 은나라 왕족이니 동이족일 수밖에 없다. 사마천은 초나라의 시조를 전욱 고양의 후손으로 설정했다. 전욱은 황제黃帝의 손자이자 창의昌意의 아들인데, 창의는 어머니와 아버지가 같은 형 소호의 동생이므로 역시 동이족이다. 월왕 구천은 우禹임금의 후예로 설정했는데, 남조南朝 유송劉宋의 유의경劉義慶이 5세기에 편찬한 《세설신어世說新語》에서 "우禹는 동이족이고 주나라 문왕은 서강西羌족이다."라는 구절이 있는 것처럼 하夏, 상商, 주周는 모두 이족夷族의 국가였다. 이는 중국의 삼대, 즉 하, 상, 주의 역사가 동이족의 역사임을 말해준다.

〈세가〉의 가장 중요한 제1유형에 속하는 열두 편의 주인공들은 모두 동이족의 후예였다. 사마천은 주나라부터는 한족이 역사의 주인공인 것처럼 서술했지만 서주西周가 멸망하는 서기전 771년의 사건에 대해 〈정세가〉에서 "견융犬戎이 유왕幽王을 여산驪山 아래에서 살해하고 아울러 정환공도 살해했다."라고 말하는 것처럼 이족夷族들은 제후국뿐만 아니라 주나라 왕실의 운명을 좌우할 정도로 주나라 왕실 깊숙이 뒤섞여 살았다. 동이족의 역사를 배제하면 〈세가〉를 이해할 수 없고, 〈세가〉가 존재할 수도 없다.

3. 유학적 관점의 〈세가〉 배열과 〈공자세가〉

사마천은 제후가 아니었던 공자를 세가 반열에 포함시킬 정도로 유학을 높였다. 비록 〈화식貨殖열전〉 등을 《사기》에 편찬해 의義보다 이利를 앞세웠다는 비판도 받았지만 사마천과 아버지 사마담司馬談은 기본적으로 유학자였다. 이런 사마천의 의도는 〈세가〉를 오태백부터 시작한 것에서도 드러난다. 유학에서 최고의 가치로 여겼던 선양禪讓을 높이기 위해서 주周나라 고공단보의 장남이지만 후사를 동생 계력에게 양보한 오태백을 〈세가〉의 첫 번째로 설정한 것이다.

그러나 〈세가〉는 각국의 시조를 모두 오제나 주나라 왕실의 후예로 설정한 모순이 드러난다. 태백과 동생 중옹이 도주한 형만은 지금의 강소성江蘇省 소주蘇州로 비정하는데, 태백과 중옹이 주나라 강역이 아니었던 남방 오나라의 군주가 되었다는 서술은 많은 검증이 필요하다. 마찬가지로 월나라에 대해 "월왕 구천은 그 선조가 우禹임금의 먼 자손으로 하후夏后 제소강帝少康의 서자庶子이다."라고 말하고 있는데 하나라 강역이 아니었던 월나라의 시조를 하나라 시조의 후손으로 설정한 것도 많은 검증이 필요하다.

4. 흥망성쇠의 역사

〈세가〉는 사실 《사기》의 어느 부분보다 역동적이다. 사마천은 비록 제왕은 아니었지만 한 나라를 세우거나 다스렸던 군주들의 흥망성쇠를 현장감 있게 전해주었다. 한 제후국이 어떻게 흥하고 망하는지는 지금도 많은 교훈과 생각거리를 준다. 진晉나라가 일개 호족들이었던 위魏, 한韓, 조趙씨의 삼진三晉에 의해 멸망하는 것이나, 제나라를 세운 태공망 여씨呂氏의 후손들이 전씨田氏들에 의해 멸망하고 선조들의 제사마저 폐해지는 장면 등은 내부를 장악하지 못한 왕실의 비극적 종말을 보여준다.

또한 같은 동이족이자 영성嬴姓이었던 진秦과 조趙의 양측 100만여 군사가 전사하는 장평지전長平之戰은 때로는 같은 혈통이 다른 혈통보다 더 적대적임을 말해주는 사례이다. 이 장평지전으로 진나라와 1대 1로 맞서는 국가가 사라졌고, 결국 진秦나라가 중원을 통일했다. 만약 장평지전이 없었다면 중원은 현재의 유럽처럼 여러 나라가 공존하는 대륙으로 남을 수 있지 않았을까라는 의문이 든다.

이렇게 중원을 통일한 진나라가 일개 농민이었던 진섭陳涉의 봉기로 무너지는 것은 한 필부匹夫의 한이 역사를 바꾼 사례라는 점에서 동서고금의 위정자들이 새겨야 할 교훈이 아닐 수 없다.

〈세가〉는 한나라 왕실 사람들도 그리 행복한 인생은 아니었다는 사실을 잘 말해주고 있다. 황후들의 운명 또한 그리 행복하지 않았다는 사실을

〈외척세가〉는 잘 보여주고 있다. 특히 한문제가 훗날 소제의 생모 구익부인을 죽이는 장면은 미래의 황제를 낳은 것이 행복의 시작이 아니라 개인적 불행의 정점이라는 점에서 역사의 냉혹함을 느끼게 한다.

효경제孝景帝의 다섯 명의 비妃에게서 난 열세 명의 아들에 대해 서술한 〈오종세가五宗世家〉 역시 황제의 아들이라는 신분이 때로는 축복이 아니라 저주일 수도 있다는 사실을 잘 말해준다. 무제의 세 아들 유굉劉閎, 유단劉旦, 유서劉胥에 대해 서술한 〈삼왕세가三王世家〉도 마찬가지이다. 〈삼왕세가〉는 청나라 양옥승梁玉繩이 《사기지의》에서 저소손褚少孫이 끼워 넣은 것이라고 비판했지만, 이와는 별도로 세 아들은 모두 풍요로운 땅에 봉해졌지만 나라가 없어지거나 자살해야 했으니 이 또한 고귀한 혈통일수록 겸손하고 자제해야 한다는 역사의 교훈을 말해주고 있다.

〈세가〉에서 서술한 각국, 각 제후 명칭과 연도는 그간 숱한 논쟁의 대상이 되어 왔다. 학자들에 따라서 1~2년 정도씩 차이가 나는 경우가 적지 않았다. 우리 해역진은 현재 중국 학계에서 인정하는 연표를 기본으로 서술했다. 그러나 이런 연표들이 다른 사료와 비교 검증했을 때 실제 연도와 다른 경우도 적지 않았다. 이 경우 〈수정 연표〉를 따로 제시했다. 〈수정 연표〉 작성은 이 분야를 오래 연구한 이시율 해역자가 주로 작성했고, 다른 해역자들의 검증도 거쳤음을 밝힌다.

사기 제49권 史記卷四十九
외척세가 外戚世家

사기 제49권 외척세가① 제19

史記卷四十九 外戚世家①第十九

색은 외척은 후비后妃의 기록인데, 후족后族 또한 대대로 봉작封爵이 있었기 때문이다. 《한서》는 열전 안에 엮었다. 왕은[1]은 그것을 '기紀'라 했으나 열전의 앞머리에 엮었다.

外戚 紀后妃也 后族亦代有封爵故也 漢書則編之列傳之中 王隱[1]則謂之爲紀而在列傳之首也

1 王隱왕은

신주 왕은은 자가 처숙處叔이고 동진東晉 때 사람이다. 《진서晉書》를 엮었는데 지금은 전하지 않고 《삼국지》 배송지 주석에 많이 인용되어 있다. 《후한서》 같은 경우는 황제기 다음에 황후기를 엮었다.

① 外戚世家외척세가

신주 외척은 황제의 부인을 말하는데 〈외척세가〉에서는 여후呂后, 박태후薄太后, 두태후竇太后, 왕태후王太后, 위황후衛皇后 등 다섯 황후를 다루었다. 여후는 한고조 유방의 부인인데 한고후漢高后, 여태후呂太后, 고황후高皇后라고도 불렸다. 원래 이름이 여치呂雉인데 산동성 출신으로 패현 사수의 정장이던 유방과 혼인하였고, 여동생 여수呂須는 번쾌에게 시집갔다. 팽성 전투에서 유방이 항우에게 패배한 후 시아버지 유태공과 함께 포로로 잡혔다가 석방되었다. 서기전 202년 유방이 중원을 차지하면서 유방은 고조가 되고 여치는 황후가 되었다.

유방이 진희陳豨의 봉기를 정벌하러 간 사이 여후는 소하의 도움을 받아 한신韓信 일가를 멸족시켰다. 고조 사후 아들 유영이 즉위해 혜제가 되는데, 이후 여후는 자신의 아들을 태자로 만들려던 척부인戚夫人의 손발을 잘라 이른바 인체人彘(인간 돼지)로 만든 사건으로 악명이 높다. 고조 유방 사후 여씨들을 다수 왕으로 봉해서 한漢을 여씨 왕조로 만들었지만 그가 세상을 떠난 후 여씨 왕들은 대부분 죽임을 당하고 집안이 몰락했다. 시호는 고황후였지만 후한 광무제가 폐위시켰고, 그의 시신마저 후한 때 적미赤眉 봉기군한테 훼손되고 말았다.

박태후는 위왕魏王 표豹의 첩이었을때, 여성 점술가 허부許負가 "천자를 낳을 것이다."라고 예언했는데, 표가 죽은 후 한漢 왕실 직조실에 들어 갔다가 유방에게 단 한 번의 총애를 받아 아들을 낳았다. 고조 유방 사후 여태후는 모든 후궁을 유폐시켰지만 박씨는 고조를 거의 만나지 못했기 때문에 유폐당하지 않고 아들이 대왕代王으로 있던 대나라의 왕태후가 되었다. 서기전 180년 여태후 일족이 주발, 진평 등의 봉기로 몰락한 후 여러 신하들이 대왕을 황제로 추대했는데 그가 문제文帝이다.

두태후는 문제의 부인으로 경제景帝의 생모이다. 문제 사후 태자 유계劉啓(경제)가 즉위해서 황태후가 되었다. 그는 여후와 달리 황제黃帝와 노자老子의 가르침을 따르는 황로지술黃老之術과 다스리지 않고도 다스려지는 도가道家의 무위이치無爲而治를 추구하여 도가가 한나라 황실에 자리잡는 데 큰 역할을 했다.

왕태후는 임금의 어머니를 뜻하는 호칭이지만 여기에서는 경제의 두 번째 황후 왕지王娡를 가리키는데, 무제武帝의 생모이다. 효경孝景황후라고도 불린다. 왕지의 어머니 장아臧兒는 연왕 장도臧荼의 손녀인데, 장도가 쫓겨난 후 평민으로 전락했다. 장아는 괴리현槐里縣의 왕중王仲에게 시집가서 1남 2녀를 낳았는데 장녀가 왕지이다. 두 딸은 모두 태자궁에 들어갔는데 태자는 왕지를 총애해서 3남 1녀를 낳았다. 왕지가 임신했을 때 꿈에 해가 배 속으로 들어가는 꿈을 꾸고 태자에게 말했더니 "귀하게 될 징조이다."라고 말했다. 해가 배 속으로 들어가는 꿈은 전형적인 동이족 태몽이다. 문제가 세상을 떠나고 태자가 즉위했는데 그가 경제이다. 경제의 황후 박씨는 자식이 없어 율희栗姬가 낳은 서장자庶長子 유영劉榮이 태자가 되었다. 율희는 황후가 되기를 원했지만 경제의 누나 장공주長公主한테 폐위되고 왕씨가 황후가 되면서 어린 아들 교동왕膠東王 유철劉徹이 경제의 뒤를 이어 즉위했는데 그가 무제이다.

위황후는 무제의 두 번째 황후로 자가 자부子夫였으므로 위자부로도 불린다. 위자부는 무제의 누이 평양공주平陽公主의 가희歌姬가 된 이후 무제의 눈에 띄어 입궁해서 세 공주와 태자 유거劉据를 낳았고 황후로 책봉되었다. 위자부의 동생 위청衛青이 흉노를 격퇴해 대사마와 대장군이 되고, 조카 곽거병霍去病도 대사마, 표기장군이 되는 등 집안에서 다섯 명의 후侯가 나오는 명가가 되었다. 그러나 태자 유거가 강충의 모함을 받는 무고의 변에 반발해 군사를 일으켰다가 자살하고, 위황후도 자살로 생애를 마쳤다.

사마천은 제왕 혼자 창업한 것이 아니라 외척의 도움이 있었다고 말했지만 많은 황후와 그 가족들이 비참한 운명에 처하거나 사후 몰락하는 것에서 권력의 무상함을 느끼게 한다.

제一장

국가의 운명을 쥔 외척

옛날부터 하늘의 명을 받아 (창업한) 제왕과 선제의 바른 체제를 계승해서 법도를 지킨 군주가① 안의 덕을 무성하게 한 것은 혼자가 아니라 대개 또한 외척의 도움이 있었다.②

하夏나라가 흥성한 것은 도산塗山씨 때문이고,③ 걸桀이 추방당한 것은 말희末嬉 때문이다.④

自古受命帝王及繼體守文之君① 非獨內德茂也 蓋亦有外戚之助焉②

夏之興也以塗山③ 而桀之放也以末喜④

① 繼體守文之君 계체수문지군

색은 살펴보니 계체繼體는 창업의 군주가 아니라, 곧 적자嫡子가 선제의 정체를 계승해 즉위한 것을 이른다. 수문守文은 수법守法과 같다. 천명을 받아 창제한 군주가 아니고 다만 선제의 법도를 지켜 군주가 된 것을 말할 뿐이다.

按 繼體謂非創業之主 而是嫡子繼先帝之正體而立者也 守文猶守法也 謂非受命創制之君 但守先帝法度爲之主耳

② 外戚之助焉외척지조언

색은 살펴보니 군주의 덕이 안에서 무성한 것은 혼자 이룬 것이 아니라 또한 어진 후비后妃의 외척이 친밀한 도움과 교화가 있었다는 것을 이른다.

按 謂非獨君德於內茂盛 而亦有賢后妃外戚之親以助教化

③ 夏之興也以塗山하지흥야이도산

색은 위소가 말했다. "도산塗山은 국명이다. 우禹가 부인을 취한 곳인데 지금의 구강군에 있다." 응소가 말했다. "구강군 당도當塗에 우허禹墟가 있다. 《대대례기》에서 말한다. '우임금은 도산씨 딸을 취했는데, 교僑라고 이른다. 교는 계啓를 낳았다.'고 한다."

韋昭云 塗山 國名 禹所娶 在今九江 應劭云 九江當塗有禹墟 大戴云 禹娶塗山氏之女 謂之僑 僑産啓

신주 도산은 고대 회계산會稽山이다. 〈오제본기〉 공문상孔文祥의 주석에, "송宋(주나라의 제후국)나라 말기에 회계會稽에서 우묘禹廟를 수리할 때, 묘정廟庭의 산토山土에서 오등五等의 규벽圭璧 100여 매枚를 얻었는데, 형상은 《주례》에 쓰여 있는 것과 동일했으며, 길이는 짧고 작았다. 이것은 곧 우禹가 제후들을 회계에 모아 놓고 규를 쥐고 산신山神에게 예를 하고 묻은 것이다. 그 벽璧은 지금도 존재하고 있다."라고 했다.

현재 중국에서는 강소성江蘇省 소주蘇州 중심 일대를 회계라고 말하는데, 주나라 제후국인 송은 하남성 상구商丘 중심 일대였으니 이는 고대 회계가 어디인지 말해준다. 고대 회계란 사수泗水와 수수睢水 일대를 벗어나지 못하며, 그래서 고대 송나라의 우虞라는 지명이 근대 전까지 계속 존재하고 있었다. 응소의 주석에서 말한 곳도 이곳보다 남쪽이긴 하지만, 지금의 회계는 아니다. 응소의 말은 '당도'란 이름으로 고대 회계를 추리한 것이니, 즉 도산이 결국 옛날 회계라는 뜻이다. 현재 강소성 회계에 우禹의 무덤이 있고, 이곳이 우가 제후들과 회맹한 곳이라고 말하는 것 등은 후대에 중국인들이 확장시킨 결과일 가능성이 높다. 우가 자신의 영토가 아닌 곳으로 제후들을 불렀다고 볼 수는 없기 때문이다.

④ 桀之放也以末喜걸지방야이말희

색은 《국어》에서 "걸桀이 유시有施를 정벌하자, 유시 사람이 말희妹喜라는 딸을 바쳤다."라고 했는데, 위소가 말했다. "유시씨 딸의 성이 희喜이다."

國語桀伐有施 有施人以妹喜女焉 韋昭云有施氏女 姓喜

신주 말희는 하夏나라의 마지막 왕 걸왕桀王의 왕비이다. 은나라 탕왕에게 패한 걸은 남소南巢로 추방되어 그곳에서 죽었다고 한다.

은殷나라의 흥성함은 유융국有娀國 때문이고,① 주왕紂王이 죽임을 당한 것은 달기妲己를 총애해서였다.② 주周나라의 흥성함은 강원姜原과③ 태임④ 때문이고, 유왕幽王이 사로잡힌 것은 포사褒姒에게 깊이 빠져 있어서였다.⑤

殷之興也以有娀① 紂之殺也嬖妲己② 周之興也以姜原③及大任④ 而幽王之禽也淫於褒姒⑤

① 殷之興也以有娀은지흥야이유융

색은 위소가 말했다. "설契의 어머니는 간적簡狄이고 유융국의 딸이다. '숭嵩'으로 발음한다."

韋昭云 契母簡狄 有娀國女 音嵩

신주 간적은 유융씨有娀氏의 딸로, 제곡 고신씨帝嚳高辛氏의 차비次妃이다. 고대 유융국에 대해《사기》〈은본기〉에서 장수절은 "유융국은 마땅히 포주에 있었다.[有娀當在蒲州也]"라고 했는데, 현재 중국 학계에서는 산서성山西省 운성시運城市 서쪽 영제시永濟市 포주진蒲州鎭 일대로 비정한다.

간적은 자식을 낳게 해 달라고 교매郊禖에게 기도하여 제비 알을 삼키고 태기가 있어 상商나라 시조 설契을 낳았다고 한다. 전형적인 동이족 난생사화卵生史話라는 점에서 유융국과 상나라는 모두 동이족 국가임을 알 수 있다.

② 紂之殺也嬖妲己주지살야폐달기

색은 《국어》에서 말한다. "은나라 신辛이 유소씨有蘇氏를 정벌하자, 유소씨는 달기라는 딸을 바쳤다." 살펴보니 유소는 국가이다. 기己는 성이고 달妲은 자字이다. 포개가 말했다. "妲은 '잘[丁達反]'로 발음한다."

國語殷辛伐有蘇氏 有蘇氏以妲己女焉 按 有蘇 國也 己 姓也 妲 字也 包愷云妲音丁達反

신주 달기는 은나라 마지막 왕 주왕紂王의 애첩이다. 사마천을 비롯한 유학적 소양의 역사가들은 달기 때문에 은나라가 기울고 주나라 무왕武王의 침입을 받아 망했다고 했다. 군주의 총애를 받는 여성 때문에 나라가 기울어진다는 망국론의 공식은 유학자들이 만들어낸 신화에 불과하다.

③ 周之興也以姜原주지흥야이강원

색은 《세본》에서 말한다. "제곡의 상비上妃는 유대씨 딸이며, 강원姜原

이라 한다." 정현은《시경》에 주석을 달아 말했다. "강姜은 성이고 원嫄은 이름인데 거인의 발자국을 밟고 (감응해) 후직后稷을 낳았다."

系本云 帝嚳上妃有邰氏之女 曰姜原 鄭玄箋詩云 姜姓 嫄名 履大人跡而生后稷

④ 大任태임

색은 살펴보니 태임은 문왕文王의 어머니이다. 그러므로《시경》에서 "지중씨임摯仲氏任"이라고 했고,《모전》에서 "지국摯國 임성任姓의 가운데 딸이다."라고 했다.

按 大任 文王之母 故詩云摯仲氏任 毛(詩)[傳]云摯國任姓之中女也

신주 지국은 왕성王姓이 임성任姓이고 지국 도성都城은 현재 하남성河南城 평여현平輿縣 고괴진古槐鎭 서탑사西塔寺 자리로 비정한다. 상나라 말기에 지국의 군주 둘째 딸 태임이 계력에게 시집가서 주나라 문왕 희창姬昌을 낳았다고 한다. 지국의 시조는 해중奚仲으로 하夏왕이 설薛 땅에 봉했는데, 현재 하남성 정양현正陽縣 여남부진汝南埠鎭으로 비정한다. 해중의 후예 조기祖己는 상나라 중기 군주 무정武丁을 도와 '무정중흥武丁中興'을 이끈 공으로 설 땅에 다시 봉해졌다. 동이족 국가 상나라에서 거듭 중용된다는 점에서 역시 동이족 국가이다.

⑤ 幽王之禽也淫於褒姒유왕지금야음어포사

색은《국어》에서 말한다. "유왕이 유포有褒를 정벌하자 유포 사람들이 포사라는 딸을 바쳤다." 살펴보니 포褒는 나라 이름이고 사姒는 그의 성으로 곧 용시龍漦의 자손인데 포 사람이 길러서 유왕에게 시집보낸 것이다. 그러나 이 문장의 '하지흥夏之興'에서부터 '포사'에 이르기까지 모두 위여이魏如耳의 어머니가 말한 것인데, 《국어》와 《열녀전》에 나온다.

國語曰 幽王伐有褒 有褒人以褒姒女焉 按 褒是國名 姒是其姓 即龍漦之子 褒人育而以女於幽王也 然此文自夏之興 至褒姒 皆是魏如耳之母詞 見國語及列女傳

> 그러므로 《역경》은 건乾과 곤坤에 기초했고, 《시경》은 관저關雎① 에서 시작했으며, 《서경》은 황녀皇女가 신하에게 시집가는 것을 [釐降]② 찬미했고, 《춘추》는 (지아비가) 친히 신부의 집에 가서 맞이하지 않는 것을 나무랐다.③
>
> 부부 사이는 사람의 도리에서 큰 질서이다. 그래서 예를 운용함에 오직 혼인의 예禮는 신중하고 또 신중해야 한다. 대저 음악이 조화로우면 네 계절이 화락하고, 음양의 변화로 모든 사물이 다스려지는 것이니④ 삼가지 않을 수 있겠는가? 그러나 사람의 능력으로 도를 넓힐 수는 있어도 운명은 어찌할 수가 없다.
>
> 故易基乾坤 詩始關雎① 書美釐降② 春秋譏不親迎③ 夫婦之際 人道之大倫也 禮之用 唯婚姻爲兢兢 夫樂調而四時和 陰陽之變 萬物之統也④ 可不愼與 人能弘道 無如命何

① 關雎관저

신주 〈공자세가〉에 따르면 공자는 인륜이 무너진 것을 바로잡기 위하여 그 근간인 부부의 도를 맨 처음 세우려고, 군주의 부부 사이를 노래한 '관저'를 《시경》의 앞머리로 삼았다고 한다.

② 釐降이강

신주 요임금이 딸을 순舜에게 시집보낸 고사에서 유래되었는데, 왕녀를 신하에게 시집보내는 것을 말한다. 《상서》 〈요전〉에서 "요임금이 두 딸을 규수嬀水 북쪽에 시집보내 우순虞舜의 아내로 삼게 했다.[釐降二女于嬀汭 嬪于虞]"고 한다.

③ 春秋譏不親迎춘추기불친영

색은 살펴보니 《공양전》에서 말한다. "기열수紀裂繻가 와서 여인을 맞이했는데 왜 기록하여 나무랐는가? 친영하지 않는 것을 나무란 것이다."

按 公羊紀裂繻來逆女 何以書譏也 譏不親迎也

④ 樂調而～萬物之統也악조이～만물지통야

색은 만약 음악 소리가 조화되면 네 계절이 화락해지고, 음과 양이 변화하면 만물이 태어날 수 있는데 이 음양은 곧 부부를 말한다. 부부의 도가 화락하면 능히 만물을 조화시켜 태어나게 한다. 만물은 사람이 그것을 만드는 근본이니 그래서 '만물지통萬物之統'이라고 이른 것이다.

以言若樂聲調 能令四時和 而陰陽變 則能生萬物 是陰陽即夫婦也 夫婦道和而能化生萬物 萬物 人爲之本 故云萬物之統

심하구나. 배필[①]을 사랑함이여! 군주는 신하에게 그것을 얻을 수 없고[②] 아버지는 자식에게 그것을 얻을 수 없는 것인데 하물며 낮은 사람들은 오죽하겠는가? 이미 즐겁게 교합하고도 혹은 자손을 번성시키지 못하고[3] 자손을 번성시키더라도 혹은 그 수명을 다하지 못하기도 한다.[4] 이 어찌 운명이 아니겠는가?
공자孔子는 운명에 대해 말하는 것이 드물었는데, 대개 말하기 어려운 것이었기 때문이리라. 내세來世와 현세現世의 변화에 통달하지 않았다면 어찌[5] 성명性命을 제대로 알겠는가?
甚哉 妃匹[1]之愛 君不能得之於臣[2] 父不能得之於子 況卑下乎 旣驩合矣 或不能成子姓[3] 能成子姓矣 或不能要其終[4] 豈非命也哉 孔子罕稱命 蓋難言之也 非通幽明之變 惡[5]能識乎性命哉

① 妃匹배필

색은 妃는 '배配'로 발음한다. 또 가장 통상적인 발음으로도 읽는다.
妃音配 又如字

② 君不能得之於臣군불능득지어신

색은 부부의 친애하는 정은 비록 군주와 아버지가 존귀해도 신하와 자식이 좋아하고 아끼는 바를 빼앗지 못하는 것이니 그 본뜻을 바꾸라고 한다 해도 이것을 얻을 수 없다는 말이다. 그러므로 필부라도 뜻을 빼앗지 못한다는 말이다.
以言夫婦親愛之情 雖君父之尊而不奪臣子所好愛 使移其本意 是不能得也 故曰匹夫不可奪志 是也

③ 子姓자성

색은 살펴보니 정현은 《예기》에 주석하여 말했다. "성姓은 생生이다.

자성子姓은 중손衆孫을 이른다." 살펴보니 곧 조비연趙飛燕 등이 이런 종류이다.

按 鄭玄注禮記云姓者 生也 子姓 謂衆孫也 按即趙飛燕等是也

신주 조비연은 한나라 성제成帝의 황후다. 성제와 조비연 사이에는 자손이 없었다.

④ 不能要其終불능요기종

색은 살펴보니 비로소 그 수명대로 마치지 못함을 일컫는다. 비록 많은 자손이 있더라도 수명대로 마치지 못한다는 뜻이며 율희栗姬와 위후衛后 등이 모두 이런 종류이다.

按 謂有始不能要其終也 以言雖有子姓而意不能要終 如栗姬衛后等皆是也

신주 율희는 한경제의 후궁으로 자신이 낳은 아들이 황태자가 되었으나 결국 아들은 폐태자가 되고 곧 죽었다. 위후衛后는 한무제의 태자 거據를 낳고 후后가 되었다. 태자는 뒤에 무고巫蠱사건으로 자살했다.

⑤ 惡오

색은 위의 글자(惡)는 '오'로 발음한다. 오惡는 '하何(어찌)'와 같다.

上音烏 惡猶於何也

태사공은 말한다.

진秦나라 이전은 오래되고 간략해서 상세한 것을 얻어서 기록하지 못했다. 한나라가 일어나서 여아후呂娥姁[1]는 고조의 정후正后가 되었고 아들은 태자(혜제 유영)가 되었다. 만년에 이르러 아름다움이 사라지고 사랑이 덜해지니 척戚부인②이 총애를 얻고 그의 아들 여의如意가 태자를 대신할 뻔한 일이 여러 차례나 있었다.

고조가 붕어함에 이르자 여후呂后는 척씨들을 죽이고 조왕趙王(여의)을 처단했다.③ 고조 후궁 중에 유독 총애가 없고 소원한 자만이 무탈할 수 있었다.④

太史公曰 秦以前尙略矣 其詳靡得而記焉 漢興 呂娥姁①爲高祖正后 男爲太子 及晩節色衰愛弛 而戚夫人②有寵 其子如意幾代太子者數矣 及高祖崩 呂后夷戚氏 誅趙王③ 而高祖後宮唯獨無寵疏遠者得無恙④

① 呂娥姁 여아후

집해 서광이 말했다. "姁는 '후[況羽反]'로 발음한다. 여후 언니의 자는 장후長姁이다."

徐廣曰 姁音況羽反 呂后姊字長姁也

색은 여후의 자이다. 姁는 '후[況羽反]'로 발음한다. 살펴보니 《한서》에서는 여후의 이름을 치雉라고 했다.

呂后字 音況羽反 按 漢書呂后名雉

② 戚夫人 척부인

색은 《한서》에서 말한다. "정도定陶에서 척희를 얻었다."

漢書云得定陶戚姬

③ 呂后夷戚氏 誅趙王 여후이척씨 주조왕

신주 여후는 유방이 죽은 후 척부인을 잡아다가 영항永巷에 감금하고 조趙왕으로 나가 있던 여의를 수단을 가리지 않고 입궁시켜 혜제가 없는 틈을 타 독살했다. 여후는 또 척부인의 손과 발을 모두 자르고 돼지우리에 던져놓고 '인간 돼지[人彘]'라고 부르는 악행을 저질렀다.

④ 恙양

색은 《이아》에서 말한다. "양恙은 우憂이다." 일설에는 옛날에 들에서 노숙하며 살 때 양은 사람을 물어뜯는 벌레였다. 그러므로 사람들이 서로를 근심해서 이르기를 '득무양호得無恙乎'(병이 없이 잘 지낼 수 있는가)라고 했다.

爾雅云恙 憂也 一說 古者野居露宿 恙 噬人虫也 故人相恤云得無恙乎

제二장

제 여후에서 무제 왕태후까지

여후呂后의 장녀長女는 선평후宣平侯 장오張敖의 아내가 되었고, 장오의 딸은 효혜황후孝惠皇后①가 되었다. 여태후呂太后는 겹혼인을 맺은 연고로 그녀가 아들을 낳도록 만방으로 노력했으나, 끝내 자식이 없자 이에 거짓으로 후궁의 자식을 빼앗아 아들로 삼았다.② 효혜황제가 붕어함에 이르러서야 천하가 비로소 안정되었지만 오래가지 못했고 후사後嗣를 잇는 것도 분명하지 않았다. 이에 외가外家를 귀하게 여겨서 여러 여씨呂氏를 왕으로 삼아 보좌케 했다. 여록呂祿의 딸을 소제후少帝后로 삼아 여씨 집안의 뿌리에 연결하여 굳히려는 것이 심했지만 이익이 없었다.

呂后長女爲宣平侯張敖妻 敖女爲孝惠皇后① 呂太后以重親故 欲其生子萬方 終無子 詐取後宮人子爲子② 及孝惠帝崩 天下初定未久 繼嗣不明 於是貴外家 王諸呂以爲輔 而以呂祿女爲少帝后 欲連固根本牢甚 然無益也

① 孝惠皇后효혜황후

색은 살펴보니 황보밀이 말했다. "이름을 언嫣이라 했다."

按 皇甫謐云名嫣

신주 혜제는 외조카를 부인으로 삼은 것이므로 후대 유가의 입장에서 보면 비난할 일이지만, 당시에는 아무런 흠이 아니었다. 족내혼을 통해 권력을 배타적으로 유지하려는 것은 권력의 한 속성이기도 했다.

② 詐取後宮人子爲子사취후궁인자위자

신주 혜제 뒤를 이어 황제가 된 유공劉恭을 가리킨다. 생모가 누구인지는 알 수 없다. 황후 장씨의 거짓 생자生子로 3대 황제에 올랐으나 여태후에게 죽임을 당했다.

> 고후高后가 죽자 장릉長陵①에 합장했다. 여록呂祿과 여산呂産 등은 죽임을 당할 것이 두려워 난을 일으킬 것을 모의했다.② 대신들이 정벌하고 하늘이 바른 법통으로③ 인도하여 마침내 여씨를 멸했다. 유독 효혜황후에게만 베풀어 북궁北宮④에 살게 했다.
> 대왕代王을 맞이해 옹립했다. 이 사람이 효문제로 한나라 종묘를 받들게 되었으니 이 어찌 하늘이 한 것이 아니겠는가? 하늘의 명이 아니었다면 누가 이를 맡을 수 있겠는가?
> 高后崩 合葬長陵① 祿産等懼誅 謀作亂② 大臣征之 天誘其統③ 卒滅呂氏 唯獨置孝惠皇后居北宮④ 迎立代王 是爲孝文帝 奉漢宗廟 此豈非天邪 非天命孰能當之

① 長陵장릉

집해 《관중기》에서 말한다. "고조릉은 서쪽에 있고 여후릉은 동쪽에 있다. 한漢나라에서 황제와 후后의 무덤을 함께하는 것을 합장이라고 하며, 능을 합한 것은 아니다. 여러 능은 모두 이와 같다."

關中記曰 高祖陵在西 呂后陵在東 漢帝后同塋 則爲合葬 不合陵也 諸陵皆如此

신주 한나라는 능을 설치할 때마다 그 일대를 떼어 현縣으로 삼았다. 장릉 역시 떼어져 하나의 현이 된다.

② 祿產等懼誅 謀作亂록산등구주 모작란

신주 서기전 180년, 여후가 여산과 여록에게 북군과 남군을 맡겨 병권을 장악하고 있었는데, 여후가 죽자 불안해진 여씨들이 정변을 기도한 사건을 말한다. 승상 진평陳平과 태위 주발周勃 등이 난을 평정하고 대왕代王으로 있던 유항劉恒을 황제에 옹립하였는데, 그가 효문제이다.

③ 統통

집해 서광이 말했다. "다른 판본에는 '충衷'으로 되어 있다."

徐廣曰 一作衷

신주 《사기지의》에 따르면 사마천이 《좌전》에서 따온 말이므로, 서광의 말처럼 '충衷'이라고 해야 한다고 했다.

④ 北宮북궁

색은 살펴보니 궁은 미앙궁未央宮 북쪽에 있으므로 북궁이라 한다.

按 宮在未央北 故曰北宮

정의 《괄지지》에서 말한다. "북궁은 옹주 장안현 서북쪽 13리에 있는데, 계궁桂宮과 서로 가깝고 장안의 고성 안에 있다."
括地志云 北宮在雍州長安縣西北十三里 與桂宮相近 在長安故城中

박태후薄太后 아버지는 오吳나라 사람이고, 성은 박씨薄氏이다. 진秦나라 때 옛 위왕魏王 종가의 딸 위온魏媼①과 사통해서 박희薄姬를 낳았다. 박후의 아버지는 산음山陰에서 죽어 그곳에 장사를 지냈다.②
薄太后 父吳人 姓薄氏 秦時與故魏王宗家女魏媼①通 生薄姬 而薄父死山陰 因葬焉②

① 魏媼위온

색은 媼은 '오[烏老反]'로 발음한다. 온媼은 부인 중 늙은 여자의 호칭으로 통한다. 그래서 조태후趙太后가 스스로를 온이라고 칭했는데, 왕온王媼, 유온劉媼 등이 이런 종류이다.
媼音烏老反 然媼是婦人之老者通號 故趙太后自稱媼 及王媼劉媼之屬是也

② 山陰 因葬焉산음 인장언

색은 고씨가 《총묘기》를 살펴보고 회계현會計縣에 있다고 했는데, 현 서북쪽 즙산檝山 위에 지금도 조역兆域이 남아 있다. 檝은 '즙[莊洽反]'으로 발음한다.
顧氏按冢墓記 在會稽縣 縣西北檝山上今猶有兆域 檝音莊洽反

정의 《괄지지》에서 말한다. "즙산은 월주 회계현 서북쪽 3리에 있으며, 일명 직산稷山이다." 檝은 '즙[莊治反]'으로 발음한다.
括地志云 檝山在越州會稽縣西北三里 一名稷山 檝音莊治反

제후들이 진秦나라를 배반하기에 이르자 위표魏豹는 즉위하여 위왕魏王이 되었다. 그리하여 위온魏媼은 그 딸을 위궁魏宮에 들였다. 위온은 허부許負에게 관상을 보게 했는데,① 박희薄姬의 관상을 보고 마땅히 천자天子를 낳을 것이라고 말했다. 이때 항우項羽는 바야흐로 한왕漢王과 함께 서로 형양滎陽에서 대치하고 있어② 천하가 안정되어 있지 않았다.
위표는 처음에 한나라와 함께 초나라를 공격했다. 그런데 허부의 말을 듣고 마음속으로 홀로 기뻐하면서, 이에 한나라를 등지고 배반하여 중립中立이 되었다가, 다시 초나라와 연대해 화친했다. 한나라에서는 조참曹參 등을 보내 위왕 표를 공격해 사로잡고 그 나라를 군郡으로 만들었다. 그리고 박희는 직실織室③로 보냈다.
及諸侯畔秦 魏豹立爲魏王 而魏媼内其女於魏宮 媼之許負所相① 相薄姬 云當生天子 是時項羽方與漢王相距滎陽② 天下未有所定 豹初與漢擊楚 及聞許負言 心獨喜 因背漢而畔 中立 更與楚連和 漢使曹參等擊虜魏王豹 以其國爲郡 而薄姬輸織室③

① 媼之許負所相온지허부소상

신주 〈강후주발세가〉에 나오는 주발의 아들 주아부의 관상을 본 사람도 바로 허부이다. 하내군 온현 사람으로, 유명한 관상가였다. 그런데

《한서》〈유협전〉에서 "곽해郭解는 하내군 지현軹縣 사람으로, 온현溫縣에서 관상을 잘 보는 사람인 허부許負의 외손이다."라고 했다. 이 허부는 주아부의 관상을 본 허부였을 것이다. 허부가 젊었을 때부터 관상을 잘 보았으니 이때까지 살았다면, 주아부를 만났을 것으로 볼 수 있다. 〈강후주발세가〉에 따르면 한나라 고조는 그녀를 명자정후鳴雌亭侯로, 《삼국지》 주석으로 인용한 《한위춘추》에 따르면 명자정후明雌亭侯로 봉했다고 한다. 《삼국지》에 주석을 단 배송지는 당시에 정후나 향후가 없어서 그것이 의심스럽다고 했다.

② 是時項羽方與漢王相距滎陽시시항우방여한왕상거형양

신주 초한전楚漢戰에서 항우와 유방은 형양을 기점으로 대치하고 있었다. 유방은 불리한 상황임에도 불구하고 버텨냈다. 형양은 한나라 하남군 동쪽인데 후한 이후로 떼어져 형양군이 된다. 전국시대 한나라 땅이며, 당시 위표의 위魏나라는 하수 건너 북쪽에 있었다.

③ 織室직실

신주 한나라 때 궁중에 비단으로 예복을 직조하던 부서이다. 조선시대에도 궁궐 안에 뽕나무를 심고 경복궁과 창덕궁의 후원에 내잠실內蠶室을 설치하여 왕비가 친잠례親蠶禮를 행하였다.

위표가 죽고 나서 한왕漢王은 직실에 들어갔다가 박희의 미모를 보고 조서를 내려 후궁으로 들였다. 그러나 한 해 남짓 동안 박희는 총애를 입지 못했다. 처음 박희가 젊었을 때 관부인管夫人, 조자아趙子兒와 서로 아끼면서 약속하여 말했다.

"먼저 귀해지면 서로를 잊지 말자."

이에 관부인과 조자아가 먼저 한왕에게 총애를 받았다. 한왕이 하남궁河南宮 성고대成皐臺① 에 앉아 있는데, 두 미인이 서로 박희와 처음 약속했던 것을 생각하고 웃고 있었다. 한왕이 듣고 그 까닭을 묻자, 두 여인은 자세한 사실을 한왕에게 고했다. 한왕은 마음으로 슬퍼하며, 박희를 불쌍하게 여기고 이날 불러서 총애를 베풀었다. 박희가 말했다.

"엊저녁에 첩妾이 꿈을 꾸었는데 창룡蒼龍② 이 나의 배 속에 자리하여 있었습니다."

고제가 말했다.

"이것은 귀하게 되는 징조이다. 내 너를 위해 이를 이루게 하리라."

한 번 총애하여 사내아이를 낳았는데 이 사람이 대왕代王이 되었다. 그 후 박희는 고조를 알현하는 일이 드물게 되었다.

豹已死 漢王入織室 見薄姬有色 詔內後宮 歲餘不得幸 始姬少時 與管夫人趙子兒相愛 約曰 先貴無相忘 已而管夫人趙子兒先幸漢王 漢王坐河南宮成皐臺① 此兩美人相與笑薄姬初時約 漢王聞之 問其故 兩人具以實告漢王 漢王心慘然 憐薄姬 是日召而幸之 薄姬曰 昨暮夜妾夢蒼龍② 據吾腹 高帝曰 此貴徵也 吾爲女遂成之 一幸生男 是爲代王 其後薄姬希見高祖

① 河南宮成皐臺하남궁성고대

색은 살펴보니 곧 하남궁 성고대는 《한서》에서 '성고영대成皐靈臺'로 되어 있다. 《서정기》에서 말한다. "무뢰성武牢城 안에 고조전高祖殿이 있고, 서남쪽에는 무고武庫가 있다."

按 是河南宮之成皐臺 漢書作成皐靈臺 西征記云武牢城内有高祖殿 西南有武庫

정의 《괄지지》에서 말한다. "낙주 범수현은 옛 동괵주東虢州이고 옛 정鄭나라의 제읍制邑이며 한漢의 성고현이다."

括地志云 洛州氾水縣 古東虢州 故鄭之制邑 漢之成皐縣也

신주 고대에 괵虢은 세 곳이 있었는데, 동괵과 서괵과 소괵小虢이 그것이다. 동괵은 정나라 무공武公에게, 소괵은 진秦나라, 서괵은 진헌공晉獻公에게 망했다. 서괵은 '가도멸괵假道滅虢' 고사에 나오는 괵나라이다. 〈진세가〉에서 나온다.

② 蒼龍창룡

신주 팔방八方의 태세신太歲神 중 동쪽 방위를 상징하는 신으로 꿈에 창룡이 배 속에 자리하고 있었다는 것은 황제가 될 아이를 잉태하고 있다는 암시이다. 훗날 이 아이는 대왕代王에서 황제에 오른다. 대代는 함곡관 동북쪽에 있다.

고조가 붕어했는데 총애를 받던 후궁들은 모두 척부인戚夫人의 무리였다. 이에 여태후가 화가 나서 모두 유폐시켜 궁에서 나갈 수 없었다. 그러나 박희는 (고조를) 드물게 알현한 까닭에 나갈 수 있어 아들을 따라 대代로 가서 대왕代王의 태후가 되었다. 태후의 아우 박소薄昭도 따라 대로 갔다.
대왕으로 즉위한 지 17년 만에 고후가 죽었다. 대신들은 후계자를 세우는 것을 의논하고 외가 여씨들이 강성한 것을 싫어해 모두 박씨薄氏가 어질고 착하다고 칭찬했다. 이 때문에 대왕을 맞이하고 세워 효문황제孝文皇帝로 삼았으며, 태후의 호칭을 고쳐 황태후라고 했다. 그리고 아우 박소를 봉해 지후軹侯로 삼았다.①
高祖崩 諸御幸姬戚夫人之屬 呂太后怒 皆幽之 不得出宮 而薄姬以希見故 得出 從子之代 爲代王太后 太后弟薄昭從如代 代王立十七年 高后崩 大臣議立後 疾外家呂氏彊 皆稱薄氏仁善 故迎代王 立爲孝文皇帝 而太后改號曰皇太后 弟薄昭封爲軹侯①

① 軹侯지후

색은 〈지리지〉를 살펴보니 지현軹縣은 하내군에 있는데 지역이 멀어 아마 그의 봉지는 아닐 것이다. 살펴보니 장안의 동쪽에 지도정軹道亭이 있는데 아마 이곳에 봉한 것이 마땅할 것이다.
按地理志 軹縣在河內 恐地遠非其封也 按 長安東有軹道亭 或當是所封也

신주 〈혜경간후자연표〉에 따르면 박소는 고조 10년 낭이 되어 종군했고, 17년 만에 태중대부가 되어 대왕代王 유항을 옹립하여 황제로 삼았으며 거기장군으로 임용되어 박태후를 맞이하여 후가 되었고 식읍이 1만 호였다. 박소가 임명된 것은 《한서》〈문제기〉에서 나오듯이 문제 원년 정월이다. 관리를 함부로 죽인 죄에 연루되어 자살하여 봉국이 끊어질 뻔했으나, 태후를 위하여 문제가 봉국을 없애지는 않았다. 아들 박융노薄戎奴가 뒤를 잇고 역후易侯로 옮겨졌다.

박태후의 어머니도 이전에 죽었으며 역양櫟陽① 북쪽에 장사지냈다. 이에 박태후 아버지를 추존해 영문후靈文侯로 삼고 회계군에 원읍園邑 300가를 두었다. 장승長丞 이하 (관리들에게) 무덤을 받들어 지키게 했으며,② 침묘寢廟③에서 음식을 올려 제사 지내게 하는 법도를 따르게 했다. 역양의 북쪽에 또한 영문후부인원을 두어서 영문후원에서 하는 의식과 같게 했다.

박태후의 어머니 집안은 위왕魏王의 후예였는데 어려서 부모를 잃었다. 그래서 박태후는 위씨魏氏 중에서도 힘이 있는 자들을 길러서 이에 다시 위씨들을 부르고 각각 그의 친하고 먼 상태에 따라서 상을 내려 주었다. 박씨로서 후侯가 된 자는 무릇 한 명(박소)이다.

薄太后母亦前死 葬櫟陽①北 於是乃追尊薄父爲靈文侯 會稽郡置園邑三百家 長丞已下吏奉守冢② 寢廟③上食祠如法 而櫟陽北亦置靈文侯夫人園 如靈文侯園儀 薄太后以爲母家魏王後 早失父母 其奉薄太后諸魏有力者 於是召復魏氏 (及尊)賞賜各以親疏受之 薄氏侯者凡一人

① 櫟陽 역양

신주 전국시대 진秦나라의 첫도읍으로 고대사에서 자주 언급되는 곳이다. 중국 학계에서는 그 치소를 현재의 섬서성陝西省 서안시西安市 염량

구閣良區에 있었던 것으로 본다. 후한 때 만년현萬年縣에 편입되었다.

② 長丞已下吏奉守冢장승이하리봉수총

신주 능 다음의 무덤을 원園이라 한다. 원읍은 한나라 때 원을 수호하기 위해 설치한 읍邑을 말한다. 장승長丞은 원장園長과 부원장인 원승을 말한다. 또 《사기지의》에 따르면 《한서》의 기록처럼 리吏가 아니라 사使라 해야 한다고 한다. 관리자가 '장승 이하' 모두이므로, 그 의견처럼 사使(시키다)가 되어야 맞다.

③ 寢廟침묘

신주 종묘의 정전正殿을 묘廟라 하고 후전後殿을 침寢이라 한다. 박태후 부모의 무덤 원에서 모시는 제사를 침묘의 예로 지내게 했다는 말이다.

> 박태후는 문제가 죽고 2년 뒤인 효경제 전2년에 붕어하여 남릉南陵[①]에 장사지냈다. 여후를 장릉長陵에 합장으로 장사했기 때문에 특별히 단독으로 박태후 능을 만들어 효문황제 패릉霸陵 가까이 모셨다.[②]
>
> 薄太后後文帝二年 以孝景帝前二年崩 葬南陵[①] 以呂后會葬長陵 故特自起陵 近孝文皇帝霸陵[②]

① 南陵남릉

색은 살펴보니 《묘기》에서 말한다. "패릉 남쪽 10리에 있으므로 남릉이라 한다." 살펴보니 지금 장안 동쪽 산수滻水의 동쪽 동원東原 위에 있는데 소음少陰이라고 부른다. 패릉의 서남쪽에 있다. "동쪽으로 내 아들을 바라보고, 서쪽으로 내 지아비를 바라본다."라고 한 것이 이것이다.

按 廟記云在霸陵南十里 故謂南陵 按 今在長安東滻水東東原上 名曰少陰 在霸陵西南 故曰東望吾子 西望吾夫是也

정의 《괄지지》에서 말한다. "남릉 옛 현은 옹주 만년현 동남쪽 24리에 있다. 한漢의 남릉현인데 본래 박태후릉읍이다. 릉은 동북쪽에 있는데 현과의 거리는 6리이다."

括地志云 南陵故縣在雍州萬年縣東南二十四里 漢南陵縣 本薄太后陵邑 陵在東北 去縣六里

② 霸陵패릉

집해 서광이 말했다. "패릉현에 지도정軹道亭이 있다."

徐廣曰 霸陵縣有軹道亭

두태후竇太后① 는 조趙나라 청하군 관진觀津② 사람이다. 여태후 때 두희竇姬는 양갓집 딸로 궁중에 들어와 태후를 모셨다. 여태후가 궁인들을 내보내서 여러 왕에게 각각 5명씩 하사했는데 두희도 그 일행 중에 끼어 있었다. 두희는 집안이 청하군에 있으므로 집과 가까운 조나라로 가고자 그것을 주관하는 환관③에게 청했다.

"반드시 나의 명적名籍을 조나라의 대오 속에 넣어주시오."
환관이 잊어버리고 그의 명적을 대代 땅으로 가는 대오 속에 잘못 넣어 버렸다. 명적이 상주되고 임금이 결재해서 당연히 가야만 했다. 두희는 눈물을 흘리면서 그 환관을 원망하고 가려 하지 않았지만 담당 책임자④가 강제로 밀어붙이자 이에 가는 것을 수긍했다.

竇太后① 趙之清河觀津人也② 呂太后時 竇姬以良家子入宮侍太后 太后出宮人以賜諸王 各五人 竇姬與在行中 竇姬家在清河 欲如趙近家 請其主遣宦者吏③ 必置我籍趙之伍中 宦者忘之 誤置其籍代伍中 籍奏詔可 當行 竇姬涕泣 怨其宦者 不欲往 相④彊 乃肯行

① 竇太后두태후

색은 살펴보니 황보밀이 말했다. "이름을 의방猗房이라고 했다."

按 皇甫謐云名猗房

② 觀津관진

정의 기주 조강현棗強縣 동북쪽 25리에 있다.

在冀州棗強縣東北二十五里

③ 宦者吏환자리

정의 환관이 관리가 되어 궁인을 선발하여 파견하는 업무를 주관하는 것을 이른다.

謂宦者為吏 主發遣宮人也

④ 相상

신주 일을 담당하는 책임자를 뜻한다.

대代에 이르렀는데, 대왕은 유독 두희를 총애하여 딸 표嫖[①]를 낳았고 뒤에 두 명의 아들을 낳았다. 대왕의 왕후는 네 명의 아들을 낳았는데[②] 대왕이 수도로 들어가 황제로 즉위하기 전에 왕후가 죽었다. 대왕이 즉위하여 황제가 되기에 이르렀지만, 왕후가 낳은 네 명의 아들은 번갈아 병으로 죽었다.

효문황제가 천자가 된 지 수개월 만에 공경들이 태자 세우기를 청했는데, 두희의 장남이 가장 나이가 많아서 태자가 되었다. 두희를 세워 황후로 삼고 딸 표는 장공주長公主가 되었다. 이듬해, 작은아들 무武를 옹립해서 대왕으로 삼았고 그 후 양梁 땅으로 옮겼는데 바로 양효왕梁孝王이다.[③]

至代 代王獨幸竇姬 生女嫖[①] 後生兩男 而代王王后生四男[②] 先代王未入立爲帝而王后卒 及代王立爲帝 而王后所生四男更病死 孝文帝立數月 公卿請立太子 而竇姬長男最長 立爲太子 立竇姬爲皇后 女嫖爲長公主 其明年 立少子武爲代王 已而又徙梁 是爲梁孝王[③]

① 嫖표

색은 嫖는 '포[疋消反]'로 발음한다.

音疋消反

② 王后生四男왕후생사남

신주 효문제가 대왕代王 시절에 맞이한 정후正后로, 황제에 오르기 전 죽어서 황후에 오르지 못했으며 후에도 추존되지 않았다. 그러므로 그녀가 누구인지 기록되지 않은 까닭에 누구인지 불명不明하다. 〈효경본기〉에서는 아들이 세 명이라고 했다.

③ 梁孝王양효왕

신주 양효왕 유무劉武는 효문제와 두태후의 두 아들 중 둘째이자 막내이다. 그는 효문제 즉위 2년, 처음 대代에 봉했다가 다시 효문제 4년 회양淮陽에 봉했다가 효문제 12년 양왕梁王으로 옮겼다. 〈양효왕세가〉에 자세히 나온다.

> 두황후의 아버지는 일찍 죽어 관진觀津에 장사지냈다.[①] 이에 박태후는 담당 관리에게 조칙을 내려 두황후의 아버지를 추존해서 안성후安成侯로 삼고 어머니를 안성부인이라고 일컫게 했다. 청하군에 영을 내려 원읍園邑 200가를 두어 장승[②]에게 받들어 지키게 하였다. 박태후 부모의 영문원靈文園 예법에 견주도록 했다.
>
> 竇皇后親蚤卒 葬觀津[①] 於是薄太后乃詔有司 追尊竇后父爲安成侯 母曰安成夫人 令清河置園邑二百家 長丞[②]奉守 比靈文園法

① 親蚤卒 葬觀津친조졸 장관진

색은 살펴보니 지우摯虞는 《삼보결록》에서 주석하여 말했다. "두태후의 아버지는 젊어서 진秦나라의 난을 만나 몸을 숨기고 물고기 잡다가 샘에 떨어져 죽었다. 경제가 즉위하자 태후는 사자를 파견해 아버지가 떨어진 연못을 메우게 하고 관진성 남쪽에 큰 무덤을 일으켜 세웠는데, 사람들 사이에서 두씨청산竇氏青山이라고 불렀다 한다."

按 摯虞注決錄云竇太后父少遭秦亂 隱身漁釣 墜泉而死 景帝立 太后遣使者填父所墜淵 起大墳於觀津城南 人間號曰竇氏青山也

② 長丞장승

신주 앞서 설명했듯이 한대漢代에 원장과 원승을 말한다. 일반적으로 묘지나 마을 어귀에 나무나 돌을 사람의 형상으로 깎아 세우고 이를 장승이라고 하는데, 그 기원을 남근숭배설, 솟대, 선돌, 서낭당 등의 설에서 찾고 있다. 그러나 일반 고을과 능묘 등에서 관리자를 둘 수 있는 상황이 아닌 경우 그 상징물을 장승의 직분으로 관념화해서 이를 장승이라고 했다는 의견도 배제할 수 없다.

> 두황후의 오라버니는 두장군竇長君[①]이고, 그의 아우는 두광국竇廣國으로 자는 소군少君[②]이다. 소군은 나이 4~5세 때 집안이 가난해 남에게 약취당해 팔렸는데, 그 집이 어느 집인지 모른다. 남의 집 10여 가를 전전하다가 의양宜陽에 이르러 주인을 위해 산에 들어가 숯을 만들었다. 날이 저물어 언덕 아래에 100여 명이 누워 있었는데, 언덕이 무너져 누워 있던 자들이 모두 깔려 죽었지만 소군만 홀로 벗어나 죽지 않았다.

스스로 점을 쳤는데 수일 안으로 제후가 된다고 했다. 주인집에서 놓아주어 장안長安으로 갔다.③ 두황후가 새로 섰는데 집은 관진에 있었고 성이 두씨라는 소문을 들었다. 광국은 떠날 때 비록 어렸으나 현縣의 이름과 성을 알고 있었다. 또 늘 누이와 함께 뽕을 따러 갔다가 떨어진 적도 있어 이를 이용하여 증표(부신符信)④로 삼아 글을 올려 스스로 진술했다.

竇皇后兄竇長君① 弟曰竇廣國 字少君② 少君年四五歲時 家貧 爲人所略賣 其家不知其處 傳十餘家 至宜陽 爲其主入山作炭 (寒)[暮]臥岸下百餘人 岸崩 盡压殺臥者 少君獨得脫 不死 自卜數日當爲侯 從其家之長安③ 聞竇皇后新立 家在觀津 姓竇氏 廣國去時雖小 識其縣名及姓又常與其姊採桑墮 用爲符信④ 上書自陳

① 竇長君두장군

색은 살펴보니 《삼보결록》에서 말한다. "건建의 자를 장군長君이라고 했다."

按 決錄云建字長君

② 少君소군

정의 《괄지지》에서 말한다. "두소군의 묘는 기주冀州 무읍현武邑縣 동남쪽 27리에 있다."

括地志云 竇少君墓在冀州武邑縣東南二十七里

③ 從其家之長安종기가지장안

색은 의양宜陽의 주인집에서 나와 뒤쫓아 모두 장안으로 간 것을 이른 것이다.
謂從逐其宜陽之主人家 而皆往長安也

④ 符信부신

신주 나뭇조각, 돌 등 변하지 않을 만한 사물에 표식을 하고 두 조각으로 쪼개어 보관하고 있다가 훗날 그것을 서로 맞추어 증거로 삼았던 일종의 상징물이다.

두황후가 문제에게 말하고 두광국을 불러서 만나보고 물었는데, 옛날의 일들을 갖추어 말하는 것이 과연 그러했다.
또다시 다른 것을 물으면서 어떻게 입증할 것이냐고 하자, 대답해 말했다.
"누이가 저를 떠나 서쪽으로 갈 때 저와 함께 역참의 객사에서 이별했는데① 쌀뜨물을 얻어서 저에게 머리를 감겨주고② 먹을 것을 청해 저에게 먹여주고 바로 떠났습니다."
이에 두태후가 얼싸안고 우는데 눈물과 콧물이 서로 섞여 땅으로 떨어졌다. 두태후를 모시고 있던 좌우의 시녀들도 모두 땅에 엎드려 울며 황후의 슬픔을 위로했다. 이에 전택田宅과 금전을 후하게 하사하고 집안 형제를 봉해서③ 장안長安에서 살게 했다.
竇皇后言之於文帝 召見 問之 具言其故 果是 又復問他何以爲驗 對曰 姊去我西時 與我決於傳舍中① 丐沐沐我② 請食飯我 乃去 於是竇后持

之而泣 泣涕交橫下 侍御左右皆伏地泣 助皇后悲哀 乃厚賜田宅金錢 封公昆弟[3] 家於長安

① 我決於傳舍中아결어전사중

색은 결決은 별別이다. 傳은 '전轉'으로 발음한다. 전사傳舍는 우정郵亭에서 역참의 객사를 이른다. 아마 두후는 처음 궁에 들어올 때, 아우와 전사 안에서 이별한 것이리라.

決者 別也 傳音轉 傳舍謂郵亭傳置之舍 蓋竇后初入宮時 別其弟於傳舍之中也

② 丐沐沐我개목목아

색은 丐는 '개蓋'로 발음한다. 개丐는 걸乞(구걸하다)이다. 목沐은 쌀뜨물이다. 두후가 쌀뜨물을 얻어다가 아우의 머리를 감긴 것을 이른다.

丐音蓋 丐者 乞也 沐 米潘也 謂后乞潘爲弟沐

신주 앞의 목沐은 '쌀뜨물'을 의미하고 뒤의 목沐은 '머리를 감기다'라는 뜻이다.

③ 封公昆弟봉공곤제

색은 살펴보니 공公은 또한 조祖이다. 황후와 할아버지를 같이 한 곤제昆弟(형제)를 이른다. 그래서 두영竇嬰도 곧 황후의 조카인 까닭으로 역시 장안에 집을 얻게 되었다. 그러므로 유씨는 말했다. "공곤제公昆弟는 두광국 등을 이른다."

按 公亦祖也 謂皇后同祖之昆弟 如竇嬰即皇后之兄子之比 亦得家於長安 故劉氏云公昆弟謂廣國等

강후絳侯(주발)와 관灌장군(관영) 등이 말했다.

"우리들이 사는 동안 운명이 장차 이 두 사람에게 매어 달렸다. 두 사람이 미천한 곳에서 나왔으니 스승과 빈객을 가리지 않을 수 없으며 또다시 여씨呂氏들의 큰일을 본받지 않게 해야 한다."

이에 곧 장자長者①다운 사인士人 중에서 절조 있고 행실이 바른 사람을 선발해서 함께 살게 했다. 두장군과 소군은 이로 말미암아 퇴양군자退讓君子②가 되어 존귀해졌지만 감히 사람들에게 교만하지 않았다.

絳侯灌將軍等曰 吾屬不死 命乃且縣此兩人 兩人所出微 不可不爲擇師傅賓客 又復效呂氏大事也 於是乃選長者①士之有節行者與居 竇長君少君由此爲退讓君子② 不敢以尊貴驕人

① 長者장자

신주 관후장자寬厚長者의 준말로 너그럽고 후덕하며 점잖은 사람을 일컫는다.

② 退讓君子퇴양군자

신주 성품이 겸손하여 남에게 사양을 잘하는 군자를 일컫는다.

두황후는 병이 들어 실명했다. 문제는 한단의 신부인愼夫人과 윤희尹姬를 총애했는데 모두 아들이 없었다. 효문제가 붕어하고 효경제가 즉위하자 이에 광국廣國을 봉해 장무후章武侯① 로 삼았다. 장군長君은 이전에 죽어서 그의 아들인 팽조彭祖를 봉해 남피후南皮侯② 로 삼았다.

오나라와 초나라가 배반했을 때, 두태후 종형제 아들 두영竇嬰은 의협심이 강했고 스스로 군사를 거느리는 것을 좋아했는데, 군공을 세워 위기후魏其侯③ 가 되었다. 그래서 두씨들은 총 세 사람이 후가 되었다.

竇皇后病 失明 文帝幸邯鄲愼夫人尹姬 皆毋子 孝文帝崩 孝景帝立 乃封廣國爲章武侯① 長君前死 封其子彭祖爲南皮侯② 吳楚反時 竇太后從昆弟子竇嬰 任俠自喜 將兵 以軍功爲魏其侯③ 竇氏凡三人爲侯

① 章武侯장무후

색은 〈지리지〉에서 현 이름이고 발해군에 속한다.

地理志縣名 屬勃海

정의 《괄지지》에서 말한다. "창주 노성현에 있다."

括地志云 滄州魯城縣

신주 〈혜경간후자연표〉에 따르면 3대 35년 만인 무제 때 봉국이 없어진다.

② 南皮侯남피후

색은 〈지리지〉에서 현 이름이고 발해군에 속한다.

地理志縣名 屬勃海

정의 《괄지지》에서 말한다. "옛 남피성은 창주 남피현 북쪽 4리에 있고 한나라 남피현이다."
括地志云 故南皮城在滄州南皮縣北四里 漢南皮縣也

신주 〈혜경간후자연표〉에 따르면 3대 45년 만인 무제 때 봉국이 없어진다.

③ 魏其侯위기후

색은 〈지리지〉에서 현 이름이고 낭야군에 속한다.
地理志縣名 屬琅邪

신주 〈혜경간후자연표〉에 따르면 "무제 건원 원년 승상이 되었다가, 2년 만에 면직되었다. 원광元光 4년(서기전 131), 두영은 관부灌夫의 일을 다투면서 선제先帝(경제)의 조서라고 하면서 글을 올렸는데, 명령을 고친 해악을 저질러 기시형을 당하고 봉국이 없어졌다."고 한다. 그의 죽음은 경제황후의 동모제 무안후武安侯 전분田蚡과의 다툼이 근본 원인이었는데, 자세한 것은 〈위기무안후전〉에 실려 있다. 기시형을 당한 것은 무안후 표에 따라 원광 3년이어야 한다.

> 두태후는 황제黃帝와 노자老子의 말을 좋아했다. 이에 황제皇帝와 태자와 여러 두씨가 황제黃帝와 노자를 읽지 않을 수 없었고 그 술법을 존중했다.
> 두태후는 효경제의 6년 뒤에 붕어했는데[①] 패릉霸陵에 합장했다. 조서로 유서를 남겨 동궁(황후궁)의 금전과 재물들을 장공주 표嫖에게 모두 하사토록 했다.

竇太后好黃帝老子言 帝及太子諸竇不得不讀黃帝老子 尊其術 竇太后後孝景帝六歲(建元六年)崩[1] 合葬霸陵 遺詔盡以東宮金錢財物賜長公主嫖

① 景帝六歲崩경제육세붕

색은 이는 무제 건원 6년에 해당하니 이 문장이 옳다. 《한서》에서 '원광元光'이라고 한 것은 잘못이다.

是當武帝建元六年 此文是也 而漢書作元光 誤

왕태후王太后[1]는 괴리槐里[2] 사람으로 어머니를 장아臧兒라고 한다. 장아는 옛 연燕나라 왕 장도臧荼[3]의 손녀이다. 장아는 시집가서 괴리 사람 왕중王仲의 아내가 되어, 아들을 낳아 이름을 신信이라 했고 또 두 딸을 낳았다.[4] 이때 왕중이 죽자 장아는 장릉長陵 사람 전씨田氏에게 개가해서 아들 분蚡과 승勝을 낳았다.

장아의 장녀는 시집가서 김왕손金王孫[5]의 부인이 되어 딸 하나를 낳았다. 장아가 점을 쳐보니 두 딸이 모두 귀해질 것이라고 했다. 이로 인해 두 딸을 특별히 여기고[6] 곧 김씨에게서 빼앗으려 했다. 김씨는 노하여 이별하지 않으려고 했지만 곧 태자궁으로 들여보냈다.

王太后[1] 槐里人[2] 母曰臧兒 臧兒者 故燕王臧荼[3]孫也 臧兒嫁爲槐里王仲妻 生男曰信 與兩女[4] 而仲死 臧兒更嫁長陵田氏 生男蚡勝 臧兒

長女嫁爲金王孫[5]婦 生一女矣 而臧兒卜筮之 曰兩女皆當貴 因欲奇[6]兩女 乃奪金氏 金氏怒 不肯予決 乃內之太子宮

① 王太后왕태후

색은 살펴보니 황보밀이 말했다. "이름이 지娡라고 했다. 娡는 '지志'로 발음한다."

按皇甫謐云名娡 音志

② 槐里괴리

색은 살펴보니 〈지리지〉에서 우부풍右扶風의 괴리槐里인데, 본래 지명은 폐구廢丘라고 한다.

按 地理志右扶風槐里 本名廢丘

정의 《괄지지》에서 말한다. "견구 고성은 일명 괴리라고 하고 또한 폐구라고 하며 성은 옹주 시평현 동남쪽 10리에 있다."

括地志云 犬丘故城一名槐里 亦曰廢丘 城在雍州始平縣東南十里也

③ 臧荼장도

신주 장도(?~서기전 202)는 연나라 장군으로 진나라 장함章邯이 조趙나라를 포위하고 있을 때 항우를 따라 조나라를 구원했고 또한 항우가 진秦을 공격하기 위해 관중으로 갈 때 따라가 공을 세웠다. 항우가 천하를 나누어 제후를 봉할 때, 연왕燕王에 봉해졌고, 연왕이었던 한광은 옮겨 요동왕遼東王이 되었다. 그해 장도는 한광을 공격해서 죽이고 연나라로 통합했다. 고조 3년(서기전 204) 조나라 진여陳余를 격파하고 한신韓信과 한왕 유방劉邦에게 귀속했다. 고조 5년 한나라에서 반란이 일어나자 직접 진압하러 온 고조에게 체포되어 처형당했다. 〈진초지제월표〉에 자세히 나온다.

④ 兩女양녀

색은 곧 후后와 아후兒姁이다.

即后及兒姁也

신주 큰딸 왕미인王美人과 여동생 아후이다.

⑤ 金王孫김왕손

신주 김일제金日磾 이전에 김씨가 있었음을 뜻한다. 더구나 그 지역이 관중關中이라는 점에 의미가 깊다. 중국에서 김성金姓의 유래는 크게 둘로 본다. 하나는 소호 김천씨이고 다른 하나는 흉노 휴도왕의 아들인 김일제이다. 이외에 16국 시대 전진前秦에도 김씨가 있었다. 秦진과 金김은 모두 '진'으로 발음한다. 《김유신비문》에서 "황제의 후손이자 소호 김천씨의 후손"이라고 한 것이나 《문무왕비편》에 "투후 김일제의 후손"이라고 한 것 등은 한국의 김씨들이 대부분 소호 김천씨 및 김일제와 연결되어 있음을 말해준다.

⑥ 奇기

색은 기奇는 남다른 것이다. 《한서》에서는 '의倚' 자로 나오고, 의倚는 의依(의지한다)이다.

奇者 異之也 漢書作倚 倚者 依也

신주 앞에 욕欲 자가 있으므로 뒤에는 동사가 와야 한다. 그러므로

《한서》의 기록에서 보면 '두 딸에 기대고 싶어서'라는 의미가 담겨 있다.

태자가 총애하여 3명의 딸과 1명의 아들을 낳았다. 아들을 막 임신했을 때 왕미인이 꿈을 꾸었는데 태양이 그의 배 속으로 들어왔다. 태자에게 고하자 태자가 말했다.
"이것은 귀하게 될 징조이다."
태어나지 않았을 때 효문황제가 붕어하고 경제가 즉위하였고, 왕부인은 아들을 낳았다.①
이에 앞서 장아는 또 작은딸 아후兒姁②를 들여보냈는데 아후는 4명의 사내아이를 낳았다.③
경제가 태자가 되었을 때 박태후는 박씨薄氏의 딸을 비妃로 삼았다. 경제가 즉위하자 비를 세워 박황후라고 했다. 박황후에게는 아들이 없었고 총애도 없었다. 박태후가 죽자 박황후를 폐했다.
太子幸愛之 生三女一男 男方在身時 王美人夢日入其懷 以告太子 太子曰 此貴徵也 未生而孝文帝崩 孝景帝即位 王夫人生男① 先是臧兒又入其少女兒姁② 兒姁生四男③ 景帝爲太子時 薄太后以薄氏女爲妃 及景帝立 立妃曰薄皇后 皇后毋子 毋寵 薄太后崩 廢薄皇后

① 王夫人生男왕부인생남

색은 곧 무제이다. 《한무고사》에서 "제는 을유년 7월 7일에 의란전猗蘭殿에서 태어났다."고 한다.

即武帝也 漢武故事云帝以乙酉年七月七日生於猗蘭殿

② 姁후

색은 姁는 '후[況羽反]'로 발음한다.

況羽反

③ 兒姁生四男아후생사남

색은 광천왕 월越, 교동왕 기寄, 청하왕 승乘, 상산왕 순舜이다.

謂廣川王越 膠東王寄 清河王乘 常山王舜也

경제의 장남은 영榮이고 그 어머니는 율희栗姬이다. 율희는 제나라 사람이다. 영을 세워 태자로 삼았다. 장공주 표嫖에게는 딸이 있었는데 영에게 보내 태자비로 삼고자 했다. 율희가 투기했다. 그러나 경제의 여러 미인은 모두 장공주로 인해 경제를 알현해서 총애를 얻었는데, (총애가) 모두 율희를 뛰어넘자[①] 율희는 날마다 원망하고 노했다. 이에 장공주의 청을 거절하고 허락하지 않았다. 장공주가 왕부인에게 딸을 시집보내려 하자 왕부인은 이를 허락했다. 이로 인해 장공주는 화가 나서 경제에게 율희의 단점을 날마다 참소하며 말했다.

"율희는 여러 귀부인이나 총애 받는 여인들과 함께 만나면 항상 시자侍者를 시켜 그들 등 뒤에서 저주[②]하며 침을 뱉게 하고 삐뚤어진 미도眉道를 끼고 있습니다.[③]"

경제가 이 때문에 그를 책망했다.[④]

景帝長男榮 其母栗姬 栗姬 齊人也 立榮爲太子 長公主嫖有女 欲予爲

妃 栗姬妒 而景帝諸美人皆因長公主見景帝 得貴幸 皆過[①]栗姬 栗姬日怨怒 謝長公主 不許 長公主欲予王夫人 王夫人許之 長公主怒 而日讒栗姬短於景帝曰 栗姬與諸貴夫人幸姬會 常使侍者祝[②]唾其背 挾邪媚道[③] 景帝以故望之[④]

① 過과

색은 過는 '과戈'로 발음한다. 뛰어넘은 것을 이른다.

過音戈 謂踰之

② 祝축

신주 축祝은 주呪(저주)의 뜻과 같다.

③ 媚道미도

신주 남자가 자기를 좋아하도록 주문呪文을 외거나 정적情敵을 저주하는 등의 방술을 하는 행위를 말한다. 즉 주술 등으로 남자를 자기 방에 오도록 하는 수단을 행하는 것이다.

④ 望之망지

색은 망望은 책망責望과 같은 뜻으로 한을 품은 것을 이른다.

望猶責望 謂恨之也

경제는 일찍이 몸이 편치 못하고 마음도 즐겁지 않아서 여러 아들 중 왕이 된 자들을 율희에게 부탁하며 말했다.

"백세 뒤에라도 잘 보살펴주시오."

율희는 화가 나서 대답하지 않았고 말씨도 공손하지 않았다. 경제는 화가 났으나 마음속으로 삭이고 속마음을 드러내지 않았다.[①]

景帝嘗體不安 心不樂 屬諸子爲王者於栗姬 曰 百歲後 善視之 栗姬怒不肯應 言不遜 景帝恚 心嗛之而未發也[①]

① 嗛함

색은 嗛은 '함銜'으로 발음한다. 함銜은 원한을 이른다.

嗛音銜 銜謂恨也

장공주가 날마다 왕부인 아들의 미덕美德을 칭찬하자 경제도 또한 그를 현명하다고 여겼다. 더군다나 지난날 꿈에서 해를 품는 상서로운 징조도 있었다.[①] 하지만 태자를 바꿀 계획은 아직 정하지 않았다.

왕부인은 황제가 율희를 원망해서 화가 풀리지 않은 것을 알고 몰래 사람을 시켜 대신에게 보내 율희를 세워 황후로 삼아야 한다고 부추겼다. 이에 대행관大行官[②]이 아뢰어 황후로 추대하는 일을 마침내 말했다.

“자식은 어머니 때문에 귀해지고 어머니는 자식 때문에 귀해진다고 했는데[③] 지금 태자의 어머니께서 칭호가 없으니 마땅히 황후로 삼아야 합니다.”

경제가 화를 내면서 말했다.

“이것을 마땅한 말이라고 하는가?”

마침내 제안을 한 대행을 처단하고 태자를 폐하여 임강왕臨江王으로 삼았다. 율희는 더욱 노하고 한탄했는데 황제를 알현하지 못하자 우울증으로 죽었다. 드디어 왕부인을 세워 황후로 삼고 그의 아들을 태자로 삼았으며, 황후의 오라버니 왕신王信을 봉해 개후蓋侯[④]로 삼았다.

長公主日譽王夫人男之美 景帝亦賢之 又有曩者所夢日符[①] 計未有所定 王夫人知帝望栗姬 因怒未解 陰使人趣大臣立栗姬爲皇后 大行[②]奏事畢 曰 子以母貴 母以子貴[③] 今太子母無號 宜立爲皇后 景帝怒曰 是而所宜言邪 遂案誅大行 而廢太子爲臨江王 栗姬愈恚恨 不得見 以憂死 卒立王夫人爲皇后 其男爲太子 封皇后兄信爲蓋[④]侯

① 有曩者所夢日符유낭자소몽일부

신주 《사기지의》에서 말한다. “《한서》에는 유有를 이耳라 했는데, 그것이 옳다. 안사고는 주석하여 ‘항상 귀띔으로 들어서 기억하고 있었다.’라고 했다.”

② 大行대행

색은 대행은 예관禮官이다. 행行은 ‘형衡’으로 발음한다.

大行 禮官 行音衡

신주 《사기지의》에 따르면 전객典客을 대행으로 바꾼 것은 경제 중 6년이니, 이때는 아니라고 한다.

③ 子以母貴 母以子貴자이모귀 모이자귀

색은 이것은 모두 《공양전》의 문장이다.

此皆公羊傳文

신주 《공양전》 은공 원년에 있다.

④ 蓋개

색은 〈지리지〉에서 개현蓋縣은 태산군에 속한다.

地理志蓋縣屬太山

신주 〈혜경간후자연표〉 주석에서 《한서》 〈표〉에는 발해군에 있다고 한다. 개후 왕신은 경제 중5년(서기전 145)에 제후가 되었다. 2대 만에 봉국을 잃으니, 33년 만에 제후 작위를 잃은 것이다.

경제가 붕어하자 태자가 칭호를 물려받아 황제가 되었다. 황태후의 어머니 장아를 높여서 평원군平原君① 으로 삼았다. 전분田蚡을 봉해 무안후武安侯②로 삼고, 승勝을 주양후周陽侯③로 삼았다.

景帝崩 太子襲號爲皇帝 尊皇太后母臧兒爲平原①君 封田蚡爲武安②侯 勝爲周陽③侯

① 平原평원

정의 덕주의 현이다.

德州縣也

② 武安무안

색은 〈지리지〉에서 현 이름이고 위군에 속한다.

地理志縣名 屬魏郡

정의 《괄지지》에서 말한다. "무안 고성은 낙주洛州 무안현 서남쪽 7리에 있다. 6국 시대에는 조趙나라 읍이었다. 한나라 무안현성이다."

括地志云 武安故城在洛州武安縣西南七里 六國時趙邑 漢武安縣城也

신주 여기서는 무제 즉위 후에 제후가 된 것으로 나오지만, 〈혜경간후자연표〉에서는 경제 후 3년이라 한다. 〈혜경간후자연표〉의 기록이 옳다. 전분은 승상까지 되었지만 위기후 두영竇嬰과의 다툼으로 명성을 저버렸고, 위기후가 처형된 원광 3년(서기전 132) 봄에 그 귀신을 보고 죽었다. 아들 전오田梧가 뒤를 이었지만 불경죄에 걸려 다시 5년 만에 봉국이 없어지니, 15년 만에 제후 작위를 잃은 것이다.

③ 周陽주양

색은 〈지리지〉에서 현 이름이고 상군에 속한다.

地理志縣名 屬上郡

정의 《괄지지》에서 말한다. "주양 고성은 강주絳州 문희현聞喜縣 동쪽 29리에 있다."

括地志云 周陽故城在絳州聞喜縣東二十九里也

신주 봉한 시기는 무안후과 같으며, 2대 아들에 이르러 다른 사람의 저택을 약취한 죄로 봉국이 없어져, 20년 만에 제후 작위를 잃었다. '〈지리지〉에서 상군에 속한다.'는 것은 잘못 인용한 것이다. 상군 소속은 양주陽周이다. 주양은 당시 하동군 문희현 소속이다. 문희는 옛 진晉의 고도 곡옥曲沃이다. 《사기집해》를 쓴 배인의 본향이며, 《삼국지》에 주석을 단 그의 아버지 배송지의 고향이다.

경제는 열세 명의 아들을 두었는데 한 명은 황제가 되었고, 열두 명의 아들은 모두 왕이 되었다.① 아후兒姁는 일찍 죽었는데 그의 아들 네 명은 모두 왕이 되었다. 왕태후의 장녀는 평양공주平陽公主②라고 불렸고, 다음은 남궁공주南宮公主③라고 했으며, 다음은 임려공주林慮公主④라고 했다.

景帝十三男 一男爲帝 十二男皆爲王① 而兒姁早卒 其四子皆爲王 王太后長女號曰平陽②公主 次爲南宮③公主 次爲林慮④公主

① 十二男皆為王십이남개위왕

신주 이들의 행적은 〈한흥이래제후왕연표〉와 〈오종세가〉에 자세히 나온다. 《사기지의》에 따르면 아들은 열네 명인데 열세 명은 제후왕이 되었다고 한다. 실제로도 그렇다. 태자가 되었으나 폐위되어 임강왕으로 좌천되었다가 죽은 유영劉榮을 제외한 것으로 보인다.

② 平陽평양

정의 《괄지지》에서 말한다. "평양 고성은 곧 진주성晉州城 서면이고,

지금의 평양 고성의 동면東面이다. 《성기》에는 요임금이 쌓았다고 했다."
括地志云 平陽故城即晉州城西面 今平陽故城東面也 城記云堯築也

신주 고조 공신인 평양후 조참曹參의 후손 조시曹時에게 시집가서 '평양공주'라고 부른다. 원래는 양신陽信공주이다. 조시 사후에 여음후 하후파夏侯頗에게 재가하고, 원정 2년(서기전 115) 하후파가 자살하자 다시 무제의 총애를 받은 위청衛青에게 재가한다.

③ 南宮남궁

정의 남궁은 기주冀州의 현이다.
南宮 冀州縣也

④ 林慮임려

색은 현 이름이고 하내군에 속한다. 본래 이름은 융려隆慮인데 (후한) 상제殤帝의 휘諱를 피해서 임려로 고쳤다. 慮는 '려廬'로 발음한다.
縣名 屬河內 本名隆慮 避殤帝諱 改名林慮 慮音廬

정의 임려는 상주의 현이다.
林慮 相州縣也

신주 《사기지의》에 따르면 융려공주라 해야 하는데 후대에 누군가 망령되게 고쳤을 것이라고 짐작했다. 후한 상제의 휘를 피해 임려로 고쳤기 때문이다. 〈고조공신후자연표〉에서 융려후는 공신순위 34위 주조周竈이며, 공주는 그 아들 주통朱通에게 시집갔다. 경제 중원년에 죄를 지어 봉국을 잃었다고 한다.

《한서》〈동방삭전〉에 따르면 공주의 아들 소평군昭平君은 무제의 딸 이안夷安공주에게 장가들었는데, 이안공주는 누구 소생인지 알지 못한다. 행실이 좋지 못해 융려공주가 죽기 전에 사형죄를 면할 수 있는 속죄금을 미리 맡겼다. 소평군은 과연 공주의 보모를 함부로 죽여 사형을 언도받았다. 무제는 누이의 부탁을 생각하여 사형만은 면해 주고자 했으나, 끝내 정위廷尉의 의견을 받아들여 처형하면서 흐느껴 슬퍼했다.

개후蓋侯 왕신王信은 술을 좋아했다. 전분과 전승은 탐욕스럽고 문사文辭를 교묘하게 꾸몄다. 왕중王仲은 일찍 죽어 괴리槐里에 장사를 지냈는데 추존해 공후共侯로 삼고 원읍園邑 200가를 두게 했다. 평원군 장아가 죽자 전씨田氏를 따라 장릉현에 묻고 원읍을 두어 공후共侯의 원읍과 같게 했다.

왕태후는 효경제가 죽은 지 16년 뒤인 원삭元朔 4년(서기전 125) 죽었으며 양릉陽陵①에 합장했다. 왕태후의 집안에서는 총 세 명이 후가 되었다.

蓋侯信好酒 田蚡勝貪 巧於文辭 王仲蚤死 葬槐里 追尊爲共侯 置園邑二百家 及平原君卒 從田氏葬長陵 置園比共侯園 而王太后後孝景帝十六歲 以元朔四年崩 合葬陽陵① 王太后家凡三人爲侯

① 陽陵양릉

정의 《괄지지》에서 말한다. "양릉은 옹주 함양현 동쪽 40리에 있다."

括地志云 陽陵在雍州咸陽縣東四十里

신주 《사기지의》에 따르면 원삭 3년에 죽었다고 한다. 《한서》의 기록도 그의 주장과 같다.

무제의 여인들

위황후衛皇后의 자는 자부子夫이며 미천하게 태어났다. 대개 그 집안을 위씨衛氏[①]라고 불렀는데 평양후平陽侯[②] 읍에서 나왔다. 자부는 평양공주를 위해 집에서 노래 부르는 여자였다. 처음 무제가 즉위한 후 여러 해가 지나도 아들이 없었다. 평양공주는 여러 양갓집 딸 10여 명을 구하여 치장시켜 집 안에 두었다.

무제가 패수霸水에서 불제祓祭[③]를 지내고 돌아오는 길에 평양공주의 집을 지나게 되었다. 평양공주가 미인들에게 시중들게 해서 무제가 보게 했는데 무제는 기뻐하지 않았다. 술을 마신 다음 노래하는 자가 앞으로 나오자, 무제가 바라보더니 유독 위자부를 달가워했다. 이날 무제가 일어나 옷을 갈아입는데, 자부는 공주 옷을 입고 헌軒(처소) 안에서 시중들다가, 무제의 은총을 입었다.[④] 무제가 자리로 돌아와 앉아서 매우 기뻐하면서 평양공주에게 금 1,000근을 하사했다. 공주는 이에 따라 자부를 궁으로 들여보내 받들게 할 것을 아뢰었다.

衛皇后字子夫 生微矣 蓋其家號曰衛氏[①] 出平陽侯[②]邑 子夫爲平陽主謳者 武帝初即位 數歲無子 平陽主求諸良家子女十餘人 飾置家 武帝

祓[③]霸上還 因過平陽主 主見所侍美人 上弗說 既飮 謳者進 上望見 獨說衛子夫 是日 武帝起更衣 子夫侍尙衣軒中 得幸[④] 上還坐 驩甚 賜平陽主金千斤 主因奏子夫奉送入宮

① 衛氏위씨

정의 〈위청전〉에서 말한다. "아버지 정계鄭季는 관리가 되어 평양후 집안에서 일을 돌봐주었는데 평양후 첩 위온衛媼과 통해 청靑을 낳았다. 그러므로 위씨衛氏라고 썼다고 한다."

衛靑傳云 父鄭季爲吏 給事平陽侯家 與侯妾衛媼通 生靑 故冒衛氏

② 平陽侯평양후

집해 서광이 말했다. "평양후 조수曹壽는 평양공주에게 장가들었다."

徐廣曰 平陽侯曹壽尙平陽公主

신주 앞서 언급한 조시曹時이다. 《한서》 〈위청전〉에서는 '조수'라 한다. 시호는 이후夷侯이다.

③ 祓불

집해 서광이 말했다. "3월 상순 사일巳日에 물에 다다라 재액을 털어내는 것을 계禊라고 이른다. 〈여후본기〉에서는 또한 '3월에 재액을 터는 제사를 지내고 돌아오면서 지도軹道를 지났다.'라고 했다. 아마 '유游' 자와 서로 비슷해서 그것으로 정하기도 했을 것이다."

徐廣曰 三月上巳 臨水祓除謂之禊 呂后本紀亦云 三月祓還過軹道 蓋與游字相似 故或定之也

색은 소림이 말했다. "발음이 '폐廢'라고 했다. 지금 또한 '불拂'로 발음하고 불계祓禊를 이르는 것인데 물에서 놀면서 스스로 깨끗하게 하는 것이다. 그러므로 불제祓除라고 했다."

蘇林音廢 今亦音拂 謂祓禊之 游水自潔 故曰祓除

④ 尙衣軒中 得幸상의헌중 득행

정의 상尙은 주主이다. 공주의 옷을 입고 공주의 수레 안에서 총애를 얻었다.

尙 主也 於主衣車中得幸也

자부가 수레에 오르자 평양공주가 그의 등을 어루만지며 말했다. "가거든 억지로라도 밥 잘 먹고 힘쓰라. 곧 귀해질 것이니 서로 잊지 말도록 하자."

자부가 궁으로 들어온 지 한 해 남짓 되었지만 끝내 다시 총애를 받지 못했다. 무제는 궁인 중 쓸모없는 자는 내쫓아 돌려보냈다. 위자부가 알현할 기회를 얻었는데, 울면서 궁에서 나가기를 청했다. 무제가 애처롭게 여기고 다시 총애해서 마침내 임신하자, 무제의 총애가 날로 융성해졌다.

그의 오라버니 위장군衛長君과 아우 위청衛靑을 불러서 시중侍中으로 삼았다. 자부가 뒤에 크게 은총을 입고 총애를 받아 무릇 세 명의 딸① 과 한 명의 아들을 낳았다. 아들의 이름은 거據이다.②

子夫上車 平陽主拊其背曰 行矣 彊飯 勉之 即貴 無相忘 入宮歲餘 竟不

復幸 武帝擇宮人不中用者 斥出歸之 衛子夫得見 涕泣請出 上憐之 復幸 遂有身 尊寵日隆 召其兄衛長君弟靑爲侍中 而子夫後大幸 有寵 凡生三女[①]一男 男名據[②]

① 生三女생삼녀

색은 살펴보니 제읍공주와 석읍공주 및 위장공주로 뒤에 당리공주當利公主로 봉해졌다고 이른 것이 이것이다.

按 謂諸邑石邑及衛長公主後封當利公主是

② 據거

색은 곧 여태자戾太子이다.

卽戾太子也

신주 여태자 유거劉據(서기전 128~서기전 91)는 효소황제孝昭皇帝의 이복형이며 효선황제孝宣皇帝의 조부이다. 유거는 서기전 91년 병상에 있는 아버지 무제를 저주한다는 강충江充의 모함을 받자 강충을 죽이고 난을 일으켰다. 그러나 관군에 패하고 자살했다. 후에 이것이 모함이었다는 것을 안 무제는 강충의 일가를 모두 죽이고 사자궁思子宮을 세워 아들의 넋을 위로했다.

애초에 무제가 태자였을 때 장공주의 딸을 취해서 비妃로 삼았다. 황제가 되자 비를 세워 황후로 삼았는데 성은 진씨陳氏[①]로 아들이 없었다. 무제가 후계자가 된 것에는 대장공주 유표劉嫖의 힘이 있었다.② 그래서 진황후는 교만하고 자신이 존귀하다고 여겼다. 위자부가 크게 총애를 받는다는 소식을 듣고 성이 나서 죽을 뻔했던 일이 여러 번이었다. 주상은 더욱 노하였고 진황후는 아낙네들의 미도媚道를 끼고 행하다가 그 일이 발각되었다. 그래서 진황후를 폐하고③ 위자부를 세워 황후로 삼았다.

初 上爲太子時 娶長公主女爲妃 立爲帝 妃立爲皇后 姓陳氏① 無子 上之得爲嗣 大長公主有力焉② 以故陳皇后驕貴 聞衛子夫大幸 恚 幾死者數矣 上愈怒 陳皇后挾婦人媚道 其事頗覺 於是廢陳皇后③ 而立衛子夫爲皇后

① 陳氏진씨

색은 《한무고사》에서 말한다. "후后의 이름은 아교阿嬌이다." 곧 장공주 표의 딸이다. 증조부 진영陳嬰은 당읍후棠邑侯인데 아버지 진오陳午에 이르러 장공주에 장가들어 후后를 낳았다.

漢武故事云后名阿嬌 即長公主嫖女也 曾祖父嬰 堂邑侯 傳至父午 尚長公主生后

신주 장공주는 무제의 고모이니, 진후는 4촌 누이이다. 역시 족내혼이다. 《이십이사차기》에 따르면 공주는 진오가 죽은 뒤 나이 50 남짓에 샛서방 미소년 동언董偃을 두고 무제에게 잘 보이려고 장문원長門園 땅을 바쳤으며, 무제가 동언을 보고 기뻐하며 주인옹主人翁이라 불렀다고 한다. 〈고조공신후자연표〉에 따르면, 공주는 원정 원년(서기전 116)에 죽었다. 진오의 아들 당읍후 진계수陳季須는 상복을 벗기 전에 간음하고 형제간에 재물을 다툰 죄로 작위를 잃고 자살했다고 한다.

② 大長公主有力焉대장공주유력언

집해 서광이 말했다. "곧 경제의 누이 표嫖이다."

徐廣曰 卽景帝姊嫖也

③ 陳皇后挾婦人媚道～廢陳皇后진황후협부인미도～폐진황후

색은 살펴보니 《한서》에서 말한다. "여자 초복楚服 등이 황후를 위해 저주한 대역무도한 죄에 연좌되었는데, 이 일에 서로 연루되어 죽은 자만 300여 명이다."라고 한다. 이에 황후를 폐하고 장문궁長門宮에 살게 했다. 이런 까닭으로 사마상여의 부賦에 "진황후는 장문궁에 따로 있으면서 원망하고 고민하며 슬피 생각하여, 황금 100근을 받들고 사마상여를 위해 술을 가지고 가니 사마상여가 곧 송頌을 지어 아뢰어서 황후를 다시 가까이해서 총애했다." 송을 만든 것은 진실로 있었으나 다시 가까이해서 총애한 것은 아마 사실이 아닐 것이다.

按 漢書云女子楚服等坐爲皇后咒詛 大逆無道 相連誅者三百人 乃廢后居長門宮 故司馬相如賦云陳皇后別在長門宮 怨悶悲思 奉黃金百斤爲相如取酒 乃爲作頌以奏 皇后復親幸 作頌信有之也 復親幸之恐非實也

진황후의 어머니 대장공주는 경제의 누이로 여러 번 무제의 누이 평양공주를 꾸짖으며 말했다.
"황제는 내가 아니었으면 즉위하지 못했을 텐데 이미 되고 나서는 나의 딸을 버렸다. 오로지 스스로 기뻐하지 않고 배신하는 근본은 무엇 때문인가?"

평양공주가 말했다.

"(태자로) 쓸 자식이 없는 까닭에 폐해진 것일 뿐입니다."

진황후는 자식을 가지려고 의원에게 돈 9,000만 전을 주었다. 그러나 끝내 자식이 없었다.

위자부는 이미 황후가 되었는데 이보다 먼저 위장군衛長君이 죽었다. 이에 위청을 장군으로 삼고 호胡를 공격해 공로가 있자① 봉하여 장평후長平侯로 삼았다.②

위청의 세 아들은 모두 포대기 속에 있었는데도③ 모두 봉해 제후의 반열에 서게 했다. 또 위황후에게 이른바 언니 위소아衛小兒가 있어서 위소아가 아들 곽거병霍去病을 낳았는데 군공이 있자 관군후冠軍侯④에 봉하고 표기장군驃騎將軍이라고 호칭했다. 위청은 대장군大將軍이라고 불렀다. 위황후의 아들 거據를 세워 태자로 삼았다. 위씨의 지속들은 군공을 세워 집안을 일으켜 다섯 명이 후작侯爵이 되었다.⑤

陳皇后母大長公主 景帝姊也 數讓武帝姊平陽公主曰 帝非我不得立 已而棄捐吾女 壹何不自喜而倍本乎 平陽公主曰 用無子故廢耳 陳皇后求子 與醫錢凡九千萬 然竟無子 衛子夫已立爲皇后 先是衛長君死 乃以衛靑爲將軍 擊胡有功① 封爲長平②侯 靑三子在襁褓中③ 皆封爲列侯 及衛皇后所謂姊衛少兒 少兒生子霍去病 以軍功封冠軍④侯 號驃騎將軍 靑號大將軍 立衛皇后子據爲太子 衛氏枝屬以軍功起家 五人爲侯⑤

① 以衛靑爲將軍 擊胡有功이위청위장군 격호유공

신주 경제景帝가 오초칠국吳楚七國의 난 때 흉노와 화친 맺었던 것을 무제도 이어받았다. 그러나 예관 왕회王恢의 제안을 받아들여 화친을 깨고 원광 6년(서기전 129) 흉노와의 전쟁을 시작했는데, 위청衛靑이 거기장군이 되어 상곡上谷으로 출진해서 공을 세우고 용성籠城까지 이르러 흉노 수백 명의 머리를 벤 일을 말한다. 곽거병과 〈위장군표기열전〉에 자세히 나온다.

② 長平장평

색은 〈지리지〉에서 현 이름이고 여남군에 속한다.

地理志縣名 屬汝南

③ 在襁褓中재강보중

신주 과장법이다. 실제 포대기에 쌓인 어린애가 아니라, 관례冠禮를 치를 만큼 성년(15~6세)이 되지 못했다는 뜻이다.

④ 冠軍관군

색은 자부의 언니 소아의 아들 곽거병을 봉한 곳이다. 〈지리지〉에서 관군은 하양河陽에 속한다.

子夫姊少兒之子去病封也 地理志冠軍屬河陽

신주 관군후 곽거병(?~서기전 117)은 중국 전한前漢의 장수로 숙부 위청衛靑과 함께 여러 차례의 흉노 토벌에 큰 공을 세워, 매년 흉노에게 막대한 세폐를 바치고 평화를 구걸하던 관례를 깼다. 〈건원이래후자연표〉의 색은 주석에서 관군은 남양군에 속한다고 했다. 〈지리지〉에서는 남양군에 관군현이 있는데 무제가 설치하였다고 한다.

⑤ 五人爲侯오인위후

신주 위청과 그의 세 아들 위항衛伉, 위불의衛不疑, 위등衛登 및 조카 곽거병을 가리킨다.

> 위황후의 미색이 쇠퇴하자 조趙의 왕부인王夫人①이 총애를 입어서 아들을 두어 제왕齊王으로 삼았다. 왕부인은 일찍 죽었다. 이에 중산中山의 이부인李夫人②이 총애를 입어 한 명의 아들을 두었는데 그는 창읍왕昌邑王③이 되었다.
>
> 及衛后色衰 趙之王夫人①幸 有子 爲齊王 王夫人蚤卒 而中山李夫人②有寵 有男一人 爲昌邑王③

① 王夫人왕부인

색은 제왕 굉閎을 낳았다.

生齊王閎

② 李夫人이부인

색은 창읍애왕 박髆을 낳았다.

生昌邑哀王髆

③ 昌邑王창읍왕

정의 이름은 하賀이다.

名賀

신주 나중에 황제에 옹립되었다가 바로 곽광霍光에게 쫓겨난 유하劉賀를 가리킨다. 유하는 창읍애왕 유박의 아들이다. 곽광이 벌인 이 거사는 훗날 난신적자들이 자주 써먹는 도구로 이용되어, 고대사에 숱하게 언급되어 나온다.

이부인은 일찍 죽었는데① 그의 오라버니 이연년李延年②은 음악으로 총애를 받아 협률協律이라고 불렀다. 협률이란 옛날의 광대이다. 형제들이 모두 음란죄에 연좌되어 멸족되었다. 이때 그의 장형 이광리李廣利는 이사장군貳師將軍이 되어 대완大宛을 정벌할 때였으므로 처벌이 미치지 않았다. 그가 돌아왔는데 무제는 이미 이씨들을 멸족시킨 뒤라 애처롭게 여기고, 이에 봉해서 해서후海西侯로 삼았다.③

李夫人蚤卒① 其兄李延年以音幸 號協律 協律者 故倡也 兄弟皆坐姦族② 是時其長兄廣利爲貳師將軍 伐大宛 不及誅 還 而上旣夷李氏 後憐其家 乃封爲海西侯③

① 李夫人蚤卒이부인조졸

색은 (이부인은) 이연년의 여동생이다. 《한서》에서 말한다. "(이부인이 죽어서) 무제가 슬퍼하자 이소옹李少翁이 그의 그림을 가져왔고 무제는 부賦를 지었다." 《사기》에서는 왕부인이 가장 총애를 받았는데 (일찍 죽자) 무제가 슬퍼하고 아까워했다고 한다. 《신론》에서도 또한 《사기》와 동일하게 왕부인을 위했다고 했다.

李延年之女弟 漢書云帝悼之 李少翁致其形 帝爲作賦 此史記以爲王夫人最寵武帝悼惜 新論亦同史記爲王夫人

② 其兄李延年～兄弟皆坐姦族기형이연년이음행～형제개좌간족

신주 이연년(?～서기전 87)은 전한의 음악가로 한무제에게 누이동생을 소개한 노래가 유명한데 이로 인해 협률도위가 되었고, 누이동생을 입궐시켜 무제의 총애을 받게 했다. 《한서漢書》 〈효무이부인 열전〉에 나오는 이연년의 노래는 다음과 같다. "북방에 아름다운 여인이 있는데[北方有佳人] 세상과 떨어져 혼자 서 있네[絶世而獨立] 한 번 쳐다보면 성이 기울고[一顧傾人城] 다시 쳐다보면 나라가 기우네.[再顧傾人國] 어찌 성이 기울고 나라가 기울 것을 모르나[寧不知傾城與傾國] 아름다운 여인은 다시 얻기 어렵기 때문이지.[佳人難再得]"

③ 海西侯해서후

정의 한무제는 이광리를 시켜 대완을 정벌하게 했는데 나라가 서해西海에 가까웠다. 그러므로 해서후라고 칭했다.

漢武帝令李廣利征大宛 國近西海 故號海西侯也

신주 이광리(?～서기전 90)는 여동생 이부인이 무제의 총애를 받아 장군으로 발탁되었다. 서역 대완의 이사성을 공략하여 한혈마汗血馬를 얻어 이사 장군이라고 불렸다. 그 후 서역과 통상의 길을 열었다는 공로로 해서후에 봉해졌다. 뒤에 흉노와의 싸움에 출전하였다가 패하고 전사했다. 서해는 오늘날 하서회랑 남단의 큰 호수 청해靑海를 말한다.

다른 여인에게서는 두 명의 아들이 있었는데 그들은 연왕燕王과 광릉왕廣陵王으로 삼았다.[①] 그들의 어머니는 총애가 없자 우울증으로 죽었다.

이부인이 죽자 윤첩여尹婕妤[②] 무리가 다시 총애를 받았다. 그러나 모두 광대로 만났으며 왕후王侯로서 토지를 소유할 만한 사녀士女가 아니었으므로 임금의 배필이라 할 수는 없다.

他姬子二人爲燕王廣陵王[①] 其母無寵 以憂死 及李夫人卒 則有尹婕妤[②]之屬 更有寵 然皆以倡見 非王侯有土之士女 不可以配人主也

① 爲燕王廣陵王위연왕광릉왕

색은 《한서》에서 말한다. "이희李姬는 광릉왕 유서劉胥와 연왕 유단劉旦을 낳았다고 한다."

漢書云李姬生廣陵王胥 燕王旦也

신주 무제 아들 5명의 이야기는 《한서》 〈무오자전〉에 자세히 나온다.

② 尹婕妤윤첩여

신주 윤첩여는 《한서》 〈곽광전〉에 나오는 소제昭帝의 어머니 조첩여趙婕妤와 같은 종류이다. '첩여'는 사랑받는 첩을 가리키는 말이며, 조씨 첩여와 마찬가지로 윤씨 첩여라는 뜻이다.

제四장

저소손이 보충한 외척의 일

저선생이 말한다.[①]

신臣이 낭郞이 되었을 때 한나라 황실의 옛일들에 익숙한 종리생鍾離生에게 물었다. 종리생이 말했다.

왕태후王太后가 민간에 있을 때 낳은 한 딸[②]의 아버지는 김왕손金王孫이다. 김왕손이 이미 죽고 경제景帝가 붕어한 뒤, 무제가 이었고 황제가 되고 왕태후는 홀로 있게 되었다. 이때 한왕손韓王孫의 이름이 언嫣이고 평소 무제의 총애를 받았는데, 한가한 틈을 타서 태후는 장릉長陵에 있을 때 딸을 가졌다고 낱낱이 아뢰었다.

무제가 말했다.

"어찌 일찍 말하지 않았는가?"

이에 사신을 보내서 먼저 살펴보라고 하였는데, 그의 집에 있었다. 무제는 이에 스스로 가서 찾아 맞이하여 데려오려고 했다. 길을 청소하고[③] 선두에 깃발 꽂은 기마를 몰고 횡성문橫城門을 나갔다.[④] 수레를 타고 달려 장릉에 이르러서 작은 저자의 서쪽 마을에서 바로 마을로 들어가려 했는데, 마을 문이 닫혀 있었다. 세차게 문을 열고 수레를 타고 곧바로 이 마을로 들어가, 가로질러 김씨金氏 집 문밖에 이르러 멈춰 섰다. 무장한 기병들을 시켜서 그의 집을 포위해서 그들이 달아나지 못하게 하고 몸소 들어가서 찾았는데 찾을 수 없었다.

褚先生曰[①] 臣爲郎時 問習漢家故事者鍾離生 曰 王太后在民閒時所生(子)[一]女者[②] 父爲金王孫 王孫已死 景帝崩後 武帝已立 王太后獨在 而韓王孫名嫣素得幸武帝 承閒白言太后有女在長陵也 武帝曰 何不蚤言 乃使使往先視之 在其家 武帝乃自往迎取之 蹕[③]道 先驅旄騎出橫城門[④] 乘輿馳至長陵 當小市西入里 里門閉 暴開門 乘輿直入此里 通至金氏門外止 使武騎圍其宅 爲其亡走 身自往取不得也

① 褚先生曰저선생왈

정의 의심컨대 원제元帝와 성제成帝의 시대 사이에 저소손이 계속 이은 것으로 여겨진다.

疑此元成之閒褚少孫續之也

신주 저소손은 전한시대 원제와 성제 사이 박사를 지냈는데 《사기》에서 빠졌다고 생각하는 부분을 보충했다. 영천군 사람이다.

② 一女者일녀자

집해 서광이 말했다. "이름은 속俗이다."

徐廣曰 名俗

정의 살펴보니 뒤에 수성군脩成君으로 봉한 자이다.

按 後封修成君者

③ 蹕필

신주 지존이 가기에 앞서 길을 청소한다는 뜻이다. '벽제辟除'라고도 한다. 왕이 행차할 때, 길을 쓸고 닦으며 일반인의 통행을 금하게 하는 일을 이른다.

④ 橫城門횡성문

집해 여순이 말했다. "橫은 '광光'으로 발음한다. 《삼보황도》에서 말하길 '북면 서두문西頭門'이라고 한다."

如淳曰 橫音光 三輔黃圖云北面西頭門

정의 《괄지지》에서 말한다. "위교渭橋의 본래 이름은 횡교橫橋인데 위수 위를 건너지른 것으로 옹주 함양현 동남쪽 22리에 있다." 살펴보니 이 다리는 횡성문과 마주하고 있다.

括地志云 渭橋本名橫橋 架渭水上 在雍州咸陽縣東南二十二里 按 此橋對門也

신주 여순은 "橫은 '광光'으로 발음한다."라고 했으나 위수 위를 가로지르고 성문과 마주하고 있다고 한 것으로 보아 橫을 '횡'으로 읽어야 할 것이다.

이에 좌우의 여러 신하를 시켜서 들어가 부르면서 찾게 했다. 집안사람들이 놀라 두려워하고 딸은 도망쳐 집안 침상 아래에 숨었다. 그녀를 부축하고 문밖으로 나가서 배알하게 했다. 무제는 수레에서 내려 눈물을 흘리며 말했다.

"아이코![①] 큰누이께서는 무엇 때문에 깊이 숨었습니까?"

조칙을 내려 부거副車[2]에 태우게 하고 수레를 돌려서 달려 돌아와서 곧바로 장락궁長樂宮으로 들어갔다. 장락궁으로 가면서 조칙을 내려 문지기에게 인적(출입부)을 기록하라고 해서[3] 통보한 것이 도착하자 태후를 알현했다. 태후가 말했다.

"황제가 고달프게 무엇 때문에 왔소?"

무제가 말했다.

"지금 장릉에 이르러 신의 누이를 찾아서 함께 왔습니다."

돌아보고 말했다.

"태후를 배알하라!"

태후가 말했다.

"딸이란 말이오?"

무제가 대답했다.

"그렇습니다."

태후가 눈물을 흘리자 딸도 땅에 엎드려 울었다.

即使左右群臣入呼求之 家人驚恐 女亡匿內中床下 扶持出門 令拜謁 武帝下車泣曰 嚄[1] 大姊 何藏之深也 詔副車[2]載之 迴車馳還 而直入長樂宮 行詔門著引籍[3] 通到謁太后 太后曰 帝倦矣 何從來 帝曰 今者至長陵得臣姊 與俱來 顧曰 謁太后 太后曰 女某邪曰 是也 太后爲下泣 女亦伏地泣

① 嚄 획

색은 嚄은 '액[烏百反]'으로 발음한다. 대개는 깜짝 놀라는 말이다.

烏百反 蓋驚怪之辭耳

정의 획嚄은 책嘖이며, 소리를 내지 못하고 놀라는 모양이다.

嚄 嘖 失聲驚愕貌也

② 副車부거

신주 행차에 딸린 수레로, 아랫사람이 타는 수레를 가리킨다.

③ 行詔門着引籍행조문착인적

정의 무제가 길 위에서 조칙을 내려 궁문 담당자에게 출입명부(명장名狀)를 통하도록 시키고, (누이를) 이끌고 들어가 태후의 처소에 도착한 것이다.

武帝道上詔令通名狀於門使 引入至太后所

무제는 나아가서 장수를 위하여 술을 올리고 일천만금과 노비 300명에게 공전公田 100경①과 가장 좋은 저택을 받들어 누이에게 하사했다. 태후가 사례해 말했다.

"황제께서 낭비하는구려."

이에 평양공주와 남궁공주와 임려공주 3명을 불러서 함께 와서 누이를 배알하게 하고 그로 인해 호칭을 수성군脩成君이라고 했다.

자식으로 아들 한 명과 딸 한 명이 있었는데, 아들은 수성자중脩成子仲②이라 불렀고, 딸은 제후왕의 왕후王后가 되었다.③ 이 두 사람은 유씨劉氏가 아니었기 때문에 태후가 애처롭게 여겼다.

그러나 수성자중은 교만 방자해서 관리와 백성을 업신여기고 꾸짖었기에 모두 근심하고 괴로워했다.

武帝奉酒前爲壽 奉錢千萬 奴婢三百人 公田百頃① 甲第 以賜姊 太后謝曰 爲帝費焉 於是召平陽主南宮主林慮主三人俱來謁見姊 因號曰脩成君 有子男一人 女一人 男號爲脩成子仲② 女爲諸侯王王后③ 此二子非劉氏 以故太后憐之 脩成子仲驕恣 陵折吏民 皆患苦之

① 百頃백경

신주 토지단위는 시대마다 차이가 있다. 한나라 때, 1경頃은 보통 100무畝(묘라고도 읽는다) 넓이인데 1무의 넓이는 100보步 혹은 240보이다. 1경의 넓이는 약 0.025km²이며 7,500평 가량이라고 한다. 100경이면 가로×세로 약 1.6km 씩이다.

② 脩成子仲수성자중

색은 김씨의 생질로 수성군修成君의 아들이다. 이름은 중仲이고 또 증조외할버지 왕씨와 이름이 같다고 하는데 아마 잘못일 것이다.

金氏甥 修成君之子也 而名仲者 又與大外祖王氏同字 恐非也

③ 女爲諸侯王王后여위제후왕왕후

집해 서광이 말했다. "시집가서 회남왕 유안劉安의 태자비가 되었다."

徐廣曰 嫁為淮南王安太子妃也

신주 이 딸이 제여왕齊厲王 유차창劉次昌에게 시집갈 뻔한 사람인데, 〈제도혜왕세가〉에 나온다. 유차창은 무제 14년에 자살하고 봉국은 없어진다. 회남왕 유안과 태자 역시 무제 19년에 처형되었는데, 〈회남형산열전〉에 따르면, 태자비는 그 전에 이혼한다.

위자부衛子夫는 황후가 되었다. 황후의 남동생 위청衛青의 자는 중경仲卿인데 대장군으로 봉해져 장평후長平侯가 되었다. 네 명의 아들이 있었는데[①] 맏아들 항伉은 장평후 세자가 되었고, 장평후 세자로 상시중常侍中이 되어 지위가 존귀했고 총애를 받았다. 그의 세 동생[②]은 모두 봉해져 후가 되었는데 각각 1,300호를 받았다. 첫째 음안후陰安侯,[③] 둘째 발간후發干侯,[④] 셋째 의춘후宜春侯[⑤]가 되어 존귀함을 천하에 떨쳤다. 천하 사람들이 노래해 말했다.

"아들을 낳아도 기뻐하지 말고 딸을 낳아도 노하지 말라. 위자부가 천하에서 으뜸인 것을 보지 못했는가."

衛子夫立爲皇后 后弟衛青字仲卿 以大將軍封爲長平侯 四子[①] 長子伉爲侯世子 侯世子常侍中 貴幸 其三弟[②]皆封爲侯 各千三百戶 一曰陰安侯[③] 二曰發干侯[④] 三曰宜春侯[⑤] 貴震天下 天下歌之曰 生男無喜 生女無怒 獨不見衛子夫霸天下

① 四子사자

신주 위청은 위항衛伉, 위불의衛不疑, 위등衛登 세 아들을 둔 것으로 기록하고 있다. 여기에서 네 아들이라고 한 것은 오류이다.

② 其三弟 기삼제

신주 '기삼자其三子'라고 해야 한다. 맏아들 의춘후宜春侯 항伉이 면탈되었다가 세자의 자격으로 장평후를 잇기 때문이다.

③ 陰安侯 음안후

색은 이름은 불의不疑이다. 〈지리지〉에서 음안은 현 이름이고 위군에 속한다.

名不疑 地理志縣名 屬魏郡

정의 《괄지지》에서 말한다. "음안 고성은 위주 돈구현頓丘縣 북쪽 60리에 있다."

括地志云 陰安故城魏州頓丘縣北六十里也

신주 〈건원이래후자연표〉에서 원삭 5년(서기전 124)에 봉해지고 12년 만인 원정 5년에 봉국이 없어졌다고 한다.

④ 發干侯 발간후

색은 이름은 등登이다. 〈지리지〉에서 현 이름이고 동군에 속한다.

名登 地理志縣名 屬東郡

정의 《괄지지》에서 말한다. "발간 고성은 박주博州 당읍현堂邑縣 서남쪽 23리에 있다."

括地志云 發干故城在博州堂邑縣西南二十三里

신주 〈건원이래후자연표〉에서 원삭 5년에 봉해지고 12년 만인 원정 5년에 봉국이 없어졌다고 한다.

⑤ 宜春侯 의춘후

색은 이름은 항伉이다. 〈지리지〉에서 의춘은 현 이름이고 여남군에 속한다.
名伉 地理志宜春 縣名 屬汝南

정의 《괄지지》에서 말한다. "의춘 고성은 예주豫州 여양현汝陽縣 서쪽 67 리에 있다."
括地志云 宜春故城在豫州汝陽縣西六十七里

신주 〈건원이래후자연표〉에서 원삭 5년에 봉해지고 8년 만인 원정 원년에 조서를 위조한 죄로 면탈되었다고 한다. 무제 태초 원년(서기전 104), 장평후를 잇지만, 무제 정화 2년(서기전 91)에 승상 공손하公孫賀 사건에 연관되어 주살당하고 장평후도 없어진다.

이때 평양공주는 과부로 살았는데, 열후의 신분인 자를 공주에게 장가들게 해야 했다.① 공주는 좌우와 함께 장안長安 안에서 열후 중 지아비가 될 만한 자를 의논했는데 모두 대장군 위청이 좋다고 말했다. 공주가 웃으면서 말했다.
"이 사람은 나의 집에서 나와서 내가 항상 부리고 기마에 영을 내리고 내가 출입할 때 따를 뿐이었는데 어찌 지아비로 삼겠는가?"
좌우에서 모시고 있는 자가 말했다.
"지금 대장군의 누이는 황후가 되었고 세 아들들은 후가 되어 부하고 존귀함이 천하에 떨치고 있는데, 공주께서는 어찌 가볍게 여기십니까?"
이에 공주가 허락했다. 황후에게 말해 무제에게 아뢰자 이내 조서를 내려 위장군을 평양공주에게 장가보냈다.

是時平陽主寡居 當用列侯尙主[1] 主與左右議長安中列侯可爲夫者 皆言大將軍可 主笑曰 此出吾家 常使令騎從我出入耳 柰何用爲夫乎 左右侍御者曰 今大將軍姊爲皇后 三子爲侯 富貴振動天下 主何以易之乎 於是主乃許之 言之皇后 令白之武帝 乃詔衛將軍尙平陽公主焉

① 尙主상주

신주 훗날에는 부마도위駙馬都尉라고 불렀다. 부마도위는 예비로 준비한 말을 일컫는 관직으로 한무제가 최초로 설치했으며, 2,000석의 봉록을 받는데 주로 황실이나 외척의 자제들이 담당했다. 부마駙馬는 《수신기》에 나오는데, 죽은 공주의 혼령과 결혼하여 왕의 사위가 되었던 사람에게 주었던 직책이다. 그러다가 부마라는 말 자체가 왕의 사위를 뜻하게 되었다.

저선생이 말했다.
장부는 용龍으로 변한다. 전해오는 말에 이르길, "뱀이 변하여 용龍이 되지만 그 무늬는 변하지 않는다. 가장家長이 변해 임금이 되더라도 그 성씨는 변하지 않는다."라고 했다. 장부가 시대에 맞춰 부귀해지면 온갖 나쁜 것들이 없어지고 광채가 빛나 영화롭지만, 빈천한 때라고 어찌 누추한 것을 족하다고 여기겠는가?
褚先生曰 丈夫龍變 傳曰 蛇化爲龍 不變其文 家化爲國 不變其姓 丈夫當時富貴 百惡滅除 光耀榮華 貧賤之時何足累之哉

무제 때 부인 윤첩여尹婕妤가 총애를 받았다.[①] 형부인邢夫人의 호칭은 형아娙娥인데[②] 백성들은 '형하娙何'라고 불렀다. 형하는 녹봉이 중2,000섬에 견주었고,[③] 용화容華의 녹봉도 2,000섬에 견주었는데,[④] 첩여婕妤의 녹봉은 열후列侯에 견주었다. 늘 첩여가 승진하여 황후가 되었다.

武帝時 幸夫人尹婕妤[①] 邢夫人號娙娥[②] 衆人謂之娙何 娙何秩比中二千石[③] 容華秩比二千石[④] 婕妤秩比列侯 常從婕妤遷爲皇后

① 婕妤첩여

색은 위소가 말했다. "첩婕은 승承(승은을 받는 것)이다. 여妤는 조助(임금을 돕는 것)이다." 일설에서 "아름답고 좋은 호칭이라 한다."고 했다. 《성류》에서 말한다. "(첩여는) 행幸(은총)이며 글자 또한 '女'를 부수로 한다고 했다." 《한구의》에서 말한다. "황후는 첩여婕妤를 위해 수레에서 내리는데, 예법에 승상承相에 비교된다."

韋昭云婕 承 妤 助也 一云美好也 聲類云幸也 字亦從女 漢舊儀云皇后爲婕妤下輿 禮比丞相也

② 娙娥형아

색은 복건이 말했다. "娙은 '연姸'(아리따움) 발음에 가깝다." 서광은 '영[五耕反]'이라고 발음하고, 추탄생은 '경莖'이라 발음했다. 《자림》에서는 발음을 '영[五經反]'이라 발음했다. 《설문》에서 말한다. "형娙은 장長이며 호好이다." 허신이 말했다. "진秦과 진晉의 사이에서는 호好를 일러 형娙이라 한다." 또 《방언》에서 말한다. "미모美貌를 아娥라고 이른다." 《한구의》

에서 말한다. "형아의 녹봉은 장군과 어사대부에 견준다."

服虔云娙音近姸 徐廣音五耕反 鄒誕生音莖 字林音五經反 說文云娙 長也 好也 許愼云秦晉之閒謂好爲娙 又方言曰美貌謂之娥 漢舊儀云娙娥秩比將軍御史大夫

신주 형아娙娥는 한나라 때 비빈들 품계 중 하나로 첩여婕妤 다음의 작위이다. 한무제 이후 비빈 및 시녀들의 품계는 1등 소의昭儀, 2등 첩여, 3등 형아, 4등 용화傛華, 5등 미인美人, 6등 팔자八子, 7등 충의充依, 8등 칠자七子, 9등 양인良人, 10등 장사長使, 11등 소사少使, 12등 오관五官, 13등 순상順常, 14등 공화共和, 오령娛靈, 보림保林, 양사良使 등이다.

③ 中二千石중이천석

색은 살펴보니 최호가 말했다. "중中은 만滿과 같다. 한나라 제도에 9경九卿 이상 녹봉은 한 해에 2,000곡斛을 채운다." 또 《한관의》에서 말한다. "중2,000섬은 녹봉이 월 180곡이다."

按 崔浩云中猶滿也 漢制九卿已上秩一歲滿二千斛 又漢官儀云中二千石俸月百八十斛

④ 容華秩比二千石용화 질비이천석

색은 살펴보니 2,000섬은 군수의 녹봉이다. 《한관의》에서 말한다. "그 녹봉은 월 120곡이다." 또 진眞2,000섬이 있는데, 여순은 말했다. "제후왕의 재상은 군수 위에 있어 녹봉이 진2,000섬이다." 《한률》에서 말한다. "진2,000석은 녹봉이 월 2만이다." 살펴보니 이것은 2만 두斗인즉 2만 두 또한 곧 2,000섬이다.

최호가 말했다. "열경列卿 이상 녹봉은 섬[石]으로 모두 정正 2,000섬이다.” 이를 살펴보니 이것은 진2,000섬이다. 중2,000섬이라고 운운한 것은 또한 2,000에 가득 차지 않는 것으로, 아마 1,800～900일 따름이다. 이것은 최호의 설명인데, 지금 겸해 인용해서 해석한 것이다.

按 二千石是郡守之秩 漢官儀云其俸月百二十斛 又有眞二千石者 如淳云諸侯王相在郡守上 秩眞二千石 漢律眞二千石俸月二萬 按是二萬斗也 則二萬斗亦是二千石也 崔浩云列卿已上秩石皆正二千石 按此則是眞二千石也 其云中二千石 亦不滿二千 蓋千八九百耳 此崔氏之說 今兼引而解之

윤부인과 형부인은 같은 시기에 함께 총애를 받았으며 조칙을 내려 서로 만나볼 수 없게 했다.① 윤부인이 스스로 무제에게 청해 형부인을 만나기를 원하자, 무제가 허락했다. 이에 다른 부인을 꾸며서 어자御者 수십여 명을 따르게 하고 형부인 앞으로 오게 했다. 윤부인이 앞에서 보고 말했다.

“이는 형부인의 몸이 아닙니다.”

무제가 말했다.

“무슨 까닭으로 이렇게 말하는가?”

윤부인이 대답했다.

“그의 몸매와 얼굴 형상을 보니 군주에게 맞추기는 부족합니다.”

이에 무제가 곧 조서를 내려 형부인에게 원래 옷을 입고서 홀로 앞으로 오게 했다. 윤부인이 멀리서 바라보고 말했다.

“이분이 진짜 맞습니다.”

이에 곧 머리를 숙이고 낮춰 흐느끼며 자신이 그녀와 같지 못한 것을 아파했다. 그런즉 속담에 말한다.
"미녀가 집안에 들어오면 추녀의 원수가 된다."
尹夫人與邢夫人同時竝幸 有詔不得相見① 尹夫人自請武帝 願望見邢夫人 帝許之 即令他夫人飾 從御者數十人 爲邢夫人來前 尹夫人前見之曰 此非邢夫人身也 帝曰 何以言之 對曰 視其身貌形狀 不足以當人主矣 於是帝乃詔使邢夫人衣故衣 獨身來前 尹夫人望見之 曰 此眞是也 於是乃低頭俛而泣 自痛其不如也 諺曰 美女入室 惡女之仇

① 有詔不得相見유조부득상견

신주 이러한 조치를 내린 것은 윤부인과 형부인이 서로 질투하게 될 것을 염려한 것이다. 이로 인해서 윤형피면尹邢避面이란 말이 쓰이게 되었는데, 서로 질투하거나 반목하여 만나기를 꺼려하는 것을 비유한다.

저선생은 말했다.
목욕에 강이나 바다가 꼭 필요한 것은 아니나 때를 씻는 것이 필요하다. 말을 타는데 천리마[騏驥]가 꼭 필요한 것은 아니나 잘 달릴 수 있는 말이 필요하다. 사인士人에게 현명한 세상이 꼭 필요한 것은 아니나 도를 알 만한 세상이 필요하다. 여인에게 귀한 종자가 꼭 필요한 것은 아니나 곧고 좋은 사람이 필요하다.
전해오는 말에 이르길, "여자는 미인이건 추녀이건 관계없이 궁실에 들어가면 시샘을 받고, 사인은 현명하든 그렇지 않든 관계없이 조정에 들어가면 질시를 받는다.[①]"라고 했다. 미녀란 추녀의 원수이니, 어찌 그렇지 않겠는가?
구익鉤弋부인[②]의 성은 조씨趙氏[③]이고 하간군 사람이다. 무제의 총애를 얻어 한 명의 아들을 낳았는데 바로 소제昭帝이다. 무제의 나이 일흔 살에 소제를 낳았다. 소제가 즉위했을 때 나이가 다섯 살에 불과했다.[④]
위태자衛太子는 폐해진 뒤 다시 태자를 세우지 않았다. 연왕燕王 단旦이 글을 올려 나라로 돌아가서 숙위宿衛[⑤]로 들어가기를 원했다. 무제가 노하여 그의 사자를 북궐에서 참수했다.
褚先生曰 浴不必江海 要之去垢 馬不必騏驥 要之善走 士不必賢世 要之知道 女不必貴種 要之貞好 傳曰 女無美惡 入室見妒 士無賢不肖 入朝見嫉[①] 美女者 惡女之仇 豈不然哉 鉤弋夫人[②]姓趙氏[③] 河間人也 得幸武帝 生子一人 昭帝是也 武帝年七十 乃生昭帝 昭帝立時 年五歲[④]耳 衛太子廢後 未復立太子 而燕王旦上書 願歸國入宿衛[⑤] 武帝怒 立斬其使者於北闕

① 女無美惡~入朝見嫉녀무미악~입조견질

신주 이 구절은 〈추양열전〉에서 추양의 말로 나온다. 사마천은 다시 그것을 〈편작창공열전〉의 논평에 사용했다. 여기서 저소손이 거듭 사용한 것이다.

② 鉤弋夫人구익부인

색은 살펴보니 부인의 성은 조趙이고 하간군 사람이다. 《한서》에서 말한다. "무제가 하간군을 지나가는데 망기望氣(기운을 봐서 조짐을 아는 것)하는 사람이 말하기를 이곳에 기이한 여인이 있다고 했다. 천자가 이에 사자를 시켜서 불렀다. 여인이 양쪽 손을 모두 쥐고 있었는데 무제가 스스로 펴주자 손이 즉시 펴졌다. 이로 말미암아 총애가 있어서 권부인拳夫人이라고 불렀다. 뒤에 구익궁鉤弋宮에 거처해 구익부인이라고 불렀다."《열선전》에서 말한다. "손을 폈는데 옥으로 만든 갈고리 하나를 얻었으므로, 호칭으로 했다."《한무고사》에서 말한다. "궁은 직성문直城門 남쪽에 있다."《묘기》에서 말한다. "궁에는 천 개의 문과 만 개의 창문이 있어서 이름을 일일이 기록하지 못한다."

按 夫人姓趙 河閒人 漢書云武帝過河閒 望氣者言此有奇女 天子乃使使召之 女兩手皆拳 上自披之 手即時伸 由是幸 號曰拳夫人 後居鉤弋宮 號曰鉤弋夫人 列仙傳云發手得一玉鉤 故號焉 漢武故事云宮在直城門南 廟記云宮有千門萬戶 不可記名也

정의 《괄지지》에서 말한다. "구익궁은 장안성 안에 있고 문 이름은 요모문堯母門이다."

括地志云 鉤弋宮在長安城中 門名堯母門也

③ 趙氏조씨

색은 《한서》를 살펴보니 소제가 즉위하자 태후의 아버지 조보趙父를 추존해 순성후順成侯로 삼았다고 했다.

按漢書 昭帝即位 追尊太后父趙父為順成侯

④ 年五歲연오세

집해 서광이 말했다. "무제가 붕어한 것이 바로 일흔 살인데 소제의 나이는 여덟 살이었을 뿐이다."

徐廣曰 武帝崩年正七十 昭帝年八歲耳

색은 살펴보니 서광은《한서》에 의거해 무제는 일흔 살에 붕어했고 붕어할 때 소제의 나이는 여덟 살이었다고 했다. 여기는 저선생의 기록이다.《한서》에서 말한다. "원시元始 3년, 소제가 태어났다." 이는 잘못된 것이다. 살펴보니 원시元始는 마땅히 태시太始가 되어야 한다.

按 徐廣依漢書 以武帝年七十崩 崩時昭帝年八歲 此褚先生之記 漢書云元始三年 昭帝生 誤也 按 元始當爲太始

⑤ 宿衛숙위

신주 숙위는 원래 숙직하며 궁궐을 지키는 것을 말한다. 진한시대에는 황제의 제후국에서 자국의 왕자 또는 귀족의 자제를 황제의 조정에 보내 조공하고 머물러 모시면서 자국의 안전을 도모하는 관리 역할을 했다. 연왕 단旦은 태자 자리를 노리고 숙위를 자청했는데 무제 사후에 끝내 반란을 일으켰다가 자살로 생을 끝마친다.

무제는 감천궁甘泉宮에 거처했는데, 화공畵工을 불러서 주나라 주공周公이 성왕成王을 업고 있는 그림을 그리게 했다. 이에 좌우의 군신들은 무제가 어린 아들을 세우고자 하는 뜻을 알았다. 수일 뒤에 무제가 구익부인을 꾸짖어 문책했다. 부인이 비녀와 귀고리를 벗고 머리를 조아렸다. 무제가 말했다.

"끌고 가 액정옥掖庭獄[①] 으로 보내라!"

부인이 가면서 되돌아보자 무제가 말했다.

"빨리 가거라. 너는 살 수 없을 것이다."

구익부인은 운양궁雲陽宮에서 죽었다.② 그때 폭풍으로 흙먼지가 일었는데, 백성들이 마음으로 느끼며 슬퍼했다. 사자使者가 밤에 관을 가지고 가서 장례를 치르고③ 봉분을 쌓아 그곳을 표시했다.

上居甘泉宮 召畫工圖畫周公負成王也 於是左右群臣知武帝意欲立少子也 後數日 帝譴責鉤弋夫人 夫人脫簪珥叩頭 帝曰 引持去 送掖庭獄① 夫人還顧 帝曰 趣行 女不得活 夫人死雲陽宮② 時暴風揚塵 百姓感傷 使者夜持棺往葬之③ 封識其處

① 掖庭獄액정옥

신주 궁중의 한 부서이다. 궁중 곁에 지은 집으로 비빈들이 거주하던 곳인데, 환관을 영승令丞으로 삼았다. 진나라 때 영항永巷으로 불리다가 한무제 태초太初 원년, 액정으로 이름을 바꿨다. 이후로 궁정의 여인들이 거처하는 곳을 뜻하는 말이 된다.

② 雲陽宮운양궁

색은 살펴보니 《삼보고사》에서 말한다. "감천궁 남쪽에 장사지냈다. 뒤에 소제는 운릉雲陵을 일으켰는데 읍이 3,000호이다." 《한무고사》에서 말한다. "이미 빈소를 차렸는데 향기가 10리에 퍼졌다. 주상이 보통 사람이 아니라고 의심하고 관을 열어서 살펴보니 시신은 없고 의복과 신발만 남아있었다."

按 三輔故事云葬甘泉宮南 後昭帝起雲陵 邑三千戶 漢武故事云旣殯 香聞十里 上疑非常人 發棺視之 無尸 衣履存焉

정의 《괄지지》에서 말한다. "운양궁은 진秦의 감천궁이며 옹주 운양현 서북쪽 80리에 있다. 진시황이 감천궁을 지었는데 장안과 거리는 300리이며 황제黃帝 이래로 원구圜丘에 제사하는 곳이다."

括地志云 雲陽宮 秦之甘泉宮 在雍州雲陽縣西北八十里 秦始皇作甘泉宮 去長安三百里 黃帝以來祭圜丘處也

③ 使者夜持棺往葬之사자야지관왕장지

정의 《괄지지》에서 말한다. "운양릉雲陽陵은 한나라 구익부인릉인데 운양현 서북쪽 58리에 있다. 효무제의 구익 조첩여趙婕妤는 소제의 어머니이고 제齊나라 사람인데 성은 조씨이다. 젊어서는 맑고 고요한 것을 좋아했는데 6년 동안 병석에 누워 있었으며 오른쪽 손을 오므려 쥐었고 음식을 적게 먹었다. 기氣를 살피는 자가 이르기를 '동북쪽에 귀인貴人이 있다.'라고 해서 추적해서 얻었다. 불러서 이르렀는데 자색이 매우 아름다웠다. 무제가 그의 손을 잡아서 폈는데 옥 갈고리를를 얻었다. 뒤에 소제를 낳았다. 무제 말년에 부인을 죽이고 빈소를 차렸는데 시신에서 하루 종일 향기가 났다. 소제가 다시 장례를 치르는데 관에는 실과 신발만 남아 있었다. 《궁기》에서 '무제가 그녀를 생각해서 통령대通靈臺를 감천甘泉에 일으켜 만들자 항상 푸른 새 한 마리가 대 위에 편안히 오갔는데, 선제宣帝가 이를 때면 곧 멈췄다.'라고 한다."

括地志云 雲陽陵 漢鉤弋夫人陵也 在雲陽縣西北五十八里 孝武帝鉤弋趙婕妤昭帝之母 齊人 姓趙 少好清靜 六年臥病 右手捲 飮食少 望氣者云 東北有貴人推而得之 召到 姿色甚佳 武帝持其手伸之 得玉鉤 後生昭帝 武帝末年殺夫人

殯之而尸香一日 昭帝更葬之 棺但存糸履也 宮記云 武帝思之 爲起通靈臺於甘泉 常有一青鳥集臺上往來 至宣帝時乃止

그 뒤 무제가 한가한 때 좌우에게 물어 말했다.
"사람들이 뭐라 말하는가?"
좌우에서 대답했다.
"사람들은 그의 자식을 세우려 하면서 왜 그의 어미를 제거했는가라고 말을 합니다."
무제가 말했다.
"그럴 것이다. 그러나 이는 아이들이나 어리석은 사람들이 알 바가 아니다. 지난날 나라가 어지러워졌던 것은 군주는 어리고 어머니는 장성했기 때문이다. 여주女主가 홀로 살면서 교만하고 음란한 것을 자기 멋대로 하면 막을 수 없다. 너희들은 여후呂后에 대해 듣지 못했느냐?"
그래서 무제는 자식을 낳으면 아들딸 가리지 않고, 그 어미는 잘못도 없이 죽었는데, 어찌 현군賢君이나 성군聖君이 아니라고 이를 것인가? 밝게 멀리 보고 후세를 위하여 계획하고 생각한 것이니 진실로 얕은 견문의 어리석은 유생들이 다다를 바가 아니었다. 시호를 '무武'①라고 한 것이 어찌 헛된 것이겠는가?
其後帝閑居 問左右曰 人言云何 左右對曰 人言且立其子 何去其母乎 帝曰 然 是非兒曹愚人所知也 往古國家所以亂也 由主少母壯也 女主獨居驕蹇 淫亂自恣 莫能禁也 女不聞呂后邪 故諸爲武帝生子者 無男

女 其母無不譴死 豈可謂非賢聖哉 昭然遠見 爲後世計慮 固非淺聞愚儒之所及也 謚爲武[①] 豈虛哉

① 武무

신주 《일주서》〈시법〉에서 무武는 '적의 창끝을 꺾어 외침을 막았다는 의미의 절충어모折衝禦侮, 백성을 구휼하고 피해를 없앴다는 의미의 휼민제해恤民除害' 등으로 규정하고 있다.

색은술찬 사마정이 펼쳐서 밝히다.

《예기》에서는 부부를 귀하게 여기고 《역경》에서는 건곤으로 나타냈다. 남성은 배필에 의해 변화를 이루고 여성의 존귀는 지위에 따라 견준다. 하수 물가에는 요조숙녀가 내려왔고[①] (무제의) 처소에는 천은이 빛나 드리웠다. 부덕婦德은 태임과 태사에서 드러났고, 경사는 유융有娀(간적)과 강원姜嫄에게서 흘렀다. 우리 염력炎曆[②]에 이르러 이 도는 잘 보존되었다. 여씨들은 국가를 움켜쥐었고, 두황후는 황로학의 말을 즐겼다. 번성한 이후에 쇠퇴하는 것은 폐첩을 세운 은총 때문이다. 궁 안에 정해진 안주인이 없으면, 후계자는 번성하지 못하리라!

禮貴夫婦 易敍乾坤 配陽成化 比月居尊 河洲降淑[①] 天曜垂軒 德著任姒 慶流娀嫄 逮我炎曆[②] 斯道克存 呂權大寶 竇喜玄言 自玆已降 立嬖以恩 內無常主 後嗣不繁

① 河洲降淑하주강숙

신주 《시경》 첫 시 '관저'의 '하수 물가에서 노니는 물수리 쌍과 군자의 좋은 배필인 요조숙녀'를 가리킨다.

② 炎曆염력

신주 염력은 화기火氣로 일어났다고 여겨 붉은색을 숭상한 한漢나라를 가리킨다.

[지도 1] 외척세가

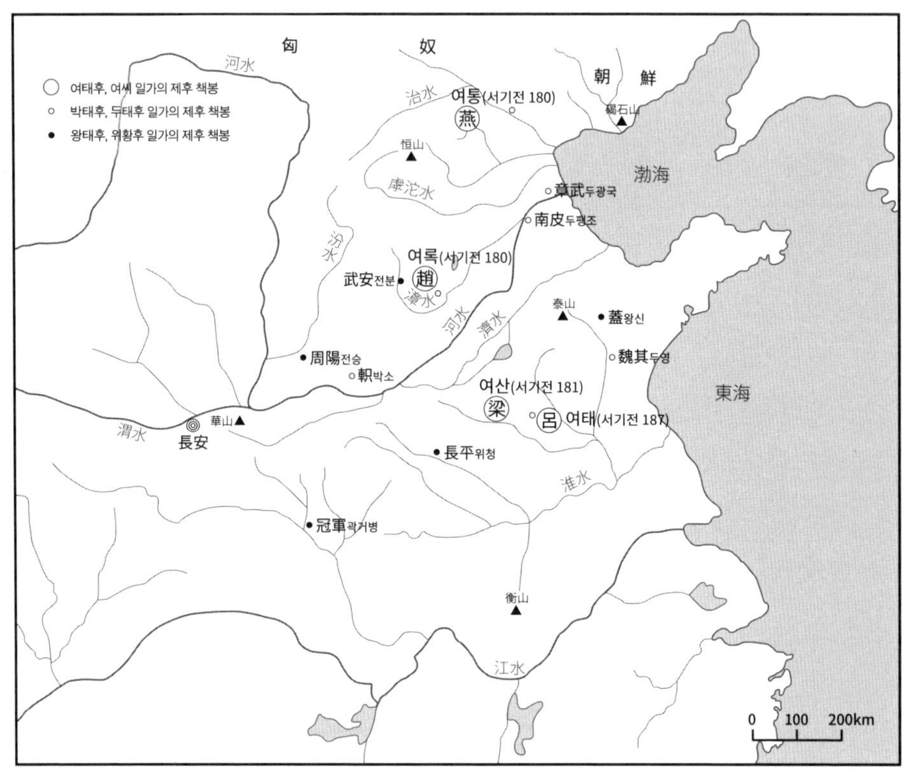

匈
奴
河水
여태후, 여씨 일가의 제후 책봉
박태후, 두태후 일가의 제후 책봉
왕태후, 위황후 일가의 제후 책봉
治水
여통(서기전 180)
燕
朝
鮮
碣石山
恒山
渤海
滹沱水
章武두광국
南皮두팽조
汾水
여록(서기전 180)
武安전분
趙
漳水
河水
濟水
泰山
蓋왕신
魏其두영
周陽전승
軹박소
여산(서기전 181)
梁
呂
여태(서기전 187)
東海
華山
渭水
長安
長平위청
淮水
冠軍곽거병
衡山
江水
0
100
200km

사기 제50권 史記卷五十

초원왕세가 楚元王世家

사기 제50권 초원왕세가 제20
史記卷五十 楚元王世家第二十

신주 〈초원왕세가〉는 초원왕 유교楚元王 劉交와 조왕 유수趙王 劉遂의 세가이다. 유교(?~서기전 179)는 한 고조 유방과 어머니가 같은(본문에는 同母, 《한서》에는 同父로 되어 있음) 동생이다. 젊어서 독서를 좋아해 목생穆生, 백생白生, 신공申公과 함께 순자荀子의 문인인 부구백浮丘伯에게 《시경》을 배웠다. 유방이 패공 시절 소하蕭何, 조참曹參 등과 패상霸上에서 종군해 유방이 관중關中에 들어온 후 문신군文信君이 되었다. 유방이 즉위하고 초왕 한신韓信을 폐출한 후 그 봉지를 둘로 나누어 유교를 초왕으로 삼고, 일족인 유가劉賈를 형왕荊王으로 봉했다. 유교는 지금의 강소성 서주徐州인 팽성彭城을 도읍으로 삼고, 화동華東의 비록한 지역인 설군薛郡, 동해군東海郡, 팽성군彭城郡의 3군 36개 현을 다스렸다. 한문제 원년(서기전 179) 23년 재위 끝에 사망하자 시호를 원왕元王이라고 했다. 장남이 일찍 죽었으므로 둘째 유영객劉郢客이 뒤를 이었는데 바로 초이왕楚夷王이다.

조왕 유수(?~서기전 154)는 고조 유방의 손자로 조趙나라 유왕幽王의 아들이다. 부왕 사후에 여태후에 의해 왕위 계승권이 박탈되었다가 문제文帝가 즉위한 후 다시 조왕으로 책립되었다. 경제景帝 때 제후왕들의 권한을 약화시키기 위한 조처의 일환으로 상산군商山郡이 삭탈되자 이에 불만을 품고 경제 3년 이른바 '7국의 난'에 가담했다가 패배 후 자살했다.

초원왕 유교 세가

초楚나라 원왕元王 유교劉交[①]는 고조(유방)와 어머니가 같은[②] 막내 아우이며, 자字는 유游이다.

고조는 형제가 네 명인데 맏형 이름은 백伯이다. 유백劉伯은 일찍 죽었다. 처음 고조가 미천할 때 일찍이 사고 쳐서 숨어 다니면서 때때로 빈객들과 함께 큰 형수[③] 집을 지나다가 식사를 했다. 형수는 시숙을 싫어했다. 시숙이 손님들과 함께 왔는데 형수가 거짓으로[④] 마실 국이 없다고 솥을 쇠국자로 긁자[⑤] 빈객들이 이 때문에 떠났다. 빈객들이 떠나고 나서 솥 안을 살펴보니 아직 국이 남아 있었다. 고조는 이로 말미암아 형수를 원망하게 되었다.

楚元王劉交者[①] 高祖之同母[②]少弟也 字游 高祖兄弟四人 長兄伯 伯蚤卒 始高祖微時 嘗辟事 時時與賓客過巨嫂[③]食 嫂厭叔 叔與客來 嫂詳[④]爲羹盡 櫟釜[⑤] 賓客以故去 已而視釜中尙有羹 高祖由此怨其嫂

① 楚元王劉交者초원왕유교자

정의 〈한홍이래제후왕연표〉에서 말한다. "팽성彭城에 도읍했다"

年表云都彭城

② 高祖之同母고조지동모

집해 서광이 말했다. "다른 판본에는 '부父'로 되어 있다."

徐廣曰 一作父

색은 살펴보니 《한서》에서는 '동부同父'로 되어 있다. 동부라고 말한 것은 확실히 어머니가 다르기 때문이다.

按 漢書作同父 言同父者 以明異母也

③ 巨嫂거수

집해 서광이 말했다. "《한서》에는 구수丘嫂라고 일렀다."

徐廣曰 漢書云丘嫂也

색은 《한서》에서는 '구丘'로 되어 있다. 응소는 말했다. "구丘는 성이다." 맹강은 말했다. "구丘는 공空이다. 형이 죽으면 그저 형수만 남는다. 지금 여기서는 거巨로 되어 있는데, 거는 크다는 뜻으로 큰형수를 말한다." 유씨는 말했다. "거巨는 다른 판본에는 구丘로 되어 있다."

漢書作丘 應劭云丘 姓也 孟康云丘 空也 兄亡 空有嫂也 今此作巨 巨 大也 謂長嫂也 劉氏云巨 一作丘

④ 詳상

신주 '양佯'과 같다. '거짓'이라는 뜻으로 '양'으로 발음한다.

⑤ 櫟釜역부

색은 櫟은 '역歷'으로 발음한다. 국자로 솥 바닥을 긁어서 소리가 나게 하는 것이다. 《한서》에는 노轑로 되어 있는데, '노勞'로 발음한다.

櫟音歷 謂以杓歷釜旁 使為聲 漢書作轑 音勞

고조가 황제가 되자 형제들을 봉하는데 백伯(큰 형)의 아들은 유독 봉하지 않았다. 태상황太上皇(유방의 아버지)이 그를 생각하고 말하자 고조가 말했다.
"제가 형의 아들을 봉하는 것을 잊은 것이 아니라 그의 어머니가 맏형수 노릇을 안 했기 때문일 뿐입니다."
이에 그의 아들 신信을 봉해 갱힐후羹頡侯① 로 삼았다. 다음 형 중仲은 대代에 봉했다.②
及高祖爲帝 封昆弟 而伯子獨不得封 太上皇以爲言 高祖曰 某非忘封之也 爲其母不長者耳 於是乃封其子信爲羹頡侯① 而王次兄仲於代②

① 羹頡侯갱힐후

집해 서광이 말했다. "갱힐후는 고조 7년에 봉했는데 봉한 지 13년인 고후高后 원년, 죄를 짓고 작위 1급이 삭감되어 관내후가 되었다."
徐廣曰 羹頡侯以高祖七年封 封十三年 高后元年 有罪 削爵一級 爲關內侯

색은 갱힐羹頡은 작위의 호칭일 뿐이고 현이나 읍邑의 이름은 아니며, 그의 솥을 긁었기 때문이다.
羹頡 爵號耳 非縣邑名 以其櫟釜故也

정의 《괄지지》에서 말한다. "갱힐산은 규주嬀州 회융현懷戎縣 동남쪽 15리에 있다." 살펴보니 고조가 그 산의 이름을 취해서 후의 호칭으로 삼은 것은 원한 때문이다.
括地志云 羹頡山在嬀州懷戎縣東南十五里 按 高祖取其山名爲侯號者 怨故也

신주 《신주사기》〈고조공신후자연표〉 신주에 따르면, 고조는 형수를 음안후陰安侯로 봉한다. 頡은 '긁을 힐'과 '겁줄 갈' 두 음의가 있는데, 고조의 뜻에 따른다면 '갱힐'로 읽어야 한다. 〈고조공신후자연표〉와 맞춘 결과이기도 하다.

② 次兄仲於代차형중어대

집해 서광이 말했다. "다음 형의 이름은 희喜이고 자字가 중仲이다. (고조) 6년에 서서 대왕代王이 되었는데 그 해에 없어졌다. 죽어서 시호를 경왕頃王이라 했다. 아들이 있었는데 비濞라 한다."

徐廣曰 次兄名喜 字仲 以六年立為代王 其年罷 卒謚頃王 有子曰濞

신주 《한서》〈제후표〉에서는 고조 6년 정월에 유희劉喜를 대왕으로 봉했는데, 7년에 흉노에게 공격받고 도망쳐 와서 합양후合陽侯로 삼았다고 한다. 《한서》〈고조본기〉에서는 7년 12월에 유희가 도망치자 합양후로 삼고 척부인의 아들 유여의劉如意를 대왕으로 삼았다고 하며, 9년에 조왕趙王으로 옮겼다고 한다. 조왕 유여의는 고조 사후에 여후에게 살해당한다. 당시는 10월이 정월이기 때문에, 12월은 연초에 해당한다. 〈고조공신후자연표〉에서도 역시 고조 6년에 유희를 대왕으로 삼았다고 한다. '경왕'이란 시호는 아들 유비劉濞가 오왕吳王이 되어 추존한 것이다.

고조 6년 이미 초왕楚王 한신韓信을 진陳에서 사로잡았는데 이에 아우 교交를 초왕으로 삼았으며 팽성彭城에 도읍했다.①
즉위한 지 23년에 죽고 아들 이왕夷王 유영劉郢이 즉위했다.②
이왕이 4년에 죽으니 아들 초왕 유무劉戊가 즉위했다.

高祖六年 已禽楚王韓信於陳 乃以弟交爲楚王 都彭城[①] 即位二十三年 卒 子夷王郢[②]立 夷王四年卒 子王戊立

① 爲楚王 都彭城위초왕 도팽성

색은 《한서》에서 말한다. "초왕은 설군, 동해, 팽성군 36현에서 왕을 했다."

漢書云 楚王王薛郡東海彭城三十六縣也

신주 설군은 전국시대 노魯나라 일대이고, 팽성군은 송宋나라 동부이며, 동해군은 제齊나라 남부 일대이다. 사수泗水가 그 중심에 있다.

② 郢영

색은 《한서》에서 말한다. "이름이 영객郢客이다."

漢書名郢客

신주 《한서》 〈초원왕전〉에 따르면 유영객은 원래 종정宗正이 되어 상비후上邳侯로 봉해졌는데, 원왕의 태자 벽비辟非가 원왕보다 먼저 죽어서 후계자가 되었다고 한다. 《사기지의》에서는 '영객'이 옳다고 한다. 영郢은 춘추전국시대 초나라 수도 이름인데, 원왕이 '초나라의 자식'이란 뜻으로 아들 이름을 지었다면, 아마 '영객'이 맞을 것이다.

초왕 유무劉戊는 왕이 된 지 20년 겨울, 박태후薄太后의 복상服喪 때 사간私姦한 일이 걸려[①] 동해군東海郡을 삭감당했다.[②]

(다음해) 봄, 초왕 유무는 오왕吳王과 합세하여 모반했는데[③] 그의 재상 장상張尙과 태부 조이오趙夷吾가 간했으나 듣지 않았다. 유무는 장상과 조이오를 죽이고 군사를 일으켜 오나라와 함께 서쪽으로 양梁나라를 공격해 극벽棘壁[④]을 깨뜨렸다. 그리고 창읍昌邑[⑤] 남쪽에 이르러 한나라 장수 주아부周亞夫[⑥]와 싸웠다. 한나라에서 오吳와 초楚의 군량수송로를 차단해 사졸들이 굶주리게 되자, 오왕은 달아났고 초왕 유무는 자살했으며 군대는 마침내 한나라에 항복했다.

王戊立二十年 冬 坐爲薄太后服私姦[①] 削東海郡[②] 春 戊與吳王合謀反[③] 其相張尙太傅趙夷吾諫 不聽 戊則殺尙夷吾 起兵與吳西攻梁 破棘壁[④] 至昌邑[⑤]南 與漢將周亞夫[⑥]戰 漢絶吳楚糧道 士卒飢 吳王走 楚王戊自殺 軍遂降漢

① 薄太后服私姦박태후복사간

색은 《한서》에서는 '사간복사중私姦服舍中'으로 되어 있다. 요찰은 말했다. "복사服舍에서 간음했으니 틀림없이 궁 안이 아니다." 또 살펴보니 《집주》에서 복건이 말했다. "중인中人과 사간했다." 대개 죄가 무거우므로 군郡을 삭감함에 이르렀을 것이다.

漢書云私姦服舍中 姚察云姦於服舍 非必宮中 又按 集注服虔云私姦中人 蓋以罪重 故至削郡也

② 削東海郡삭동해군

신주 〈오왕비열전〉에 따르면 조조鼂錯는 무戊를 처단하자고 건의하지만, 경제는 동해군을 삭감하는 것으로 낮춰주었다. 당시 동해군은 큰 군으로, 거의 초나라 절반 정도이다. 《한서》〈초원왕전〉에 따르면, 이때 설군도 같이 삭감당한다. 〈초원왕세가〉 마지막 문장으로 보건대, 설군 역시 이때 삭감당한 게 맞을 것이다.

③ 戊與吳王合謀反무여오왕합모반

신주 경제 3년(서기전 154) 오왕 유비와 주도하여 오초칠국吳楚七國의 난을 일으킨 것을 말한다.

④ 棘壁극벽

정의 《괄지지》에서 말한다. "대극大棘 고성은 송주宋州 영릉현寧陵縣 서쪽 70리에 있는데, 곧 양군梁郡 극벽이다."

括地志云 大棘故城在宋州寧陵縣西七十里 即梁棘壁

⑤ 昌邑창읍

정의 《괄지지》에서 말한다. "양구梁丘에 고성이 있는데 조주曹州 성무현成武縣 동북쪽 32리에 있다."

括地志云 有梁丘故城在曹州成武縣東北三十二里也

신주 춘추시대 조曹나라 수도 정도定陶 동쪽에 있으며, 노나라와 조나라 국경지대이다. 후한 때는 산양군山陽郡이 중심이었다.

⑥ 周亞夫주아부

신주 패군 사람으로 전한前漢의 무장武將이자 정치가이며, 주발周勃의 아들이다. 아버지가 죽자 작위를 이어받아 강후絳侯가 되었다. 거기장군

車騎將軍과 태위太尉를 거쳐, 오초칠국의 난 때 반란군을 진압하고 뒤에 승상이 되었다. 경제 때, 태자 폐출 사건으로 황제와 틀어졌고, 억울하게 모함을 받아 감옥에서 굶어죽었다. 〈강후주발세가〉에 자세히 나온다.

한나라에서 오와 초를 평정하자 효경제는 덕후德侯의 아들에게 오나라를 계승시키고,① 원왕의 아들 례禮에게 초나라를 계승시키고자 했다. 두태후가 말했다.
"오왕은 늙은이니 마땅히 종실을 위해 선행을 따라야 하오. 지금 7국을 앞서 이끌어서 천하를 어지럽혔는데 어찌 그 후사를 이으려 하시오?"
오나라 후사는 허락하지 않았으나 초나라 후사를 세우는 것은 허락했다. 이때 유례劉禮는 한나라 종정宗正이었다.② 유례를 임명해 초왕으로 삼고 원왕元王의 종묘를 받들게 했는데, 바로 초나라 문왕文王이다.
漢已平吳楚 孝景帝欲以德侯①子續吳 以元王子禮續楚 竇太后曰 吳王老人也 宜爲宗室順善 今乃首率七國 紛亂天下 柰何續其後 不許吳 許立楚後 是時禮爲漢宗正② 乃拜禮爲楚王 奉元王宗廟 是爲楚文王

① 德侯덕후

집해 서광이 말했다. "덕후는 이름이 광廣이고 오왕 비濞의 아우이다. 그의 아버지는 중仲이다."
徐廣曰 德侯名廣 吳王濞之弟也 其父曰仲

② 宗正종정

신주 황실 종실과 외척의 명부를 작성 관리하고 생활을 관리 감시하는 정부기구이다. 이 제도의 효시는 주나라 때 소종백小宗伯인데, 진나라에서 이 제도를 설치해서 운용했던 것을 한나라도 이어 실시했다. 유례는 형 이왕夷王 유영객에 이어 종정이 되었다.

한편《한서》〈초원왕전〉 경제 원년에 따르면, 경제는 친족을 더 가까이 하려고 초원왕의 아들들을 제후로 봉한다. 유례는 평륙平陸, 부富는 휴休, 예穢는 침유沈猶후로 봉한다. 유무의 반란에 휴후는 경사로 달려와 인수를 반납하고, 유례는 초왕이 되어 평륙후는 없어진다. 경제는 다시 휴후 유부를 홍후紅侯로 봉한다. 그들의 명멸은 〈혜경간후자연표〉에 자세히 나온다.

문왕은 즉위한 지 3년에 죽고 아들 안왕安王 유도劉道가 즉위했다.
안왕은 22년에 죽고 아들 양왕襄王 유주劉注가 즉위했다.
양왕은 즉위한 지 14년에 죽고 아들 유순劉純이 계승하여 왕이 되었다.
유순이 즉위하고 지절地節 2년, 중인中人이 글을 올려 초왕이 모반했다고 고변했다. 왕은 자살하고 봉국은 없어졌으며, 땅은 한나라로 편입되어 팽성군彭城郡이 되었다.①
文王立三年卒 子安王道立 安王二十二年卒 子襄王注立 襄王立十四年卒 子王純代立 王純立 地節二年 中人上書告楚王謀反 王自殺 國除入漢爲彭城郡①

---

① 王純立~入漢爲彭城郡왕순립~입한위팽성군

집해 서광이 말했다. "유순은 즉위한 지 17년에 죽어 시호를 절왕節王이라고 했다. 아들 유연수劉延壽가 즉위했는데 19년에 죽었다."

徐廣曰 純立十七年卒 謚節王 子延壽立 十九年死

색은 살펴보니 태사공이 오직 왕순王純만 기록하면서 국인國人이 반란을 고변해서 봉국이 없어졌다고 했다. 아마 유연수는 뒤에 다시 봉해졌는데, 19년에 이르러 또 모반을 하다 처벌당해 죽었을 것이다. 그러므로 같지 않은 것이다.

按太史公唯記王純爲國人告反 國除 蓋延壽後更封 至十九年又謀反誅死 故不同也

정의 《한서》에서는 초왕 유순이 계승한 16년, 아들 유연수가 계승했는데 조하제趙何齊와 함께 모반했으며 유연수가 자살했다고 하고, 왕이 된 지 32년 만에 국가가 없어졌다고 했으니 이것과 같지 않다. 지절地節은 선제宣帝의 연호로 천한天漢 4년과는 29년의 거리가 있으며, 이로 인해 소제昭帝 시대 간격이 있다. 지절 2년 이하는 대개 저선생이 잘못 기록한 말일 것이다.

漢書云王純嗣十六年 子延壽嗣 與趙何齊謀反 延壽自殺 立三十二年國除 與此不同 地節是宣帝年號 去天漢四年二十九年 仍隔昭帝世 言到地節二年以下者 蓋褚先生誤也

신주 '왕순립王純立' 이하 문장은 저소손이 보충한 것이다. 다만 위 정의 주석처럼 중간이 탈락된 것이다. 아울러 중요한 사실 하나를 알 수 있다. 한나라는 이미 설군도 삭감했다는 사실이다. 그리하여 경제 3년 〈한흥이래제후왕연표〉에서 회양왕 유여劉餘를 옮겨 초나라 설군에 노왕魯王으로 삼으니, 그가 노공왕魯恭王이다. 유여는 경제의 아들이다. 이후로 초나라는 팽성군 하나만 소유하게 되었다.

조왕 유수

조왕趙王 유수劉遂[①]는 아버지가 고조의 가운데 아들이다. 이름은 우友이고 시호는 '유幽'라고 했다. 유왕은 근심하다 죽었으므로 '유'라고 한 것이다. 고후高后는 여록呂祿을 조나라 왕으로 삼았는데, 1년 만에 고후가 죽었다. 대신들이 여러 여씨와 여록 등을 죽이고 유왕의 아들 수遂를 세워 조왕으로 삼았다.

趙王劉遂者[①] 其父高祖中子 名友 謚曰幽 幽王以憂死 故爲幽 高后王呂祿於趙 一歲而高后崩 大臣誅諸呂呂祿等 乃立幽王子遂爲趙王

① 趙王劉遂者조왕유수자

정의 〈한흥이래제후왕연표〉에서 말한다. "한단에 도읍했다."

年表云都邯鄲

신주 유우劉友는 한고조의 6남이다. 조왕 유우는 여태후의 일족인 왕후의 모함으로 여후에게 감금당해 죽임을 당했다. 유우는 원래 고조 11년 회양왕이 되었다가 2년 만인 혜제 원년, 조왕이 되었다. 〈고후기〉에 따르면, 고후 7년 유우는 유폐되었다가 죽었다. 뒤를 이어 고조의 아들 양왕梁王 유회劉恢를 봉하지만, 역시 여씨들 압박으로 자살했다. 그 뒤를 여록이 잇지만 곧 살해되었다. 유수는 문제 원년에 조왕이 되었다.

효문제 즉위 2년, 수遂의 아우 벽강辟彊[①]을 세워 조趙의 하간군[②]을 떼어 내서 하간왕으로 삼았다. 바로 문왕文王이다.
왕으로 즉위한 지 13년에 죽고 아들 애왕哀王 유복劉福이 즉위했다. 애왕은 즉위 1년 만에 죽고 자식이 없어서 후계가 단절되자 나라를 없애고 한나라로 편입시켰다.
孝文帝即位二年 立遂弟辟彊[①] 取趙之河間郡爲河間[②]王 (以)[是]爲文王 立十三年卒 子哀王福立 一年卒 無子 絶後 國除 入于漢

① 辟彊벽강

색은 음은 '벽강壁強'인데 또 '벽강闢疆'으로도 발음한다.

音壁強二音 又音闢疆

② 河間하간

정의 하간군은 지금의 영주瀛州이다.

河間 今瀛州也

신주 조나라는 제齊나라와 더불어 산동의 큰 제후국으로, 한나라 중앙정부는 그들의 세력을 줄이기 위해 지속적으로 제후왕의 봉지삭감과 분할을 추진한다. 경제 2년 하간국과 광천廣川을 나눈 것이 그 첫째이다. 그후 경제 3년 중산中山, 경제 중3년 청하靑河가 봉국이 되어 떨어져 나간다. 따라서 오초칠국의 난이 일어났을 때, 조나라는 원 영역에서 하간,

광천, 중산이 봉국으로 떨어져 나가고 뒤에 나오는 상산군은 삭감당한 상태였다. 실제 소유한 군은 조, 거록鉅鹿, 청하로, 본래보다 크게 줄어들었다.

> 유수가 조나라 왕이 된 지 26년, 효경제 때 조조鼂錯[①]의 '번국 삭감책'에 걸려 조왕은 상산군常山郡을 삭감당했다. 오吳와 초楚가 반역하자, 조왕 유수는 모반에 가담해서 병력을 일으켰다. 그의 재상 건덕建德[②]과 내사內史 왕한王悍이 간했으나 듣지 않았다. 마침내 유수는 건덕과 왕한을 불태워 죽이고 군사를 일으켜 서쪽 영역에 주둔하다가 오吳를 기다려 함께 서쪽으로 진격하고자 했다.
> 遂旣王趙二十六年 孝景帝時坐鼂錯[①]以適削趙王常山之郡 吳楚反 趙王遂與合謀起兵 其相建德[②]內史王悍諫 不聽 遂燒殺建德王悍 發兵屯其西界 欲待吳與俱西

① 鼂錯조조

신주 조조(서기전 200~서기전 154)는 영천군 사람으로 신불해와 상앙의 학문을 배우고 《상서》에 정통한 복생伏生의 학문을 전수받은 인물이다. 중앙집권 강화책으로 제후들의 영지를 삭감하고 백성들과 군사들을 이주하여 개간하게 하는 둔전책屯田策 실시를 건의했다. 이 때문에 제후들의 반발을 사게 되었고, 오초칠국의 난이 일어나는 원인 중 하나가 되기도 했다. 경제는 오초칠국의 난을 진압하는 한편 무마책으로 조조의 목도 벴다. 삼국시대 조조曹操와 구별하기 위해 '조착'이라고 읽기도 한다.

② 建德건덕

색은 건덕은 재상의 이름인데 앞선 역사서에서 성姓이 빠졌다.

建德 其相名 史先失姓也

북쪽으로 흉노에게 사신을 보내 화친하고 연대해서 한나라를 공격하자고 했다. 한나라는 곡주후曲周侯 역기酈寄를 시켜 공격하게 했다. 조왕 유수는 돌아와서 한단에서 성을 수비하며 서로 7개월을 버텼다.① 오吳와 초楚는 양梁에서 무너져 서쪽으로 향하지 못했다. 흉노는 이를 듣고 또한 중지하고, 한나라 변방으로 쳐들어가지 않았다.

난포欒布는 스스로 제나라를 쳐부수고② (조나라로) 군사를 돌렸으며 (한나라는) 곧 군사를 합치고 (장수漳水) 물을 끌어 대 조성趙城을 잠기게 했다. 조성이 무너지자 왕은 자살했으며, 한단은 마침내 항복했다.③ 조나라 유왕幽王은 후사가 끊어졌다.

北使匈奴 與連和攻漢 漢使曲周侯酈寄擊之 趙王遂還 城守邯鄲 相距七月① 吳楚敗於梁 不能西 匈奴聞之 亦止 不肯入漢邊 欒布自破齊②還乃幷兵引水灌趙城 趙城壞 趙王自殺 邯鄲③遂降 趙幽王絶後

① 相距七月상거칠월

신주 《사기지의》에서는 여러 기록을 들어 오초는 정월에 반란했다가 3월에 패했다고 썼다. 그러면서 조나라가 7개월을 버틴 기록에 의문을 품고 있다. 아마 7개월이 아니라 7월까지 버틴 게 아닌가 싶다.

② 欒布自破齊난포자파제

신주 여기서는 제齊를 쳐부수었다고 했지만, 포괄적으로 제나라라고 표현한 것이다. 이미 제나라를 나누어 제남, 치천, 교서, 교동국을 만들었는데, 이들 봉국들이 오초에 편승하다가 토벌당한 것이지 제나라는 반역에 참가하지 않았다. 〈제도혜왕세가〉에 아울러 나온다.

③ 邯鄲한단

정의 한단은 명주洺州의 현이다.

邯鄲 洺州縣也

태사공은 말한다.

나라가 장차 흥하려면 반드시 상서로운 징조가 있고, 군자는 등용되고 소인은 물러나게 된다. 나라가 장차 망하려면 어진 사람은 숨고 난신亂臣들은 귀해진다. 만약 초왕 유무劉戊가 신공申公[①]을 처벌하는 대신 그의 말에 따르고, 또 조나라에서 방여防輿선생[②]을 등용했다면, 어찌 찬탈하고 현신을 죽이는 음모가 있었을 것이며 천하의 죄인이 되었겠는가?

어진 사람이여! 어진 사람이여! 인재가 그 안에 있느냐가 중요한 것이 아니라, 어떻게 그를 제대로 쓸 것이냐가 더 중요한 것이리라. '나라의 안위는 명령을 내리는 데 달렸고, 나라의 존망은 인재를 등용하는 데 달렸다.'라는 말이 참으로 옳은 말이로다!

太史公曰 國之將興 必有禎祥 君子用而小人退 國之將亡 賢人隱 亂臣

貴 使楚王戊毋刑申公[①] 遵其言 趙任防與先生[②] 豈有篡殺之謀 爲天下僇哉 賢人乎 賢人乎 非質有其內 惡能用之哉 甚矣 安危在出令 存亡在所任 誠哉是言也

① 申公신공

색은 《한서》에서 신공申公의 이름은 배培이고, 왕 유무에게 형을 받은 죄수라고 한다.

漢書申公名培 王戊胥靡之

② 防與先生방여선생

집해 〈조요전〉에서 말한다. "조나라 사람 방여공防與公이다."

趙堯傳曰 趙人防與公也

색은 여기와 《한서》에서는 비록 보이지 않으나 조나라는 방여공防與公을 등용하지 않은 것이다. 아마 (사마천은) 당시 일의 자취를 알았거나 혹은 별도로 본 바가 있었던 듯하다. 그런 까닭으로 태사공은 분명히 인용해서 그 찬문으로 결론지은 것이다.

此及漢書雖不見趙不用防與公 蓋當時猶知事迹 或別有所見 故太史公明引以結其贊

색은술찬 사마정이 펼쳐서 밝히다.

한나라에서 동성을 봉했으니 초나라는 좋은 명성을 지녔다. 한신을 없애고 나서 팽성에서 초왕이 되었다. 목생穆生에게 단술을 차려주고 위맹韋孟은 법도를 만들었다.[1] 초왕 유무는 덕을 버리고 오나라와 군대를 연합했다. 태후는 유례를 임명하여 초나라를 위해 죄를 가볍게 했다. 문왕과 양왕이 이어서 즉위하고 세상의 영재들을 가려 썼다. 어찌하여 조왕 유수는 대를 이어 그 명성을 죽였는가! 흥망의 조짐은 임용한 바에 따라 분명해지는 법인 것을.

漢封同姓 楚有令名 旣滅韓信 王於彭城 穆生置醴 韋孟作程[1] 王戊棄德 與吳連兵 太后命禮 爲楚罪輕 文襄繼立 世挺才英 如何趙遂 代殞厥聲 興亡之兆 所任宜明

① 穆生置醴 韋孟作程목생치례 위맹작정

신주 《한서》〈초원왕전〉에서 초원왕 유교는 젊어서 노나라 목생穆生, 백생白生, 신공申公과 함께 부구백浮丘伯에게 시를 배웠으며, 부구백은 순자荀子의 문인이라 한다. 초원왕은 목생을 초나라로 불러 항상 단술을 차려주었다고 한다. 초왕 유무가 불온하자, 목생은 병을 핑계로 은거하고 백생과 신공은 머물렀다가 죽임을 당했다고 한다. 역시 《한서》〈위현전〉에서 위맹은 위현韋賢의 선조라고 하며, 초원왕의 사부師傅가 되었다고 한다.

[지도 2] 초원왕세가

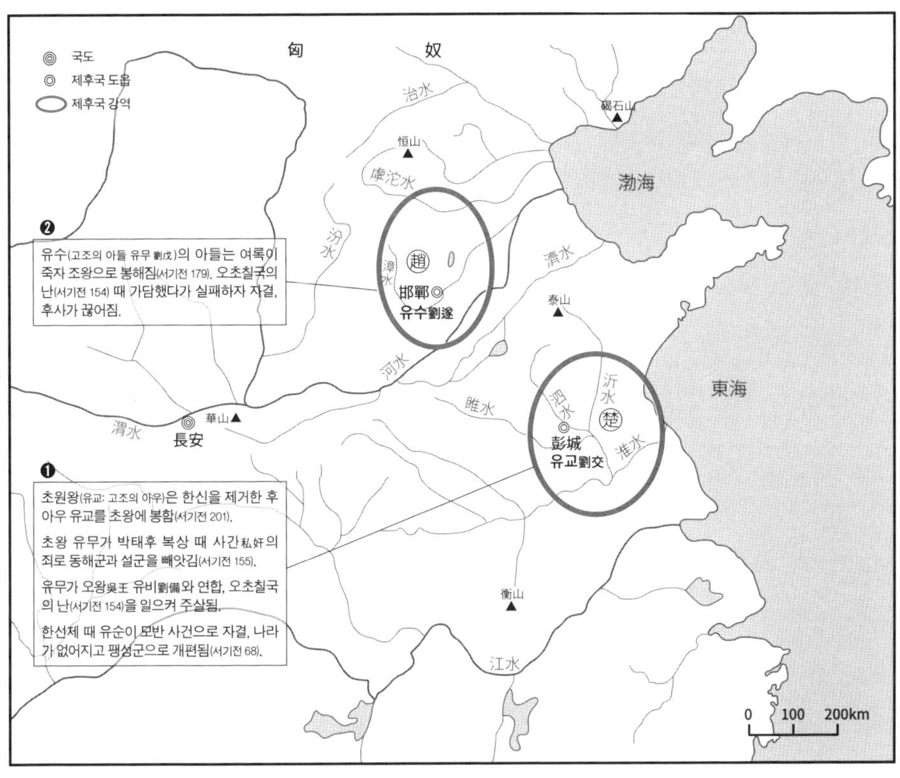

국도
제후국 도읍
제후국 강역
匈
奴
治水
碣石山
恒山
虖沱水
渤海
汾水
趙
漳水
邯鄲
유수劉遂
濟水
泰山
河水
東海
沂水
泗水
楚
睢水
彭城
유교劉交
淮水
華山
渭水
長安
衡山
江水
0 100 200km
❷
유수(고조의 아들 유무 劉戊)의 아들는 여록이 죽자 조왕으로 봉해짐(서기전 179). 오초칠국의 난(서기전 154) 때 가담했다가 실패하자 자결, 후사가 끊어짐.
❶
초원왕(유교: 고조의 아우)은 한신을 제거한 후 아우 유교를 초왕에 봉함(서기전 201).
초왕 유무가 박태후 복상 때 사간私奸의 죄로 동해군과 설군을 빼앗김(서기전 155).
유무가 오왕吳王 유비劉備와 연합, 오초칠국의 난(서기전 154)을 일으켜 주살됨.
한선제 때 유순이 모반 사건으로 자결, 나라가 없어지고 팽성군으로 개편됨(서기전 68).

사기 제51권 史記卷五十一

형연세가 荊燕世家

사기 제51권 형연세가 제21

史記卷五十一 荊燕世家第二十一

신주 〈형연세가〉는 형왕 유가劉賈와 연왕 유택劉澤의 세가이다. 형왕 유가(?~서기전 195)는 패군 풍읍豐邑 출신으로 고조 유방의 일족이다. 한고조 원년(서기전 206) 유방이 삼진三秦을 평정할 때 장군으로서 도림새桃林塞를 지키고 유방을 따라 동쪽으로 가서 항우를 공격했다. 서기전 203년 유방이 성고成皐를 공격할 때 항우군의 군량을 불태워 보급로를 끊었으며, 서기전 202년 유방이 항우를 추격해 고릉固陵에 다다랐을 때 유가에게 남쪽으로 회하淮河를 건너 수춘壽春을 포위하게 했다. 유가는 항우의 대사마 주은周殷을 회유해 같은 편으로 만들어 항우에게 큰 타격을 주었다. 유가는 주은, 영포英布 등의 군사와 함께 해하垓下에서 항우를 공격해 무너뜨렸다. 유가는 한고조 6년(서기전 201) 형왕으로 책봉되어 회하淮河 동쪽 52개 성읍을 다스렸는데, 한고조 11년(서기전 196) 회남왕 영포가 반기를 들고 형국을 공격하자 맞서 싸우다가 패배해 부릉富陵으로 도주했다가 영포군에게 살해되고 말았다.

연왕 유택(?~서기전 178)은 패군 풍읍 출신으로 고조 유방의 일족이다. 유택은 처음 낭중郎中에 봉해졌다가 장군 신분으로 진희陳豨를 공격해 영릉후營陵侯에 봉해졌다. 고조 사후 여태후 집정 때 제齊나라인 전생田生

의 도움을 받았고 또한 부인이 여후의 동생 여수呂須의 딸이었기 때문에 낭야왕琅琊王으로 봉해졌다. 서기선 180년 여태후가 세상을 떠난 후 유방의 장손 제왕齊王 유양劉襄이 제위를 노리고 군사를 일으켜서 자신의 동의 없이 낭야의 군대를 빼앗아간 데 불만을 품었다. 유택은 거짓으로 유양을 옹립하는 척하다가 끝내 고조의 4남 대왕代王 유항劉恒을 옹립했는데, 바로 문제文帝이다. 이 공으로 연왕燕王이 되었다. 서기전 178년 사후에 경왕敬王이란 시호가 내려졌고, 아들 유가劉嘉가 뒤를 이었다.

제一장

양으로 옮긴 유무

형왕荊王 유가劉賈[①]는 유씨이며, 그가 처음 봉기했을 때 어디에 속했는지 알지 못한다.[②] 한왕 원년(서기전 206) (관중으로) 돌아와 삼진三秦을 평정하고[③] 유가는 장군이 되어 도림새[④]를 평정하고 동쪽에서 항적項籍(항우)을 치는 데 종군했다.

荊王劉賈者[①] 諸劉 不知其何屬[②]初起時 漢王元年 還定三秦[③] 劉賈爲將軍 定塞地[④] 從東擊項籍

① 荊王劉賈者형왕유고자

정의 〈한흥이래제후왕연표〉에서 말한다. "오吳에 도읍했다."

年表云都吳也

신주 실제 형荊이 폐지되고 나중에 그 자리에 오吳를 세운다. 따라서 여기의 오는 한漢나라 오吳를 말하는 것이지, 춘추시대 장강 유역의 오나라를 말하는 것이 아니다. 물론 형나라나 오나라 영역은 강남까지 포함했지만, 그 도읍과 중심지는 한나라 강북지방 광릉군廣陵郡 일대였다. 《사기지의》에 따르면 형나라 수도는 동양東陽이었다고 한다. 뒤를 이은 오나라 수도는 그보다 한참 남쪽인 강도江都이다.

② 何屬하속

집해 《한서》에서 유가는 고제(유방)의 종부형이라 한다.

漢書賈 高帝從父兄

색은 살펴보니 주석에 《한서》를 인용해서 이르기를 "유가는 고조의 종부형"이라고 했는데, 곧 반고班固가 혹 별도로 본 바가 있는 것이다.

按 注引漢書 云賈 高祖從父兄 則班固或別有所見也

③ 還定三秦환정삼진

신주 관중關中으로 돌아왔다는 말이다. 유방은 3세 자영에게 항복을 받았으며 항우가 관중에 들어오기 전까지 관중關中 땅을 지배하에 두었다. 항우에게 한왕으로 임명받아 한중漢中으로 쫓겨나다시피 들어갔다가, 한신韓信의 계책을 써서 관중으로 돌아와 그곳에 봉해진 장함章邯, 사마흔司馬欣, 동예董翳를 쳐부수고 다시 차지했다.

④ 塞새

색은 유가는 군사를 거느리고 새塞 땅을 안정시켰는데 새는 곧 도림새桃林塞이다.

賈將兵定塞地 塞即桃林之塞

한나라 4년 한왕은 (하남군) 성고成皐에서 패배하고 북쪽으로 하수를 건너서 장이張耳와 한신韓信의 군대를 얻어 (하내군) 수무脩武에 주둔하면서 깊은 도랑과 높은 성루를 꾸렸다. 이에 유가를 시켜

2만 명의 군사를 거느리고 기병 수백 명으로 백마진白馬津① 을 건너서 초나라 땅으로 쳐들어가게 해서 초나라의 창고를 불사르고 그의 사업을 파괴하여 항왕군項王軍의 군량을 보급하지 못하도록 했다. 그런 다음 초나라 군사가 유가를 공격했는데, 유가는 번번이 방어만 하며 기꺼이 더불어 싸우려 하지 않고 팽월彭越과 함께 서로를 보호했다.

漢四年 漢王之敗成皐 北渡河 得張耳韓信軍 軍脩武 深溝高壘 使劉賈將二萬人 騎數百 渡白馬津①入楚地 焼其積聚 以破其業 無以給項王軍食 已而楚兵擊劉賈 賈輒壁不肯與戰 而與彭越相保

① 白馬津백마진

정의 《괄지지》에서 말한다. "여양黎陽은 일명 백마진인데 활주滑州 백마현 북쪽 30리에 있다." 살펴보니 유가는 이 백마진에서 남쪽을 지나 초楚 땅으로 쳐들어간 것이다.

括地志云 黎陽 一名白馬津 在滑州白馬縣北三十里 按 賈從此津南過入楚地也

신주 백마진은 유방이 주둔한 수무脩武의 동쪽이다. 유가를 시켜 항우 군대의 후방을 휘젓게 한 것이다. 백마진을 건너면 그 남쪽에는 항우에게 반기를 든 팽월의 군대와 가까워진다.

한나라 5년, 한왕은 항적項籍을 추격해 고릉固陵① 에 이르렀는데 유가에게 남쪽에서 회수淮水를 건너 수춘壽春② 을 포위하도록 했다.

돌아와서 (수춘에) 이르자[③] 사람을 시켜 몰래 초나라 대사마大司馬 주은周殷을 불렀다. 주은은 초나라를 배반하고 유가를 도와 구강군九江郡을 빼앗았다. 무왕武王 경포黥布의 군사를 맞이하고 모두 해하垓下에 모여 함께 항적을 공격했다.

한왕은 이어 유가를 시켜 구강의 군사를 거느리고 태위太尉 노관盧綰과 함께 서남쪽으로 임강왕臨江王 공위共尉[④]를 공격하게 했다. 공위가 죽고 나서 임강을 남군南郡으로 삼았다.[⑤]

漢五年 漢王追項籍至固陵[①] 使劉賈南渡淮圍壽春[②] 還至[③] 使人閒招楚大司馬周殷 周殷反楚 佐劉賈擧九江 迎武王黥布兵 皆會垓下 共擊項籍 漢王因使劉賈將九江兵 與太尉盧綰西南擊臨江王共尉[④] 共尉已死 以臨江爲南郡[⑤]

① 固陵고릉

집해 서광이 말했다. "양하陽夏에 있다."

徐廣曰 在陽夏

정의 《괄지지》에서 말한다. "고릉은 능陵 이름이다. 진주陳州 완구현宛丘縣 서북쪽 42리에 있다."

括地志云 固陵 陵名 在陳州宛丘縣西北四十二里

신주 완구 남쪽이 이 일대 중심지인 진陳인데 이곳에서 동남쪽으로 영수潁水를 따라 내려가면 회수淮水와 만난다. 회수 동쪽이 바로 수춘이다.

② 壽春수춘

정의 지금의 수주壽州 수춘현이다.

今壽州壽春縣是也

③ 還至환지

신주 수춘으로 돌아왔다는 말이다. 유가는 형초荊楚 출신이기에 유방이 그를 형왕으로 봉한 것이다.

④ 共尉공위

색은 공오共敖의 아들이다

共敖之子

신주 〈진초지제월표〉에서는 공환共驩이라 한다. 고조 5년 초 12월에 공환을 잡았다고 하며, 항우도 주살했다고 나온다. 이때는 10월이 정월이다.

⑤ 南郡남군

정의 지금의 형주이다.

今荊州也

신주 춘추전국시대 초楚나라 수도 영郢이 있던 곳이며, 오늘날 삼협댐 동남쪽이고 강릉江陵이다.

한나라 6년 봄, 제후들을 진陳[①]에 모이게 해서 초왕楚王 한신韓信을 폐하고 가두었다.[②] 그의 땅을 나누어 2개의 나라로 만들었다. 이때 고조의 아들들은 어렸고 형제들은 젊었어도 현명하지 못했으므로, 동성同姓을 왕으로 삼아 천하를 진압하고자 이에 조서를 내려 말했다.

"장군 유가가 공로가 있으니 유씨의 자제 중에서 선택한다면 왕이 될 만한 자이다."

군신들이 모두 말했다.

"유가를 세워서 형왕荊王으로 삼아 회淮 땅 동쪽 52성의 왕으로 삼고,③ 고조의 아우 교交를 초왕楚王으로 삼아 회 땅 서쪽 36성의 왕으로 삼으소서.④"

이로 인해 아들 비肥를 세워서 제왕齊王으로 삼았다.⑤ 처음으로 유씨 형제 중에서 왕이 되었다.

漢六年春 會諸侯於陳① 廢楚王信 囚之② 分其地爲二國 當是時也 高祖子幼 昆弟少 又不賢 欲王同姓以鎮天下 乃詔曰 將軍劉賈有功 及擇子弟可以爲王者 群臣皆曰 立劉賈爲荊王 王淮東五十二城③ 高祖弟交爲楚王 王淮西三十六城④ 因立子肥⑤爲齊王 始王昆弟劉氏也

① 陳진

정의 지금의 진주이다.

今陳州也

② 廢楚王信 囚之폐초왕신 수지

신주 회음후淮陰侯 한신韓信을 가리킨다. 고조 4년(서기전 203) 제왕齊王이 되었다. 6년 초왕에 봉했다가 폐하고 회음후로 삼았다.

③ 王淮東五十二城왕회동오십이성

색은 살펴보니 〈한흥이래제후왕연표〉에서 유가는 오吳에 도읍했다고 했다. 또 《한서》에서는 유가를 동양군東陽郡에 봉했다고 한다. 동양은 곧 임회臨淮이다. 그러므로 회동淮東이라고 했다.

按 表云劉賈都吳 又漢書以東陽郡封賈 東陽即臨淮 故云淮東也

정의 《괄지지》에서는 '서북쪽 40리'라고 했는데, 아마 이 현이 옳을 것이다.

括地志云西北四十里 蓋此縣是也

신주 회수는 동서로 흐르므로, 땅을 동서로 나눌 수 없다. 또 초나라는 사수泗水 유역 북쪽에, 형나라는 사수 유역 남쪽과 회수 하류에 자리했다. 다만 장안長安에서 회수 하류 유역을 기준으로 바라보면 초나라는 회수의 서북쪽으로 사수 일대(팽성 중심)이며, 형荊은 동남쪽으로 한나라 때 임회군, 광릉국, 일대와 그 아래쪽으로 비정된다. 서북을 기준으로 해서 바라보면, 서북쪽과 동남쪽이 되므로 '회동'과 '회서'로 호칭했을 것이다. 형荊나라 북쪽은 초나라, 서쪽은 회남국이 자리했다.

④ 王淮西三十六城왕회서삼십륙성

정의 회수淮水 서쪽은 서주徐州, 사주泗州, 호주濠州 등이다.

淮以西徐泗濠等州也

신주 〈초원왕세가〉에 나오듯이 옛 전국시대 제齊나라 남쪽을 주축으로 노나라와 송나라 일부를 포함했다.

⑤ 肥비

신주 한고조의 여덟 아들 중 장남이다. 〈제도혜왕세가〉에 자세히 나온다.

고조 11년 가을, 회남왕 경포黥布가 반기를 들고 동쪽 형荊을 공격했다. 형왕 유가가 맞서 싸웠으나 이기지 못하고 부릉富陵①으로 달아나다가 경포의 군대에 죽임을 당했다. 고조는 친히 공격에 나서 경포를 격파했다.

12년, 패후沛侯 유비劉濞를 세워 오왕吳王으로 삼고 옛 형 땅에서 왕노릇하게 했다.

高祖十一年秋 淮南王黥布反 東擊荊 荊王賈與戰 不勝 走富陵① 爲布軍所殺 高祖自擊破布 十二年 立沛侯劉濞爲吳王 王故荊地

① 富陵부릉

색은 〈지리지〉에서 현 이름이고 임회군에 속한다.

地理志縣名 屬臨淮

정의 《괄지지》에서 말한다. "부릉 고성은 초주楚州 우이현盱眙縣 동북쪽 60리에 있다."

括地志云 富陵故城在楚州盱眙縣東北六十里

연왕 유택 세가

연왕燕王 유택劉澤은 여러 유씨劉氏의 먼 친속이다.①
고제 3년, 유택은 낭중郎中이 되었다.
고제 11년, 유택은 장군으로 진희陳豨를 쳐서② 왕황王黃을 생포하고 영릉후營陵侯가 되었다.③
燕王劉澤者 諸劉遠屬也① 高帝三年 澤爲郎中 高帝十一年 澤以將軍擊陳豨② 得王黃 爲營陵③侯

① 燕王劉澤者 諸劉遠屬也연왕유택자 제유원속야

집해 《한서》에서 유택은 고조의 종조從祖 형제라고 한다.
漢書曰 澤 高祖從祖昆弟

색은 살펴보니 《한서》의 주석을 인용해 고조의 종조형제라고 했다. 또 《초한춘추》에는 전자춘田子春이 장경張卿을 설득하여 이르기를 "유택은 종가宗家이다."라고 했다. 살펴보니 '종가'라고 말한 것은 소원한 것과 비슷하다. 그러니 반고가 말한 '종조곤제'라는 것은 마땅히 별도로 본 바가 있을 것이다.
按 注引漢書云高祖從祖昆弟 又楚漢春秋田子春說張卿云劉澤 宗家也 按言宗

家 似疏遠矣 然則班固言從祖昆弟 當別有所見矣

② 陳豨진희

신주 진희(?~서기전 195)는 한나라 개국공신이다. 유방과 더불어 연왕燕王 장도臧荼를 평정하고 양하후陽夏侯에 봉해졌다. 고조 7년(서기전 200)에 대代의 상국相國으로 군사를 관할했고 고조 10년(서기전 197) 한신韓信과 모반을 도모하고 왕황王黃, 만구신曼丘臣 등과 반란을 일으킨 후 스스로 대왕代王에 즉위했다. 고조 12년 겨울에 한나라 진압군과 싸우다 전사했다.

③ 營陵영릉

색은 〈지리지〉에서 현 이름이고 북해군에 있다.

地理志縣名 在北海

정의 《괄지지》에서 말한다. "영릉의 고성은 청주靑州 북해현 남쪽 30리에 있다."

括地志云 營陵故城在青州北海縣南三十里

고후 때 제齊나라 전생田生①이 유람하다가 노자가 떨어지자 영릉후 유택劉澤에게 도움을 받기로 계획했다.② 유택이 크게 반기고 금 200근을 써서 전생의 장수를 축원했다.

高后時 齊人田生①游乏資 以畫干②營陵侯澤 澤大說之 用金二百斤爲田生壽

① 田生전생

집해 진작이 말했다. "《초한춘추》에서는 전자춘田子春이라 한다."

晉灼曰 楚漢春秋田子春

신주 도연명의 〈의고구수擬古九首〉에서 "들으니 전자춘이란 사람이 있는데[聞有田子春], 절의가 사나이 중의 으뜸이었다네.[節義爲士雄]"라고 한다. 전적典籍에는 그의 생애가 자세히 나와 있지 않으나, 절의가 있어 당시 명성이 있었던 인물이었다고 추측할 수 있다. 〈형연세가〉에서도 그의 인품이 어떤지를 알 수 있게 기록하였다.

② 以畫干이획간

집해 복건이 말했다. "계획으로써 간여하게 한 것이다." 문영이 말했다. "그림을 그려 은총을 얻은 것이다."

服虔曰 以計畫干之也 文穎曰 以工畫得寵也

색은 畫 하나의 발음은 계획의 '획畫'이다. 또 하나의 발음은 도화圖畫의 '화畫'라고 하는데, 양쪽의 뜻이 나란히 통한다.

畫 一音計畫之畫 又音圖畫之畫 兩家義竝通也

전생은 금을 얻고 나서 곧 제 땅으로 돌아갔다. 2년쯤 되어 유택이 사람을 보내서 전생에게 일러 말했다.

"나와 함께 하지 않겠는가?①"

전생은 장안長安으로 가서 유택을 만나지 않고 큰 집을 빌리고는 그의 아들에게 여후呂后가 총애하는 대알자大謁者 장자경張子卿

을 힘써 섬기라고 명했다.② 거처한 지 수개월이 지나, 전생의 아들은 장자경이 왕림해 줄 것을 청하고 몸소 주안상을 갖추어 놓았다.③ 장자경은 가겠다고 허락했다. 전생이 성대한 휘장을 함께 갖추어 열후와 같이 비견되게 하자 장자경은 깜짝 놀랐다.

田生已得金 即歸齊 二年 澤使人謂田生曰 弗與矣① 田生如長安 不見澤 而假大宅 令其子求事呂后所幸大謁者張子卿② 居數月 田生子請張卿臨 親脩具③ 張卿許往 田生盛帷帳共具 譬如列侯 張卿驚

① 弗與矣불여의

집해 맹강이 말했다. "여與는 자기편이다. 다시 나와 함께하지 않겠느냐는 말이다." 문영이 말했다. "내가 더불어 너를 도울 것을 알지 않느냐는 뜻이다."

孟康曰 與 黨與 言不復與我爲與也 文穎曰 不得與汝相知

② 大謁者張子卿대알자장자경

집해 서광이 말했다. "장자경의 이름은 택澤이다." 내가 살펴보니 여순은 엄인閹人(환관)이라고 했다.

徐廣曰 名澤 駰案 如淳曰閹人也

③ 脩具유구

신주 유脩는 '술잔과 안주'라는 뜻으로 술상차림을 말한다.

주홍이 무르익자 이에 사람들을 물리치고 장자경을 설득해 말했다. "신이 제후왕 저택 백여 곳을 살펴보니 모두 고조와 함께 했던[①] 공신들이었습니다. 지금 여씨呂氏는 바른 뜻을 가지고 평소 고제를 도와서[推轂] 천하로 나아가게 하는데[②] 공로가 지대하였습니다. 또 친척들은 태후가 소중하게 여깁니다. 그러나 태후는 연세가 많고 여러 여씨는 약합니다. 그래서 태후께서 여산呂產[③]을 세워서 왕으로 삼아 대代에서 왕을 시키려고 합니다. 태후께서 또한 정중하게 말하려 하나[④] 대신들이 들어주지 않을까봐 걱정하고 계십니다. 지금 자경께서는 최고의 총애를 입고 있고 대신들도 존경하는 바인데, 왜 (태후의 뜻을) 대신들에게 넌지시 알려주어[⑤] 태후에게 들리도록 하지 않으십니까? 그리하면 태후께서는 반드시 기뻐할 것입니다. 여러 여씨가 왕이 되고 나면 1만 호의 제후 자리[⑥]를 또한 자경께서도 가지게 될 것입니다.[⑦] 태후께서 마음으로 하고자 하시는데, 자경께서 내신內臣이 되어 급히 일으키지 않으면 아마 재앙이 몸에 이를 것입니다."

酒酣 乃屛人說張卿曰 臣觀諸侯王邸弟百餘 皆高祖一切[①]功臣 今呂氏雅故本推轂高帝就天下[②] 功至大 又親戚太后之重 太后春秋長 諸呂弱 太后欲立呂產[③]爲(呂)王 王代 太后又重發之[④] 恐大臣不聽 今卿最幸 大臣所敬 何不風[⑤]大臣以聞太后 太后必喜 諸呂已王 萬戶侯[⑥]亦卿之有[⑦] 太后心欲之 而卿爲內臣 不急發 恐禍及身矣

① 一切일체

색은 살펴보니 여기의 일체一切는 일례一例로 '동시同時'와 의미가 같다.

다른 곳처럼 일체一切가 '잠깐 동안'을 뜻하는 것이 아니다.

按 此一切猶一例 同時也 非如他一切訓權時也

② 呂氏雅故本推轂高祖就天下여씨아고본추곡고조취천하

집해 여순이 말했다. "여공呂公은 고조의 관상이 귀한 것을 알고 딸을 아내로 삼게 하고 도와서 장자長者가 되게 했다." 신찬이 말했다. "여러 여씨가 함께 고조를 도와 정벌하여 제업帝業을 성취하게 했다는 것을 이른다. 아雅는 바른 뜻이다."

如淳曰 呂公知高祖相貴 以女妻之 推轂使爲長者 瓚曰 謂諸呂共推轂高祖征伐成帝業 雅 正意也

색은 살펴보니 아雅의 뜻은 소素[순수함]이다. 여씨가 순수한 마음으로 고조를 떠받들어 천하를 취하게 한 것이 마치 사람이 바퀴를 밀어 길로 전진하게 한 것과 같음을 이른다. 이것은 대략 신찬의 뜻과 동일하다. 推는 '추[昌誰反]'로 발음한다.

按 雅訓素也 謂呂氏素心奉推高祖取天下 若人推轂欲前進途然也 此略同臣瓚之意也 推音昌誰反

신주 추곡推轂은 '바퀴를 민다'라는 뜻이다. 옛날 장군이 정벌하러 나갈 때 군주가 바퀴를 밀어서 보낸 것에서 연유하였다. 그래서 '돕다'라는 뜻으로 쓰인다.

③ 呂産여산

신주 여태후의 큰 오빠 여주呂周의 둘째 아들이다. 혜제 원년 교후洨侯에 봉해졌다가 여태후 6년 여왕呂王이 되었다.

④ 重發之중발지

집해 문영이 말했다. "발표하고자 했으나 아마 대신들이 듣지 않았을 것이라는 뜻이다." 등전이 말했다. "거듭 일을 발설하기 어려웠다."

文穎曰 欲發之 恐大臣不聽 鄧展曰 重難發事

⑤ 風풍

신주 '풍風'은 바람결에 알게 한다(낌새를 차리게 하다)는 뜻으로 넌지시 귀띔한다는 것을 의미한다.

⑥ 萬戶侯만호후

신주 〈고조공신후자연표〉에서 "대후大侯의 봉읍은 1만 호를 넘지 않았고, 소후小侯의 경우는 500~600백 호에 지나지 않았다."라고 한 것으로 보아, 대후에 해당되는 식읍이다.

⑦ 亦卿之有역경지유

정의 〈고후본기〉에서 장경을 봉해 건릉후建陵侯로 삼았다고 한다.

高后紀云 封張卿為建陵侯

장경은 매우 그렇다고 여기고 이에 대신들에게 넌지시 알려주고 태후에게 말하게 했다. 태후는 이에 따라 조회에서 대신들에게 물었다. 대신들은 여산을 세워서 여왕呂王으로 삼기를 청했다. 태후가 장경에게 금 1,000근을 하사하자, 장경은 그 절반을 전생에게 주었다. 전생은 받지 않고 그 기회로 설득해 말했다.

"여산이 왕이 된 것은 여러 대신이 크게 복종해서가 아닙니다. 지금 영릉후 유택은 무릇 유씨로 대장군이 되었는데, 그는 이를 오히려 원망하고 있을 것입니다.① 지금 경께서 태후께 말씀드려 10여 개 현의 제후왕으로 삼으면, 그도 왕을 얻었으니 기뻐서 떠나게 되고, 여러 여씨의 왕위는 더욱 굳어질 것입니다."

장경이 들어가서 말하자, 태후는 그러라고 했다. 이에 영릉후 유택을 낭야왕琅邪王으로 삼았다.② 낭야왕은 곧 전생과 함께 봉국으로 갔다. 전생은 유택에게 급하게 갈 것을 권하며 머무르지 말라고 했다. 함곡관을 나갔는데, 태후가 과연 사람을 시켜서 추격해서 (낭야로 가는 것을) 중지시키려 했으나, 이미 (함곡관을) 떠났으므로 (추격한 병사들이) 곧 돌아갔다.

張卿大然之 乃風大臣語太后 太后朝 因問大臣 大臣請立呂產爲呂王 太后賜張卿千斤金 張卿以其半與田生 田生弗受 因說之曰 呂產王也 諸大臣未大服 今營陵侯澤 諸劉 爲大將軍 獨此尚觖望① 今卿言太后列十餘縣王之 彼得王 喜去 諸呂王益固矣 張卿入言 太后然之 乃以營陵侯劉澤爲琅邪王② 琅邪王乃與田生之國 田生勸澤急行 毋留 出關 太后果使人追止之 已出 即還

① 觖望결망

색은 觖은 '결決'로 발음한다. 또 '기企'로도 발음한다.

觖音決 又音企

신주 결觖은 '들추어내다, 서운하다' 기觖는 '바라다'의 뜻이다. '계'로 발음하면 '혀를 끌끌 차다'라는 뜻이다. 원 발음은 '켓[ket]'에 가까워 여기서 모든 발음이 연유하였다.

② 琅邪王낭야왕

신주 〈고후본기〉에 따르면 고후의 여동생 여수呂嬃의 딸은 유택의 부인이 되었다고 했으니 유택이 왕이 된 것에는 이 점도 많이 작용했을 것이다. 유택은 고후가 죽기 1년 전인 고후 7년에 봉해졌다. 낭야는 제齊나라 동남쪽으로, 산동반도와 대륙이 만나는 지점에 있으며, 당시 초楚나라 북쪽에 있다.

> 태후가 죽음에 이르자 낭야왕 유택이 곧 말했다.
> "황제는 나이가 어리고 여러 여씨가 권력을 쥐었으니, 유씨들은 외롭고 허약하다."
> 이에 군사를 이끌고 제나라 왕과 합세해 서쪽을 도모하여① 여러 여씨를 처단하려 했다.
> 양梁에 이르니 한나라에서 관장군灌將軍(관영)②을 파견하여 형양滎陽에 주둔했다는 소문이 들렸다. 유택은 군사를 돌려 (양梁) 서쪽 영역에서 대비하고 있다가 마침내 급히 말을 달려서③ 장안에 이르렀다. 대왕代王 또한 대代에서 이르렀다. 여러 장수와 재상들이 낭야왕과 함께 대왕을 세워서 천자(효문제)로 삼았다. 천자는 이에 유택을 옮겨서 연왕燕王으로 삼고 곧 다시 낭야를 제나라에 주어 옛 땅을 회복시켰다.④

及太后崩 琅邪王澤乃曰 帝少 諸呂用事 劉氏孤弱 乃引兵與齊王合謀西① 欲誅諸呂 至梁 聞漢遣灌將軍②屯滎陽 澤還兵備西界 遂跳驅③至長安 代王亦從代至 諸將相與琅邪王共立代王爲天子 天子乃徙澤爲燕王 乃復以琅邪予齊 復故地④

① 引兵與齊王合謀西인병여제왕합모서

집해 《한서음의》에서 말한다. "유택은 제齊에 이르렀는데, 제왕에게 겁박당해 떠날 수 없었다. 이에 제왕을 설득하여 경사에 갈 것을 요구하자, 제나라에서는 수레를 갖추어 보냈다. 본래 제나라와 공모하지 않았다."

漢書音義曰 澤至齊 爲齊王所劫 不得去 乃說王 求詣京師 齊具車送之 不爲本與齊合謀也

색은 살펴보니 《한서》〈제왕전〉에서 축오祝午를 시켜 낭야왕을 겁박해서 제나라에 이르도록 하니 이 때문에 낭야왕은 억류되어 낭야국으로 돌아갈 수 없었다고 한다. 유택이 이에 설득해서 함곡관으로 들어가라고 요구했는데 제나라에서 보낸 것이다. 여기 문장과 같지 않은 것에 대해서 유씨劉氏는 연燕과 제齊의 양쪽 사관이 각각 그 군주가 세운 공로의 자취를 말한 것으로 여겼다. 태사공은 들은 것을 의심하고 전해진 것도 의심하여 마침내 각각 따로 기록하였으니, 이른바 실록實錄이다.

按 漢書齊王傳云使祝午劫琅邪王至齊 因留琅邪王不得反國 澤乃說求入關 齊乃送之 與此文不同者 劉氏以爲燕齊兩史各言其主立功之跡 太史公聞疑傳疑 遂各記之 則所謂實錄

② 灌將軍관장군

신주 관영灌嬰이다. 옛 송宋나라 수도 상구商丘 즉 수양睢陽의 비단장사 출신이다. 고조 공신으로 고조 6년, 영음후潁陰侯로 봉해진다. 문제 원년 태위太尉가 되었다가 3년에 승상까지 승진한다.

③ 跳驅도구

집해 《한서음의》에서 말한다. "도구跳驅는 달려서 장안에 이른 것이다."
漢書音義曰 跳驅 馳至長安也

색은 도跳는 '토[他彫反]'로 발음하는데, 벗어나서 홀로 떠나는 것이다. 또 '조條'로 발음하면 신속하게 떠난 것을 이른다.
跳 他彫反 脫獨去也 又音條 謂疾去也

④ 復故地복고지

집해 이기가 말했다. "본래 제나라 땅인데, 나누어 유택을 왕으로 삼았다가 지금 다시 제나라에 준 것이다."
李奇曰 本齊地 分以王澤 今復與齊也

> 유택은 연왕이 된 지 2년 만에 죽어 시호를 경왕敬王이라고 했다. 아들 가嘉가 뒤를 이어 강왕康王이 되었다.
> 손자 정국定國에 이르러 아버지 강왕의 여인과 간음하여 사내아이 하나를 낳았다. 아우의 아내를 빼앗아 희姬로 삼았다. 자식 중 딸 세 명과 함께 간음했다. 정국은 신하 비여肥如 현령 영인郢人을

죽이려는 마음이 있었는데[①] 영인 등이 정국을 고발하려고 하자, 정국은 알자를 시켜 다른 법으로 영인 등을 탄핵하여 체포하고 죽여서 그 입을 막았다.

무제 원삭元朔 원년(서기전 128, 무제 13)에 이르러, 영인의 형제들이 다시 글을 올려 정국의 음란한 일들을 갖추어 말해서 발각되었다. 공경에게 조서를 내리서 의논하게 하자 모두 상의해서 말했다.

"정국의 금수禽獸같은 행동은 인륜을 어지럽히고 하늘을 거역했으니 죽여야 마땅합니다."

무제가 허락했다. 정국은 자살했고 연나라는 없어져 군郡이 되었다.

澤王燕二年 薨 謚爲敬王 傳子嘉 爲康王 至孫定國 與父康王姬姦 生子男一人 奪弟妻爲姬 與子女三人姦 定國有所欲誅殺臣肥如令郢人[①] 郢人等告定國 定國使謁者以他法劾捕格殺郢人以滅口 至元朔元年 郢人昆弟復上書具言定國陰事 以此發覺 詔下公卿 皆議曰 定國禽獸行 亂人倫 逆天 當誅 上許之 定國自殺 國除爲郡

① 定國有所欲誅殺臣肥如令郢人 정국유소욕주살신비여령영인

집해 여순이 말했다. "정국 스스로 나머지 신하들을 죽이려고 해서 비여가 영인을 시켜 고발하게 했다."

如淳曰 定國自欲有所殺餘臣 肥如令郢人以告之

색은 살펴보니 여순은 비여를 또한 신하의 이름으로 생각해 영인을 시켜 정국을 고발하게 했다고 한다. 소안小顏(안사고)은 정국이 나머지 신하들을 죽이려고 하자 비여가 영인을 시켜 정국을 고발하게 한 것이라고 여겼다. 그러나 〈지리지〉를 살펴보니 비여는 요서군에 있다.

按 如淳意以肥如亦臣名 令郢人以告定國也 小顏以爲定國欲有所誅殺餘臣 而肥如令郢人乃告定國也 然按地理志 肥如在遼西也

신주 위 색은 에서처럼 '비여肥如'를 지명으로 보는 것이 타당하다. 따라서 '비여령영인肥如令郢人'은 '비여의 현령 영인'으로 풀이해야 한다.

태사공은 말한다.

형왕荊王이 왕이 된 것은 한나라가 비로소 평정했으나 천하 인심이 아직 모이지 않았기 때문이다. 이 때문에 유가劉賈는 비록 먼 친척이었지만 계책으로써 왕이 되었고 강수와 회수 사이를 진정시켰다. 유택이 왕이 된 것은 권도權道로써 여씨를 격려했기 때문이다.① 그리하여 유택은 마침내 남면하고 고孤를 칭한 것이 3대를 이었다. 일의 일어남이 서로 겹쳤다고 해서② 어찌 위대한 것이 아니라고 하겠는가?③

太史公曰 荊王王也 由漢初定 天下未集 故劉賈雖屬疏 然以策爲王 塡江淮之閒 劉澤之王 權激呂氏① 然劉澤卒南面稱孤者三世 事發相重② 豈不爲偉③乎

① 權激呂氏권격여씨

색은 살펴보니 전자춘田子春이 유택을 왕으로 만들려고 먼저 장경을 시켜 여산呂産을 봉하게 하였고, 혹시 대신들이 서운해하고 원망한 것을 이용해 유택을 마침내 왕이 되게 했다. 그러므로 여러 여씨를 권도로 격려한 것이다.

按 謂田子春欲王劉澤 先使張卿說封呂産 乃恐以大臣觖望 澤卒得王 故爲權激諸呂也

신주 상도常道는 정도正道인데 권도權道는 정도에서 벗어난 임시방편이다. 《맹자》 〈이루 상〉에 보면, 제나라 순우곤淳于髡이 "남자와 여자가 직접 주고받지 않는 것이 예禮입니까?"라고 묻자 맹자는 그렇다고 답하였다. 순우곤이 "형수가 물에 빠졌다면 손으로 끌어 당겨주어야 합니까?"라고 묻자 맹자는 대답했다. "형수가 물에 빠졌는데 건져 주지 않는다면 그것은 승냥이나 이리입니다. 남녀가 직접 주고받지 않은 것은 예이고, 형수가 물에 빠진 것을 손으로 건져 주는 것이 권도입니다."

② 事發相重사발상중

집해 진작이 말했다. "유택은 전생에게 금을 주어서 장경을 섬기게 하고, 장경은 여후에게 말해서 유택이 왕위을 얻게 했다. 그러므로 '사발상중事發相重(일을 일으킬 때 서로 거듭 도왔다)'이라 한 것이다. 어떤 곳에는 '일이 일어날 때 서로 거듭 도왔다.'라고 한다."

晋灼曰 澤以金與田生以事張卿 張卿言之呂后 而劉澤得王 故曰 事發相重 或曰事起於相重也

색은 살펴보니 먼저 여씨呂氏의 영令을 거듭 일으켜서 나 또한 그의 공을 얻었으니 이것은 일이 일어나는데 서로 거듭 도운 것이다.

按 謂先發呂氏令重 我亦得其功 是事發相重也

③ 偉위

색은 위偉는 성盛이다. 아마 그가 잘 격려하여 일으킨 것이 성대하다는 뜻이다.

偉者盛也 蓋盛其能激發也

색은술찬 사마정이 펼쳐서 밝히다.

유가는 애초부터 고조를 따랐고 먼저 삼진을 평정했다. 백마진를 건너고 나서 마침내 수춘을 포위했다. 처음 경포를 맞아하고 주은에게 관계를 끊게 했다. 공에 따라 군사들에게 보상하고 초나라와 이웃이 되었다. 영릉후로 처음 작위를 받았고 공훈은 진陳을 공격함에 말미암았다. 전생은 유세해서 금 1,000근을 하사받게 했다. 권도로 여씨들을 격려하니 일이 일어나 자신을 영화롭게 했다. 봉토를 옮겨 후사에게 전했지만, 영인의 고변으로 망했구나!

劉賈初從 首定三秦 旣渡白馬 遂圍壽春 始迎黥布 絶閒周殷 賞功胙士 與楚爲鄰 營陵始爵 勳由擊陳 田生遊說 受賜千斤 權激諸呂 事發榮身 徙封傳嗣 亡於郢人

[지도 3] 형연세가

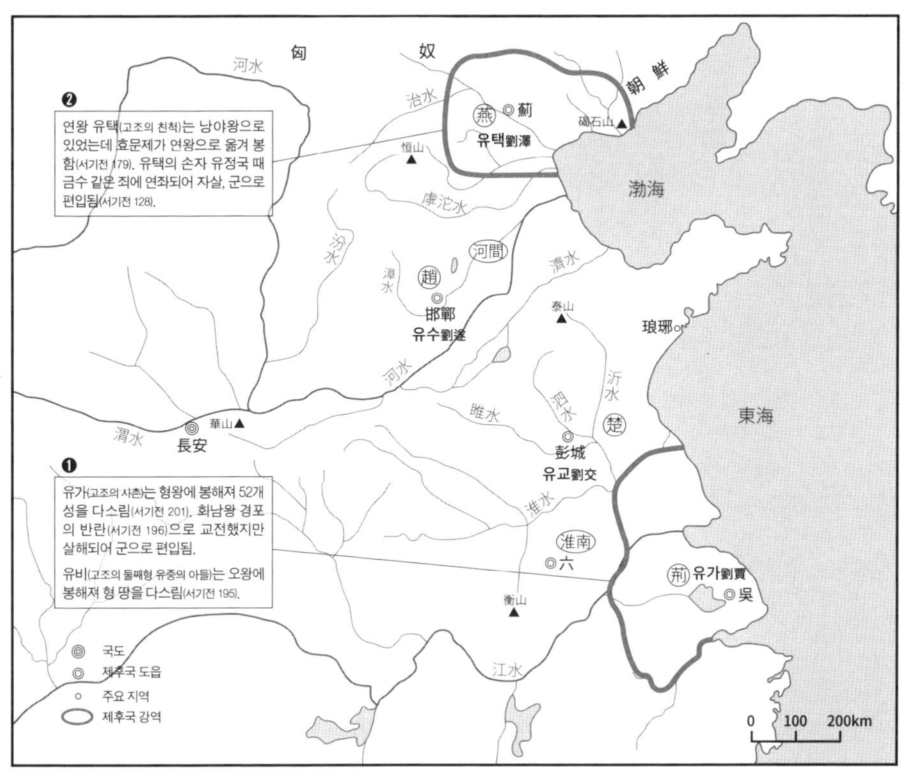
匈
奴
河水
治水
燕
薊
유택劉澤
朝
鮮
碣石山
恒山
渤海
虖沱水
汾水
河間
漳水
趙
邯鄲
유수劉遂
濟水
泰山
琅琊
河水
沂水
泗水
睢水
東海
楚
華山
渭水
長安
彭城
유교劉交
淮水
淮南
六
荊
유가劉賈
吳
衡山
江水
❷
연왕 유택(고조의 친척)는 낭야왕으로 있었는데 효문제가 연왕으로 옮겨 봉함(서기전 179). 유택의 손자 유정국 때 금수 같은 죄에 연좌되어 자살, 군으로 편입됨(서기전 128).
❶
유가(고조의 사촌)는 형왕에 봉해져 52개 성을 다스림(서기전 201). 회남왕 경포의 반란(서기전 196)으로 교전했지만 살해되어 군으로 편입됨.
유비(고조의 둘째형 유중의 아들)는 오왕에 봉해져 형 땅을 다스림(서기전 195).
국도
제후국 도읍
주요 지역
제후국 강역
0
100
200km

사기 제52권 史記卷五十二

제도혜왕세가 齊悼惠王世家

사기 제52권 제도혜왕세가 제22

史記卷五十二 齊悼惠王世家第二十二

신주 제나라 도혜왕 유비劉肥는 패군沛郡 풍읍豐邑 출신으로 고조 유방의 서장자庶長子이고, 혜제 유영劉盈과 어머니가 다른 형이다. 그의 어머니는 고조가 여치呂雉와 혼인하기 전 사통했던 조씨曹氏이다. 기원전 202년 유방이 중원을 장악한 후 주나라에서 동성同姓들을 제후로 책봉한 관례에 따라 동성들을 제후왕으로 책봉하는데, 서기전 201년 유비를 제왕齊王으로 봉하고 임치臨淄를 수도로 삼아서 73개 성을 관할하게 했다. 제국은 제후국들 가운데 큰 편이었고, 물자도 풍부해서 유방은 평양후平陽侯 조참曹參을 제국의 상相으로 삼아 보좌하게 했다.

고조가 재위 12년(서기전 195) 만에 세상을 떠나고 혜제가 즉위했을 때 혜제의 양보로 상석에 앉았다가 여태후의 화를 사 죽을 뻔했으나 겨우 살아났다. 혜제 6년(서기전 189) 재위 13년 만에 세상을 떠나고 도혜왕悼惠王이라는 시호를 받았다. 아들 유양劉襄이 자리를 계승했는데, 바로 제애왕齊哀王이다.

제一장

유장이 유씨를 다시 일으키다

제齊나라 도혜왕悼惠王[①] 유비劉肥는 고조의 장서자長庶子이다. 그의 어머니는 외간 부인으로 조씨曹氏라고 한다.
고조 6년, 비肥를 옹립하여 제왕으로 삼고 70여 성을 식읍으로 주었다.[②] 모든 백성 중 제나라 말을 할 수 있는 곳은 모조리 제왕齊王에게 주었다.[③]
齊悼惠王[①]劉肥者 高祖長庶男也 其母外婦也 曰曹氏 高祖六年 立肥爲齊王 食七十城[②] 諸民能齊言者皆予齊王[③]

① 齊悼惠王제도혜왕

정의 〈한흥이래제후왕연표〉에서 말한다. "임치臨淄에 도읍했다."
年表云都臨淄

신주 임치는 춘추전국시대 이전부터 제나라 수도이다.

② 立肥爲齊王 食七十城입비위제왕 식칠십성

신주 《한서》에서는 "교동, 교서, 임치, 제북, 박양, 성양군 72현에서 비를 세워 제왕으로 삼았다.[以膠東膠西臨淄濟北博陽城陽郡七十三縣立子肥爲齊王]"

라고 한다. 〈항우본기〉 등에 박양博陽을 초한쟁패기 제북국의 도읍이라 했는데, 이로 본다면 제북과 박양은 완전히 다른 곳이다.

③ 諸民能齊言者皆予齊王제민능제언자개여제왕

색은 말의 발음이나 사물의 이름이 초楚와 위魏와는 다르다는 것을 이른다. 일설에는 이때에는 사람들이 많이 유랑하여 도망쳤다고 한다. 그러므로 제나라 말을 하는 자들은 모두 제왕에게 돌려보내게 했다고 한다.

謂其語音及名物異於楚魏 一云此時人多流亡 故使齊言者皆還齊王

신주 《맹자》〈등문공장구 하〉에서 송나라 신하 대불승戴不勝에게 "초나라 대신이 있어서 자기 아들이 제나라 말을 하기를 바란다면 제나라 사람을 시켜서 그를 가르치겠소, 초나라 사람을 시켜서 그를 가르치겠소?[有楚大夫於此 欲其子之齊語也 則使齊人傳諸 使楚人傳諸]"라고 하여 당시 제나라 말과 초나라 말이 사투리 차원이 아니라 오랫동안 학습해야 할 만큼 언어 자체가 완전히 달랐음을 알 수 있다.

제왕은 효혜제孝惠帝의 형이다.

효혜제 2년, 제왕이 조회에 들었다. 혜제와 제왕은 연회에서 술을 마시는데, 예를 집안사람과 같게 했다.① 여태후가 노하여 장차 제왕을 처단하고자 했다. 제왕이 벗어나지 못할 것을 두려워하고 곧 그의 내사內史 훈勳의 계책을 채용해 성양군城陽郡을 바쳐② 노원공주魯元公主의 탕목읍湯沐邑으로 삼게 하니③ 여태후가 기뻐했다. 이에 제나라로 가라는 말을 얻게 되었다.

齊王 孝惠帝兄也 孝惠帝二年 齊王入朝 惠帝與齊王燕飲 亢禮如家人①
呂太后怒 且誅齊王 齊王懼不得脫 乃用其內史勳計 獻城陽郡② 以爲魯
元公主湯沐邑③ 呂太后喜 乃得辭就國

① 亢禮如家人 항례여가인

색은 제왕은 형이니 군주와 신하의 예를 하지 않고, 이에 대등하게 맞대응하면서 집안사람의 형제와 같이 했다. 그러므로 태후가 노하였음을 이른다.

謂齊王是兄 不爲君臣禮 而乃亢敵如家人兄弟之禮 故太后怒

② 城陽郡 성양군

정의 《괄지지》에서 말한다. "복주濮州 뇌택현雷澤縣은 본래 한나라 성양현城陽縣이다." 살펴보니 뒤에 군郡이 되었다.

括地志云 濮州雷澤縣 本漢城陽縣 按 後為郡也

신주 주석의 인용이 잘못되었다. 여기서 말한 성양군은 낭야군 서쪽 산동반도 서남부 일대를 말한다. 주석의 복주는 당시 제나라 소속이 아니었다.

③ 以為魯元公主湯沐邑 이위노원공주탕목읍

신주 노원공주는 고조와 여후 사이의 장녀長女로 혜제의 누나이다. 왕이나 세력가의 딸이 시집갈 때 목욕비에 보태 쓰라는 명목으로 주는 봉토를 탕목湯沐이라고 했다. 즉 군주와 비, 왕자와 공주 등이 관할하며 세금을 거두는 지역을 의미한다. 식읍食邑 또는 왕실전王室田이라고도 한다.

도혜왕은 즉위 13년인 혜제 6년(서기전 189) 죽었다. 아들 양襄이 계승하니 바로 애왕哀王이다.
애왕 원년, 효혜제가 붕어하자 여태후가 고후高后로서 천자를 대신하여 천하의 일을 모두 재결했다.
2년, 고후는 오라버니의 아들 역후酈侯① 여태呂台②를 세워 여왕呂王으로 삼고 제나라 제남군濟南郡③을 떼어내 여왕呂王의 봉읍으로 삼게 했다.
悼惠王即位十三年 以惠帝六年卒 子襄立 是爲哀王 哀王元年 孝惠帝崩 呂太后稱制 天下事皆決於高后 二年 高后立其兄子酈侯①呂台②爲呂王 割齊之濟南郡③爲呂王奉邑

① 酈侯 역후

집해 서광이 말했다. "역은 다른 판본에는 부鄜로 되어 있다."
徐廣曰 酈一作鄜

색은 두 글자는 나란히 '부孚'로 발음한다. 부鄜는 현 이름인데 풍익에 있다. 역현酈縣은 남양군에 있다.
二字竝音孚 鄜 縣名 在馮翊 酈縣在南陽

정의 살펴보니 酈은 '직[呈益反]'으로 발음한다. 《괄지지》에서 말한다 "옛 역성은 등주鄧州 신성현新城縣 서북쪽 40리에 있다." 아마 이 현이 옳을 것이다.
按 酈音呈益反 括地志云故酈城在鄧州新城縣西北四十里 蓋此縣是也

신주 《사기지의》에 따르면 '부鄜'가 맞는데 좌풍익에 속한다고 한다. 고후 원년에 여왕呂王으로 옮긴다. 아버지 주려후周呂侯 여택은 도무왕悼武王으로 추존된다.

② 呂台여태

색은 음은 '태胎'이다. 여후 오라버니 아들이다.

音胎 呂后兄子也

③ 濟南郡제남군

정의 《괄지지》에서 말한다. "제남 고성은 치주淄州 장산현長山縣 서북쪽 25리에 있다."

括地志云 濟南故城在淄州長山縣西北二十五里

신주 오늘날 산동성 성도인 제남시로, 황하 하류 일대에서 가장 큰 도시이다.

애왕 3년, 그의 아우 유장劉章이 한나라에 숙위로 들어갔는데 여태후가 봉해서 주허후朱虛侯로 삼고① 여록呂祿의 딸을 아내로 삼아 주었다.

4년 뒤에 유장의 아우 흥거興居를 봉해 동모후東牟侯로 삼아② 모두 장안長安 안에서 숙위하게 했다.

애왕 8년, 고후는 제나라 낭야군③을 떼어내 영릉후 유택을 세워 낭야왕으로 삼았다.

다음해, 조왕趙王 우友가 조회에 들어왔다가 유폐되어 저택에서 죽었다.④ 세 명의 조왕이 모두 폐해졌다.⑤ 고후는 여러 여씨를 세워 여러 여씨들이 세 곳에서 왕이 되었으며⑥ 권력을 멋대로 부렸다.

哀王三年 其弟章入宿衛於漢 呂太后封爲朱虛侯① 以呂祿女妻之 後四年 封章弟興居爲東牟侯② 皆宿衛長安中 哀王八年 高后割齊琅邪郡③ 立營陵侯劉澤爲琅邪王 其明年 趙王友入朝 幽死于邸④ 三趙王皆廢⑤ 高后立諸呂諸呂爲三王⑥ 擅權用事

① 朱虛侯주허후

색은 〈지리지〉에서 현 이름이고 낭야군에 속한다.

地理志縣名 屬琅邪

② 東牟侯동모후

색은 〈지리지〉에서 현 이름이고 동래군에 속한다.

地理志縣名 屬東萊

③ 琅邪낭야

정의 지금의 기주沂州이다.

今沂州也

④ 趙王友入朝 幽死于邸조왕우입조 유사우저

신주 〈고후본기〉에 따르면 조왕 유우의 죽음은 고후 7년이라고 하니, 제애왕 8년에 해당한다. 〈제후왕표〉 등을 참고하면 〈고후본기〉 기록이 옳다.

⑤ 三趙王皆廢삼조왕개폐

신주 뒤에서도 나오지만, 고조의 아들로 조왕이 되었다가 죽임을 당하거나 자살한 여의如意, 우友, 회恢를 가리킨다.

⑥ 三王삼왕

집해 서광이 말했다. "연燕, 조趙, 양梁왕이다."

徐廣曰 燕趙梁

신주 큰 오라버니의 아들 여태呂台를 여왕呂王으로 삼았고, 여태가 죽자 그의 아들 여가呂嘉가 계승했으나 교만방자하다는 이유로 폐하고 여태의 동생 여산呂產을 옹립했다. 이후 여산은 양梁으로 옮긴다. 연왕燕王에 큰 오라버니 손자 여통呂通을, 조왕趙王에 작은 오라버니의 아들 여록呂祿을 앉힌다.

주허후朱虛侯의 나이는 20세인데 기력氣力이 있어서 유씨들이 직분을 얻지 못한 것을 분하게 여겼다. 일찍이 고후의 연회에 들어가 모셨는데, 고후는 주허후 유장에게 주리酒吏[①]가 될 것을 명령했다. 유장이 스스로 청해 말했다.

"신은 장수의 종자이니[②] 청컨대 군법軍法이 행해지는 술자리를 얻고자 합니다."

고후가 말했다.

"그렇게 하라."

주홍이 무르익자 유장은 술을 마시면서 노래하고 춤추다가 마치고서 말했다.

"청컨대 태후를 위해 경전가耕田歌(밭갈 때 부르는 노래)를 부르겠습니다."

고후가 어린아이로 취급하면서 웃으며 말했다.

"생각해보니 아버지라야 경전을 알 뿐이다. 너는 태어나[3] 왕자王子가 되었으니 어찌 경전을 알겠는가?"

유장이 말했다.

"신은 알고 있습니다."

태후가 말했다.

"나를 위해 경전가를 불러 증명해 보여라."

朱虛侯年二十 有氣力 忿劉氏不得職 嘗入待高后燕飮 高后令朱虛侯劉章爲酒吏[1] 章自請曰 臣 將種也[2] 請得以軍法行酒 高后曰 可 酒酣章進飮歌舞 已而曰 請爲太后言耕田歌 高后兒子畜之 笑曰 顧而父知田耳 若生[3]而爲王子 安知田乎 章曰 臣知之 太后曰 試爲我言田

① 酒吏주리

신주 연회에서 주정酒政을 주재하던 사람을 말한다.

② 將種也장종야

신주 '장수의 종자'라는 뜻으로 군대를 부려 천하를 차지한 할아버지 유방의 손자를 의미한다.

③ 顧而父知田耳 若生고이부지전이 약생

색은 고顧는 염念과 같다. 이而와 약若은 모두 '너'라는 뜻이다.

顧猶念也 而及若皆訓汝

유장이 노래했다.

"깊이 밭 갈고 물 대어 씨앗을 심으세,
새싹을 거리를 두어 드문드문 기르세
그 종자의 싹이 아닌 것은
호미로 갈아 없애세."

여후는 잠잠히 있었다. 얼마 후 여씨들 중 한 사람이 술에 취해서 술을 가지고 주석에서 도망가자 유장이 달려가서 칼을 뽑아 목을 베고 돌아와 보고했다.

"술을 가지고 도망가는 한 사람이 있어서 신이 삼가 법으로 목을 베었습니다."

태후의 좌우 사람들은 모두 크게 놀랐으나 그가 군법軍法을 사용하는 것을 허락했기 때문에 죄를 물을 수 없었다. 이로 인해 주연은 끝났다. 이후로부터 여씨들은 주허후를 꺼리고, 비록 대신이라도 모두 주허후에 의지해 유씨들은 더욱 강해지게 되었다.

章曰 深耕穊種 立苗欲疏 非其種者 鉏而去之 呂后默然 頃之 諸呂有一人醉 亡酒 章追 拔劍斬之 而還報曰 有亡酒一人 臣謹行法斬之 太后左右皆大驚 業已許其軍法 無以罪也 因罷 自是之後 諸呂憚朱虛侯 雖大臣皆依朱虛侯 劉氏爲益彊

이듬해 고후가 세상을 떠났다. 조왕 여록은 상장군이 되었고, 여왕呂王 여산呂産은 상국相國이 되었다.① 모두 장안長安에 거주하고 있으면서 병사들을 모아 대신들을 위협하여 난을 일으키려고 했다. 주허후 유장은 부인이 여록의 딸이었으므로 그 음모를 알게 되었다. 이에 몰래 사람을 시켜 형 제왕齊王에게 알리고 병사를 일으켜 서쪽으로 진격하도록 했다. 주허후와 동모후는 안에서 호응하여 여씨들을 죽이고 제왕을 황제로 옹립하기로 했다.

其明年 高后崩 趙王呂祿爲上將軍 呂王產爲相國① 皆居長安中 聚兵以威大臣 欲爲亂 朱虛侯章以呂祿女爲婦 知其謀 乃使人陰出告其兄齊王 欲令發兵西 朱虛侯東牟侯爲內應 以誅諸呂 因立齊王爲帝

① 呂王產為相國여왕산위상국

신주 〈한흥이래제후왕연표〉에 따르면 이때 여왕 여산은 이미 양왕梁王으로 옮겼으며, 여왕은 유태劉太 혹은 여태呂太가 자리했다. 유태 역시 유씨 종자가 아니라는 의심을 받아 살해당한다.

제왕은 이 계획을 듣고 나서 그의 외숙 사균駟鈞①, 낭중령 축오祝午, 중위 위발魏勃과 함께 몰래 모의해 군사를 일으켰다. 제나라 재상 소평召平②은 이를 듣고 곧 병졸들을 일으켜서 왕궁을 지켰다.③ 위발은 소평을 속여 말했다.

"왕께서 군사를 일으키고자 하시는데 한나라 호부虎符④의 증표가 있지 않습니다. 상군相君께서 왕궁을 호위한 것은 참으로 잘한 일이오. 제가 당신을 위해 호위병을 이끌고 왕을 호위할 것을 청합니다."

소평은 이를 믿고 곧 위발에게 군사를 거느리고 왕궁을 호위하게 했다. 위발은 군사를 거느리게 되자 상부相府를 포위하게 했다.

소평이 말했다.

"오호라! 도가道家의 말에 '당연히 끊을 것을 끊지 않으면 도리어 그의 난을 당한다.'라는 게 이것이구나."

그는 마침내 자살했다.

齊王旣聞此計 乃與其舅父駟鈞①郎中令祝午中尉魏勃陰謀發兵 齊相召平②聞之 乃發卒衛王宮③ 魏勃紿召平曰 王欲發兵 非有漢虎符④驗也 而相君圍王 固善 勃請爲君將兵衛衛王 召平信之 乃使魏勃將兵圍王宮 勃旣將兵 使圍相府 召平曰 嗟乎 道家之言當斷不斷 反受其亂 乃是也 遂自殺

① 舅父駟鈞구부사균

색은 살펴보니 구舅는 외숙부를 말한다. 이姨를 이모라고 하는 것과 같다.

按 舅謂舅父 猶姨稱姨母

신주 사균은 제왕 유양劉襄을 황제로 옹립하려 했으나, 대신들의 반대로 뜻을 이루지 못했다. 문제 원년, 청곽후淸郭侯로 봉해졌다가 6년에 제후자리를 잃었다.

② 召平소평

색은 살펴보니 광릉군 사람 소평과 동릉후東陵侯 소평과 여기의 소평은 모두 다른 사람인 듯하다. 〈고조공신후자연표〉에 소평召平의 아들 소노召奴는 아버지의 공으로 여후黎侯에 봉해졌다고 나온다.

按 廣陵人召平與東陵侯召平及此召平皆似別人也 功臣表平子奴以父功封黎侯也

신주 동릉후 소평은 진秦나라 출신을 말하며, 〈소상국세가〉에 나온다. 아울러 〈고조공신후자연표〉에 소평이라는 인물은 없으며 다른 표에도 없다. 잘못 인용한 듯하다.

③ 齊相召平聞之 乃發卒衛王宮제상소평문지 내발졸위왕궁

신주 소평은 여씨 정권이 파견한 사람이었다. 그래서 제왕이 동생 주허후 유장과 동모후 유흥거 등과 결탁해 군사를 일으키자, 거역하고 왕궁을 호위한 것이다.

④ 虎符호부

신주 군사를 동원할 수 있는 한나라 왕실의 징표를 말한다. 《사기지의》에서는 고증을 통해 문제 2년에 처음 동銅으로 만든 호부를 사용했으므로, 이 기록이 사실인지 의심하고 있다. 어쩌면 동호부 이전의 다른 호부일 수도 있다.

이에 제왕은 사균을 재상으로 삼고, 위발을 장군으로 삼고, 축오를 내사內史로 삼아 나라 안의 군사들을 모두 일으켰다. 축오에게 동쪽의 낭야왕에게 거짓으로 말하게 했다.

"여씨가 난을 일으켜서 제왕은 군사를 일으켜 서쪽을 죽이려고 합니다. 제왕께서는 스스로 아이라고 여기고 나이도 적어서 군사의 일을 익히지 못했으니, 원컨대 온 나라를 대왕께 맡기고자 합니다. 대왕께서는 고제 때부터 장수가 되어 군사 일을 익혔습니다. 제왕께서는 감히 군대를 떠나지 못하므로[①] 신으로 하여금 대왕께서 임치로 가셔서 제왕의 계획된 일을 보시고, 함께 제나라 군사들을 거느려 서쪽 관중關中의 난을 평정하실 것을 청하라 했습니다."

낭야왕이 이를 믿고 그렇게 하겠다고 하고서 곧바로 달려가 제왕을 만났다. 제왕은 위발 등과 이 기회로 낭야왕을 억류하고 축오로 하여금 낭야국 군사를 전부 일으켜 그 병력을 합쳐 거느리게 했다.[②]

於是齊王以駟鈞爲相 魏勃爲將軍 祝午爲內史 悉發國中兵 使祝午東詐琅邪王曰 呂氏作亂 齊王發兵欲西誅之 齊王自以兒子 年少 不習兵革之事 願擧國委大王 大王自高帝將也 習戰事 齊王不敢離兵[①] 使臣請大王幸之臨菑見齊王計事 幷將齊兵以西平關中之亂 琅邪王信之 以爲然 (西)[迺]馳見齊王 齊王與魏勃等因留琅邪王 而使祝午盡發琅邪國而幷將其兵[②]

① 不敢離兵불감리병

색은 살펴보니 복건이 말했다. "감히 그의 군사 곁을 떠나지 못해서 낭야에 도달하지 못한 것이다.”

按 服虔云 不敢離其兵而到琅邪也

신주 불不은 두 동사 리離와 지至를 아울러 수식하는 부정접두사이다. 그래서 중간에 이而를 써서 연결시킨다. 즉 ‘불리不離’와 ‘불지不至’라는 뜻이다.

② 盡發琅邪國而幷將其兵진발랑사국이병장기병

신주 제나라는 왜 낭야왕을 속여 억류했을까? 하나는 낭야국 군대를 합치기 위해서고, 다른 하나는 유택의 처가 여씨이므로 못미더워서 그랬다고 볼 수 있다.

> 낭야왕 유택은 이미 속임을 당하고 봉국封國으로 돌아갈 수 없자 이에 제왕을 설득해서 말했다.
> “제나라 도혜왕은 고황제의 장자長子이니, 근본으로 미루어 말한다면 대왕께서는 고황제의 적장손[①]이니 당연히 (황제로) 즉위해야 합니다. 그러나 지금 여러 대신은 의심이 많아서 아직 정할 사람을 찾지 못하고 있고, 저는 유씨 중에 가장 나이가 많으니 대신들은 진실로 저를 기다려 계획을 결정할 것입니다. 지금 대왕께서 신을 억류하는 것은 쓸모없으며, 저를 관중으로 들여 일을 계획하게 하느니만 못합니다.[②]”
> 제왕은 그렇다고 여기고 이에 수레를 더하여 갖추게 하고 낭야왕을 보냈다.

琅邪王劉澤既見欺 不得反國 乃說齊王曰 齊悼惠王高皇帝長子 推本言之 而大王高皇帝適長孫也① 當立 今諸大臣狐疑未有所定 而澤於劉氏最爲長年 大臣固待澤決計 今大王留臣無爲也 不如使我入關計事② 齊王以爲然 乃益具車送琅邪王

① 適長孫적장손

신주 '적適'은 정실부인이 낳은 자식을 말하고, '장손長孫'은 큰아들이 낳은 큰손자를 말한다. 제왕 유영이 장손은 맞지만 적장손은 아니다. 하지만 유일한 적장자 혜제가 이미 죽고 후손이 없으므로, 실질적인 적장손이라는 뜻일 것이다.

② 不如使我入關計事불여사아입관계사

신주 낭야왕 유택은 제나라에서 풀려나 여러 대신과 대왕 유항을 옹립했는데 바로 효문제이다. 그 공으로 연왕燕王에 봉해졌다. 이 점은 〈형연세가〉와 약간 다른데, 아마 여기 기록이 옳을 것이다.

낭야왕이 떠나고 나자, 제나라는 드디어 군사를 일으켜 서쪽으로 여국呂國의 제남을 공격했다. 이에 제애왕은 제후왕들에게 서신을 보내 말했다.
"고제께서 천하를 평정하시고 여러 자제 중 도혜왕을 제나라에 왕으로 삼았소. 도혜왕이 죽자 혜제는 유후留侯 장량張良을 시켜

신을 즉위하게 해서 제왕이 되었소. 혜제가 붕어하고 고후가 권력을 쥐고 춘추가 높아지자 여씨들의 말만 듣고 고제께서 세워 놓은 것을 멋대로 없앴습니다.① 또 세 명의 조왕趙王을 살해하고② 양梁과 연燕과 조趙를 없애서③ 여씨들을 왕으로 삼았소. 제 나라도 넷으로 나누었소.④ 충신들이 나아가 간했으나 상(고후)은 미혹迷惑되고 어지러워 듣지 않았소. 지금은 고후께서 붕어하고 황제의 나이가 어려서⑤ 천하를 다스리지 못하니 진실로 믿을 곳이란 대신과 제후들뿐이오. 지금 여씨들이 또 멋대로 높은 관직으로 군사를 모아 그 위엄으로 열후와 충신들을 겁박하고 천자의 명령을 위조해 천하를 호령하며 종묘를 위태롭게 하고 있소. 지금 과인은 군사를 인솔하여 들어가 부당하게 왕이 된 자들을 죽이겠소."

琅邪王旣行 齊遂擧兵西攻呂國之濟南 於是齊哀王遺諸侯王書曰 高帝平定天下 王諸子弟 悼惠王於齊 悼惠王薨 惠帝使留侯張良立臣爲齊王 惠帝崩 高后用事 春秋高 聽諸呂擅廢高帝所立① 又殺三趙王② 滅梁燕趙③以王諸呂 分齊國爲四④ 忠臣進諫 上惑亂不聽 今高后崩 皇帝春秋富⑤ 未能治天下 固恃大臣諸(將)[侯] 今諸呂又擅自尊官 聚兵嚴威劫列侯忠臣 矯制以令天下 宗廟所以危 今寡人率兵入誅不當爲王者

① 聽諸呂擅廢高帝所立 청제여천폐고제소립

신주 유방이 천자가 된 후 태자 및 가족, 제후, 공신들을 모아 놓고 예법에 따라 의식을 거행해 "유씨가 아닌 사람은 왕이 될 수 없고 공을 세우지 않은 사람은 제후가 될 수 없다. 누구든 이 맹약을 어기는 자는 천하 사람들의 벌을 받게 될 것이다."라는 백마지맹白馬之盟을 맺었다. 백마를 죽여 그 피를 나눠 마심으로써 서로 맹세했는데 여태후가 백마지맹白馬之盟을 어겨서 그 약속을 폐지시켰다고 한 것이다.

② 殺三趙王살삼조왕

정의 은왕 여의와 유왕 우友 및 양왕 회恢를 옮겨서 조왕으로 삼았는데 모두 고조의 아들이다.

隱王如意幽王友 梁王恢徙王趙 竝高祖子也

③ 滅梁燕趙멸량연조

정의 양왕 회恢와 연왕 건建인데, 양왕 회를 조나라로 옮기고 나누어 없애서 후사가 없는 것을 말한다.

梁王恢燕王建 梁王恢徙趙 分滅無後也

신주 '양연조梁燕趙' 세 곳의 유씨를 없애고 여씨를 왕으로 앉힌 것을 말한다.

④ 分齊國爲四분제국위사

색은 제남, 낭야, 성양과 제齊를 합쳐 넷이다.

謂濟南琅邪城陽并齊爲四也

정의 낭야군에 유택을 봉하고, 제남군은 여왕呂王의 봉읍으로 삼고, 성양은 노원공주 탕목읍으로 삼았다.

琅邪郡封劉澤 濟南郡以爲呂王奉邑 城陽爲魯元公主湯沐邑也

⑤ 春秋富춘추부

색은 살펴보니 안사고가 말했다. "나이가 어린 것인데 재물에 비교하면 바야흐로 궤匱를 채우지 못했다는 말이므로 부富라고 이른다."
按 小顔云言年幼也 比之於財 方未匱竭 故謂之富也

신주 궤가 아직 넉넉하여 재물을 채우려면 오랜 시간이 걸린다는 의미이다. 앞으로 살아갈 날이 많음을 말한다.

한나라는 제나라가 군사를 일으켜 서쪽으로 온다는 소식을 듣고, 상국 여산呂產이 곧 대장군 관영灌嬰을 보내서 동쪽을 공격하게 했다. 관영은 형양에 이르러 모의해서 말했다.
"여러 여씨 장수들과 군사들은 관중에 있으면서 유씨들을 위협해서 자립自立하고자 한다. 우리가 지금 제나라를 쳐부수고 돌아가 보고하면 이는 여씨들의 자산을 더해주는 것이다."
이에 머물러 군사를 형양에 주둔시켰다. 그리고 사신을 보내 제왕齊王과 제후들을 깨우쳐서 함께 연합하고 여씨가 변을 일으킬 때를 기다려서 함께 그들을 죽이기로 했다. 제왕은 소식을 듣고 곧 서쪽에서 그의 옛 땅 제남군을 빼앗았다. 또한 군사를 제나라 서쪽 영역에 주둔시키고 약속을 기다렸다.
漢聞齊發兵而西 相國呂產乃遣大將軍灌嬰東擊之 灌嬰至滎陽 乃謀曰 諸呂將兵居關中 欲危劉氏而自立 我今破齊還報 是益呂氏資也 乃留兵屯滎陽 使使喩齊王及諸侯 與連和 以待呂氏之變而共誅之 齊王聞之 乃西取其故濟南郡 亦屯兵於齊西界以待約

여록呂祿과 여산呂産이 관중에서 난을 일으키고자 했지만, 주허후 및 태위 주발周勃과 승상 진평陳平 등이 주륙했다. 주허후가 가장 먼저 여산의 목을 베자 이에 태위 주발 등이 곧 여씨들을 남김없이 죽였다. 낭야왕도 제나라에서 장안에 이르렀다.
대신들이 의논해 제왕을 세우고자 했으나 낭야왕과 대신들이 말했다.
"제왕 어머니 집안 사균駟鈞은 모질고 어긋나서 호랑이에게 관모를 씌운 격입니다.① 바야흐로 여씨 때문에 얼마나 천하가 어지러워졌습니까. 지금 또 제왕을 세운다면 이는 여씨로 되돌리려는 것입니다. 대왕代王의 외가는 박씨薄氏인데, 군자君子보다도 낫습니다. 또 대왕은 고제의 아들로 친속이며 지금 남아 있는 자식 중에 보더라도 또 최고연장자입니다. 아들을 세우면 순리에 따르는 것이고 선인善人이기 때문에 곧 대신들도 편안할 것입니다."
이에 대신들은 대왕代王을 맞이해 옹립할 것을 모의하고 주허후를 보내서 여씨들을 죽인 일을 제왕에게 알리고 군사를 해산하도록 명령했다.
呂祿呂産欲作亂關中 朱虛侯與太尉勃丞相平等誅之 朱虛侯首先斬呂産 於是太尉勃等乃得盡誅諸呂 而琅邪王亦從齊至長安 大臣議欲立齊王 而琅邪王及大臣曰 齊王母家駟鈞 惡戾 虎而冠者也① 方以呂氏故幾亂天下 今又立齊王 是欲復爲呂氏也 代王母家薄氏 君子長者 且代王又親高帝子 於今見在 且最爲長 以子則順 以善人則大臣安 於是大臣乃謀迎立代王 而遣朱虛侯以誅呂氏事告齊王 令罷兵

① 惡戾 虎而冠者也악려 호이관자야

집해 장안이 말했다. "사균은 모질고 어긋나서, 마치 호랑이에게 관冠을 씌운 것과 같다는 말이다."

張晏曰 言鈞惡戾 如虎而箸冠

관영은 형양에 있다가 위발魏勃이 본래 제왕에게 모반할 것을 가르쳤으며 여씨들이 죽임을 당하고 제나라에서 군사가 해산되었다는 소식을 듣고, 사신을 보내 위발을 불러서 따져 물었다. 위발이 말했다.

"불 난 집에서 어느 겨를에 먼저 할아비에게 말을 한 뒤에 불을 끄겠습니까?"①

이로 인해 물러나 서 있는데 다리를 덜덜 떨며 두려워서 말을 못할 정도였으며, 끝내 다른 말이 없었다. 관영 장군이 뚫어져라 쳐다보고 웃으며 말했다.

"사람들은 위발이 용맹하다고 이르나 망령되고 용렬한 사람일 뿐이니② 무슨 일을 하겠는가?"

이에 위발을 놔줬다.③

灌嬰在滎陽 聞魏勃本教齊王反 旣誅呂氏 罷齊兵 使使召責問魏勃 勃曰 失火之家 豈暇先言大人而後救火乎① 因退立 股戰而栗 恐不能言者 終無他語 灌將軍熟視笑曰 人謂魏勃勇 妄庸人耳② 何能爲乎 乃罷③ 魏勃

① 失火之家~而後救火乎실화지가~이후구화호

색은 이것은 아마 옛 속담의 말이다. 불을 끄는 것이 급하면 먼저 가장家長에게 알릴 겨를이 없다는 것을 이른다. 그러므로 국가에 난難이 있다면 조서의 명을 기다릴 겨를이 없다는 뜻이다.

此蓋舊俗之言 謂救火之急 不暇先啓家長也 亦猶國家有難 不暇待詔命也

② 妄庸人耳망용인이

색은 살펴보니 망용은 무릇 망령되고 용렬한 사람이라는 것을 이른다.

按 妄庸謂凡妄庸劣之人也

③ 罷파

색은 파는 죄를 묻지 않고 놓아 보낸 것을 이른다.

罷謂不罪而放遣之

위발의 아버지는 비파를 잘 타서 진秦나라 황제를 알현했다. 위발이 젊었을 때 제나라 재상 조참曹參을 찾아뵙고자 했으나 집안이 가난해 스스로 통할 수 없었다. 이에 늘 홀로 아침저녁으로 제상齊相의 사인舍人 문밖을 청소했다. 재상의 사인舍人이 괴이한 인물[①]이라고 여기고 엿보다가 위발을 잡았다. 위발이 말했다.

"상군相君을 만나뵙기를 원하나 인연이 없으므로 그대의 청소를 해주고 만나뵙기를 구하려는 것입니다."

이에 사인은 위발이 조참을 만나도록 해주었고, 덕분에 사인이 되었다. 한번은 조참의 수레를 몰게 되었는데, 말하는 것과 일하는 것을 조참이 현명하다고 여기고 제나라 도혜왕悼惠王에게 말했다. 도혜왕이 불러 만나보고 곧 벼슬을 제수해 내사內史② 로 삼았다. 처음에 도혜왕은 스스로 2,000석의 관리를 두는 권한을 얻었다. 도혜왕이 죽고 애왕哀王이 왕위를 계승함에 이르러, 위발이 권력을 잡아 제나라 재상보다 중하게 여겼다.③

魏勃父以善鼓琴見秦皇帝 及魏勃少時 欲求見齊相曹參 家貧無以自通 乃常獨早夜埽齊相舍人門外 相舍人怪之 以爲物① 而伺之 得勃 勃曰 願見相君 無因 故爲子埽 欲以求見 於是舍人見勃曹參 因以爲舍人 一爲參御 言事 參以爲賢 言之齊悼惠王 悼惠王召見 則拜爲內史② 始 悼惠王得自置二千石 及悼惠王卒而哀王立 勃用事 重於齊相③

① 物물

색은 요씨가 말했다. "물物은 괴물이다."

姚氏云 物 怪物

② 內史내사

신주 수도首都 주변을 책임 관리하는 관직으로 진秦에서 설치했다. 한漢나라는 이를 좌우로 나누었는데 좌는 풍익馮翊, 우는 부풍扶豊이라 했고 좌우내사가 있었다. 수도는 경조윤京兆尹이다. 제후왕은 이를 본떠 역시 내사를 두어 봉국 전체를 책임지게 했다. 후한 때는 낙양으로 옮김에 따라, 그대로 경조윤과 풍익군과 부풍군이 되었다. 세 곳과 더불어 낙양을 둘러싼 하남, 하내, 하동, 홍농을 묶은 7개 군을 사례라 하고, 그 책임자를 사례교위司隸校尉라 했다. 낙양을 둘러싼 하남군 담당은 경조윤을 본떠 하남윤河南尹이라 했다.

③ 勃用事 重於齊相발용사 중어제상

신주 전한 초에 제후왕은 여러 군을 관할했는데, 그 나라에 설치된 관리로는 승상丞相, 태부太傅, 내사內史, 중위中尉 등이 있었으며 이 가운데 승상만 중앙 조정에서 임명하고 내사 등 나머지 관리는 제후왕이 직접 임명했다. 오초칠국吳楚七國의 난이 일어나 평정된 후는 모두 중앙에서 임명했다. 내사는 승상 다음가는 지위인데, 제왕은 중앙정부에서 파견한 승상보다 위발을 더 중요시하게 여기고 기밀업무를 맡겼다는 뜻이다.

제왕이 군사를 해산하고 돌아온 후 대왕代王이 와서 황제로 즉위하니 바로 효문제이다.
효문제 원년, 고후 때 분할되었던 제나라 성양城陽과 낭야와 제남군을 다시 제나라에 주고, 낭야왕을 옮겨 연왕으로 삼았으며, 주허후와 동모후는 각각 2,000호를 더 보태 봉했다.
이 해 제애왕이 죽고 태자 칙則이 계승했는데, 바로 문왕文王이다.
王既罷兵歸 而代王來立 是爲孝文帝 孝文帝元年 盡以高后時所割齊之城陽琅邪濟南郡復與齊 而徙琅邪王王燕 益封朱虛侯東牟侯各二千戶 是歲 齊哀王卒 太子(側)[則]立 是爲文王

제문왕 원년 한나라는 제나라 성양군에 주허후를 세워 성양왕으로 삼고, 제나라 제북군①에 동모후를 세워 제북왕으로 삼았다. 2년 제북왕이 반역하자 한나라에서 처단해 죽이고 그 땅을 한나라에 편입시켰다. 2년 뒤 효문제는 제도혜왕의 아들 파군罷軍②등 일곱 명을 모두 봉해서 모두 열후列侯가 되었다.③ 제문왕은 즉위한 지 14년에 죽었는데, 아들이 없어 봉국은 없어지고 땅은 한나라로 편입되었다.

齊文王元年 漢以齊之城陽郡立朱虛侯爲城陽王 以齊濟北郡①立東牟侯爲濟北王 二年 濟北王反 漢誅殺之 地入于漢 後二年 孝文帝盡封齊悼惠王子罷②軍等七人皆爲列侯③ 齊文王立十四年卒 無子 國除 地入于漢

① 濟北郡제북군

정의 지금의 제주濟州인데 제북왕濟北王이 도읍한 곳이다.

今濟州 濟北王所都

신주 제북군은 실제로는 제남군 서남쪽인데, 옛 노魯나라 북부를 포함한다. 이름 때문에 오해하여 제남군 북쪽에 있다고 생각하기 쉽다. 당시 제수濟水를 중심으로 제남은 제수 남쪽, 제북은 제수 북쪽이어서 붙은 이름이다. 제수는 서남에서 동북쪽으로 비스듬히 흐른다. 〈지리지〉에서 태산군 노현盧縣은 제북왕의 도읍지라 했다. 또 여기 제북군은 초한쟁패기의 제나라 제북과는 다른 곳이다.

② 罷파

정의 罷는 '부不'로 발음한다.

罷音不

③ 罷軍等七人 皆為列侯파군등칠인 개위열후

신주 〈혜경간후자연표〉에는 모두 아홉 명이다. 아마 뒤에 7왕에 간섭되어 잘못된 것으로 보인다. 9명은 관菅후 파군罷軍, 과구瓜丘후 영국寧國, 영營후 신信, 양허楊虛후 장려將廬, 력朸후 벽광辟光, 안도安都후 지志, 평창平昌후 앙卬, 무성武城후 현賢, 백석白石후 웅거雄渠이다. 모두 문제 4년 5월 갑인일에 봉해졌는데, 《한서》에서는 과구瓜丘후를 지병氏兵후라고 한다. 이들 중 몇몇은 12년 뒤에 제후왕이 된다.

여왕의 자살과 없어진 제나라

1년 뒤(문제 16) 효문제는 제나라를 나누어 도혜왕의 아들들을 봉해서 왕으로 삼았다. 이에 제효왕齊孝王 장려將閭는 도혜왕의 아들 양허후였는데 제왕齊王이 되었다. 옛 제나라를 나눈 군郡에 모두 도혜왕의 아들들을 왕으로 봉했다. 아들 지志는 제북왕, 아들 벽광辟光은 제남왕, 아들 현賢은 치천왕菑川王, 아들 앙卬은 교서왕膠西王, 아들 웅거雄渠는 교동왕膠東王이 되었으니, 성양왕城陽王과 함께 제나라 7왕이다.①

後一歲 孝文帝以所封悼惠王子分齊爲王 齊孝王將閭以悼惠王子楊虛侯爲齊王 故齊別郡盡以王悼惠王子 子志爲濟北王 子辟光爲濟南王 子賢爲菑川王 子卬爲膠西王 子雄渠爲膠東王 與城陽齊凡七王①

① 齊凡七王제범칠왕

색은 장려는 제왕, 지는 제북왕, 앙은 교서왕, 벽광은 제남왕, 현은 치천왕, 장章은 성양왕, 웅거는 교동왕이 된 것을 말한다.

謂將閭為齊王 志為濟北王 卬 膠西王 辟光 濟南王 賢 菑川王 章 城陽王 雄渠 膠東王

신주 제남은 제나라의 서쪽, 제북은 제남 서남쪽으로 옛 전국시대 제나라 서단이다. 치천은 제나라 동쪽이고 그 동쪽이 교서이며, 교서의 동쪽이 교동이고 즉묵卽墨이 수도이다. 교서의 남쪽에 성양국이 있는데, 수도는 거莒이다.

> 제효왕 11년 오왕 비濞와 초왕 무戊가 반역하고 군사를 일으켜 서쪽으로 가서 제후들에게 포고하여 말했다.
> "장차 한나라 적신賊臣인 조조鼂錯를 처단하고 종묘를 편안히 할 것이다."
> 교서, 교동, 치천, 제남국은 모두 멋대로 군사를 일으켜 오와 초에 응했다. 제나라와도 함께하고자 했으나 제효왕이 주저하며 성을 지키고 듣지 않자 3국① 군사들은 함께 제나라를 포위했다. 제왕은 노중대부路中大夫②를 보내 천자에게 보고했다.
> 齊孝王十一年 吳王濞楚王戊反 興兵西 告諸侯曰將誅漢賊臣鼂錯以安宗廟 膠西膠東菑川濟南皆擅發兵應吳楚 欲與齊 齊孝王狐疑 城守不聽 三國①兵共圍齊 齊王使路中大夫②告於天子

① 三國삼국

집해 장안이 말했다. "교서와 치천과 제남이다."

張晏曰 膠西菑川濟南也

② 路中大夫노중대부

집해 장안이 말했다. "성姓은 노路이고 중대부가 되었다."

張晏曰 姓路 爲中大夫

색은 살펴보니 노路는 성이고 중대부는 관직이라 하는데, 《사기》에서는 그의 이름을 빠뜨렸다. 그러므로 성씨와 관직만을 말했다. 고씨는 《노씨보》를 살펴보고 중대부의 이름을 앙卬이라 했다. 卬은 '앙[五剛反]'으로 발음한다.

按 路姓 爲中大夫官 史失其名 故言姓及官 顧氏按路氏譜中大夫名卬也 卬 五剛反

천자는 다시 노중대부에게 돌아가서 제효왕에게 알리게 했다.

"굳게 잘 지켜라! 우리 군사들이 지금 오와 초를 쳐부술 것이다."

노중대부가 도착했으나, 3국 군사들이 임치를 여러 겹으로 포위해서 들어갈 수 없었다. 3국 장수들이 겁박해 노중대부와 맹약하고 말했다.

"너는 돌아가서 한나라가 이미 격파되었으니, 제나라는 빨리 3국에 항복해야 장차 도륙당하지 않을 것이라고 말하라."

노중대부가 그렇게 하겠다고 승낙하고 성 아래에 이르러 제왕을 바라보고 말했다.

"한나라에서 이미 100만 군사를 일으켜 태위 주아부周亞夫에게 오吳와 초楚를 격파하게 했습니다. 바로 군사를 이끌고 제나라를 구원할 것이니, 제나라는 반드시 굳게 지켜서 항복하지 마십시오."

3국 장수들은 노중대부를 처단했다.①

天子復令路中大夫還告齊王 善堅守 吾兵今破吳楚矣 路中大夫至 三國兵圍臨菑數重 無從入 三國將劫與路中大夫盟曰 若反言漢已破矣 齊趣下三國 不且見屠 路中大夫旣許之 至城下 望見齊王曰 漢已發兵百萬 使太尉周亞夫擊破吳楚 方引兵救齊 齊必堅守無下 三國將誅路中大夫①

① 三國將誅路中大夫삼국장주노중대부

신주 이 고사는 춘추시대 진晉나라 해양解揚이 초楚나라의 포위에서 송宋나라 구원을 약속하면서 초나라를 속이고 한 말과 같으며, 고대사에서 숱하게 언급되어 나온다. 다른 점이라면, 해양은 초나라 장왕莊王의 배려로 살았지만, 노중대부는 죽었다. 해양의 이야기는 〈진세가〉에 나온다.

제나라는 처음에 포위당했을 때 다급해지자 몰래 3국과 통하며 모의했으나, 약속을 정하기 전에 때마침 노중대부가 한나라에서 왔다는 소식을 듣고 기뻐했고 대신들은 이에 왕에게 3국에 항복하지 말 것을 거듭 권했던 것이다.

얼마 지나서 한나라 장수 난포欒布①와 평양후平陽侯② 등의 군사가 제나라에 이르러서 3국 군사를 격파하고 제나라의 포위를 풀었다. 이윽고 다시 제나라가 처음에 3국과 모의했다는 소식을 듣고 장차 군사를 이동하여 제나라를 정벌하려고 했다. 제효왕은 두려워서 약을 먹고 자살했다.

齊初圍急 陰與三國通謀 約未定 會聞路中大夫從漢來 喜 及其大臣乃復勸王毋下三國 居無何 漢將欒布[①]平陽侯[②]等兵至齊 擊破三國兵 解齊圍 已而復聞齊初與三國有謀 將欲移兵伐齊 齊孝王懼 乃飮藥自殺

① 欒布난포

신주 난포(?~서기전 145)는 양梁나라 사람이다. 연燕에서 노예로 있을 때 장도臧荼에게 발탁되었고, 장도가 연왕燕王이 되면서 장군이 되었다. 한나라가 연을 쳐서 난포는 사로잡혔는데, 양왕梁王 팽월彭越이 구해주고 양나라 대부로 삼았다. 그 후 팽월이 모반죄로 효수되자 그의 제사를 지낸 죄로 고조가 문책하여 죽이려 하자, 팽월의 공적과 정당치 못한 판결을 고조에게 설파했다. 고조는 난포의 죄를 용서하고 도위都尉에 임명했다. 문제 때, 연나라 재상과 장군이 되었다. 〈계포난포열전〉에 자세히 나온다.

② 平陽侯평양후

색은 〈고조공신후자연표〉를 살펴보니 이는 간후簡侯 조기曹奇이다.
按表是簡侯曹奇也

신주 고조의 공신 평양 의후懿侯 조참曹參이 조기의 할아버지이며, 아버지는 정후靖侯 줄窋이다. 조기는 문제 후4년(서기전 160) 조줄의 뒤를 이었고 오초칠국의 난을 제압한 경제 3년에 세상을 떠났다. 〈고조공신후자연표〉와 〈조상국세가〉에 자세히 나온다.

경제가 듣고 제나라가 처음에는 착했으나 겁박 때문에 모의했으니 그것은 죄가 아니라고 했다. 이에 효왕의 태자 수壽를 옹립하여 제왕으로 삼았는데 그가 의왕懿王이 되어 제나라는 후대가 이어졌다. 그리고 교서·교동·제남·치천왕은 모두 죽임을 당하고 봉국을 없앴으며 땅을 한나라에 들였다. 제북왕을 옮겨서 치천왕으로 삼았다. 제의왕은 즉위한 지 22년에 죽고 아들 차경次景이 즉위했는데,① 바로 여왕厲王이다.

景帝聞之 以爲齊首善 以迫劫有謀 非其罪也 乃立孝王太子壽爲齊王 是爲懿王 續齊後 而膠西膠東濟南菑川王咸誅滅 地入于漢 徙濟北王王菑川 齊懿王立二十二年卒 子次景立① 是爲厲王

① 子次景立자차경립

신주 〈한흥이래제후왕연표〉와 《한서》 등에서 모두 '차창次昌'이라 한다.

제여왕은 어머니가 기태후紀太后이다. 태후는 동생 기씨紀氏의 딸을 취해서 여왕의 왕후로 삼았으나, 왕은 기씨의 딸을 사랑하지 않았다. 이에 태후가 그의 집안이 대대로 총애를 받으려고① 장녀 기옹주紀翁主②를 왕궁으로 들여보내 후궁들을 바로잡아 왕을 가까이하지 못하게 하고, 기씨의 딸을 사랑하게 하려 했다. 왕은 이로 인하여 그의 누나인 옹주와 간통했다.

齊厲王 其母曰紀太后 太后取其弟紀氏女爲厲王后 王不愛紀氏女

太后欲其家重寵[①] 令其長女紀翁主[②]入王宮 正其後宮 毋令得近王 欲令愛紀氏女 王因與其姊翁主姦

① 重寵중총

색은 重은 '죵[直龍反]'으로 발음한다. 대대로 왕궁王宮에서 총애받아 귀해지는 것을 이른다.

重 直龍反 謂欲世寵貴於王宮也

신주 왕은 아들이고 왕후는 조카딸이니, 그녀가 총애받아 낳은 자식이 제후왕으로 계승하게 하기 위한 것이다.

② 紀翁主기옹주

색은 살펴보니 여순이 말했다. "제후왕의 딸을 옹주라고 한다. 그의 어머니 성으로 일컬었기 때문에 기옹주라고 했다."

按 如淳云 諸王女云翁主 稱其母姓 故謂之紀翁主

제나라 환관 중에 서갑徐甲이 있었는데 한나라에 들어가 한나라 황태후皇太后[①]를 섬겼다. 황태후는 사랑하는 딸이 있어서 수성군脩成君이라 했는데 수성군은 유씨劉氏가 아니어서[②] 태후가 가련하게 여겼다. 수성군에게 딸이 있는데 이름은 아娥였다. 태후는 제후에게 그녀를 시집보내고자 했다. 이에 환관 서갑이 제나라에 사신으로 가기를 청하고, 반드시 왕에게 글을 올려서 아를 초청토록 하겠다고 했다.

齊有宦者徐甲 入事漢皇太后[①] 皇太后有愛女曰脩成君 脩成君非劉氏[②] 太后憐之 脩成君有女名娥 太后欲嫁之於諸侯 宦者甲乃請使齊 必令王上書請娥

① 皇太后황태후

색은 왕태후이며 무제의 어머니를 이른다.

謂王太后 武帝母也

② 脩成君非劉氏수성군비유씨

집해 장안이 말했다. "왕태후가 지난날 김씨金氏에게 시집가서 낳은 딸이다."

張晏曰 王太后前嫁金氏所生

황태후가 기뻐하고 서갑을 제나라로 보냈다. 이때 제나라 사람 주보언主父偃[①]은 서갑이 제나라에 사신으로 가는 것이 태후의 혼사 때문임을 알고, 또한 이를 기회로 서갑에게 일러 말했다.

"곧 일이 성사되고 나면, 바라건대 제 딸이 왕의 후궁 자리를 얻기 원한다고 말씀해 주십시오."

서갑은 제나라에 도착해서 이 일을 넌지시 알려주었다. 기태후는 크게 노하여 말했다.

"왕에게는 후后가 있고 후궁이 갖추어져 있다. 더구나 서갑은 제나라의 가난한 사람으로 급히[2] 환관이 되어 한나라를 섬기러 들어갔으나 보탬이 없었는데, 우리 왕가까지 어지럽히려고 하는구나! 또 주보언은 어떤 놈이기에 딸을 후궁으로 넣으려고 하는가?"

皇太后喜 使甲之齊 是時齊人主父偃[1]知甲之使齊以取后事 亦因謂甲 即事成 幸言偃女願得充王後宮 甲既至齊 風以此事 紀太后大怒 曰 王有后 後宮具備 且甲 齊貧人 急[2]乃爲宦者 入事漢 無補益 乃欲亂吾王家 且主父偃何爲者 乃欲以女充後宮

① 主父偃주보언

신주 주보언(?~서기전 125)은 전한 중기의 제나라 임치현 사람이다. 종횡가의 학술과 《역경》 및 《춘추》를 익혔다. 이를 토대로 조정에 율령과 흉노 정벌에 관한 글을 올렸다. 낭중으로 발탁되었고, 계속 승진하여 중대부가 되었다. 무제에게 제후의 봉지를 나누어 자제를 열후에 봉하라는 계책을 말하여 제후왕의 권력을 약화시키게 했는데, 이것이 추은령推恩令이다.

② 急급

집해 서광이 말했다. "다른 판본에는 급及으로 되어 있다."

徐廣曰 一作及

서갑은 크게 궁해져서 돌아와 황태후에게 보고했다.

"왕은 이미 아娥에 장가들기를 원하나, 한 가지 해로운 것이 있으니 연왕燕王과 같을까 우려합니다."

연왕은 그 자식 및 형제들과 간통하여[①] 최근에 연좌되어 죽고 국가는 망했다. 그러므로 연나라의 사건을 가지고 태후에게 느끼게 한 것이다. 태후가 말했다.

"다시는 제나라로 딸을 시집보내는 일을 말하지 말라."

일이 점점 번져서 천자에게 알려졌다. 주보언은 이 때문에 또한 제나라와 틈이 생겼다.

徐甲大窮 還報皇太后曰 王已願尙娥 然有一害 恐如燕王 燕王者 與其子昆弟姦[①] 新坐以死 亡國 故以燕感太后 太后曰 無復言嫁女齊事 事浸潯(不得)聞於天子 主父偃由此亦與齊有郤

① 燕王者 與其子昆弟姦 연왕자 여기자곤제간

신주 〈형연세가〉에 나오듯이, 연왕 유택劉澤의 손자 연왕 정국定國이 한 행위를 말한다. 무제 원삭 원년(서기전 128)의 일이다.

주보언이 천자에게 막 총애를 받아 권력을 쥐자, 이로 인해 말했다.

"제나라 임치는 10만 호이고 시장의 세금은 1,000금이며[①] 사람이 많고 부유해 장안보다 큰데, 천자의 친한 아우나 아끼는 아들이 아니라면 이곳에서 왕을 하면 안 될 것입니다. 지금 제왕은 친속에서 더 멀어졌습니다.[②]”

이에 조용히 말했다.

“여태후 때 제나라가 반역하려 했고(애왕이 거사한 일), 오초의 난 때 효왕은 거의 난을 만들 뻔했습니다. 지금 듣자니 제왕은 누나와 난음했다고 합니다.”

主父偃方幸於天子 用事 因言 齊臨菑十萬戶 市租千金[①] 人衆殷富 巨於長安 此非天子親弟愛子不得王此 今齊王於親屬益疏[②] 乃從容言 呂太后時齊欲反 吳楚時孝王幾爲亂 今聞齊王與其姊亂

① 市租千金시조천금

색은 시조市租는 판 물건에서 내는 세금으로 날마다 1,000금을 받았음을 이른다. 제나라는 사람이 많고 또 부유했다는 말이다.

市租謂所賣之物出稅 日得千金 言齊人衆而且富也

② 今齊王於親屬益疏금제왕어친속익소

신주 예법에 8촌이 넘어가면 친속이 아니라고 한다. 이때 제왕 차창은 한무제와 7촌이 되어 이미 먼 친속이 되었다.

이에 천자가 주보언을 제수해 제나라 재상宰相으로 삼고 장차 그 일을 바로잡도록 했다. 주보언은 이윽고 제나라에 이르러서 급하게 왕의 후궁을 관리하는 환관 중에 왕을 위해 누나인 옹주와 통하게 한 자를 다스려 그들의 말을 증거로 삼아 왕을 끌어내려 했다.

왕은 나이가 어렸는데, 큰 죄로 여기고 관리에게 체포되어 죽을 것을 두려워하여 약을 마시고 자살했다. 후사가 없어 단절되었다. 이때 조왕趙王은 주보언이 한 번 나가서 제나라를 없앤 것을 두려워했고, 혹시 그가 점점 골육 사이를 멀어지게 할까 우려해서 글을 올려 "주보언이 금전을 받았고 또 크고 작은 단점만을 말했다."라고 했다.① 그래서 천자가 또한 주보언을 가두었다. 공손홍이 말했다.

"제왕이 근심으로 죽고 후사가 없어서 나라는 한나라에 편입되었는데, 주보언을 죽이지 않는다면 천하의 원망을 막을 길이 없습니다."

결국 주보언을 죽였다.

제나라 여왕厲王은 즉위한 지 5년에 죽고 후사가 없어, 봉국은 한나라로 편입시켰다.②

於是天子乃拜主父偃爲齊相 且正其事 主父偃旣至齊 乃急治王後宮宦者爲王通於姊翁主所者 令其辭証皆引王 王年少 懼大罪爲吏所執誅乃飮藥自殺 絶無後 是時趙王懼主父偃一出廢齊 恐其漸疏骨肉 乃上書言偃受金及輕重之短① 天子亦旣囚偃 公孫弘言 齊王以憂死毋後 國入漢 非誅偃無以塞天下之望 遂誅偃 齊厲王立五年死 毋後 國入于漢②

① 受金及輕重之短수금급경중지단

색은 주보언이 제나라에서 자신의 딸을 취하지 않은 데 원한을 가지고 있었다. 이로 인해 제나라의 단점을 말하고 크고 작은 이야기를 만든 것을 이른다. 임치臨菑의 부유함과 오초吳楚와 효왕孝王 때의 일을 일러 말한 것을 말한다.

謂偃挾齊不娶女之恨 因言齊之短 爲輕重之辭 謂言臨菑富及吳楚孝王時事是也

② 齊厲王立五年死 毋後 國入于漢제여왕립오년사 무후 국입우한

신주 이때가 원삭 2년(서기전 127)이다. 연왕 유정국이 폐해진 다음해이다. 제나라는 한나라에 편입시켰다가 10년 후인 서기전 117년, 무제가 왕부인 사이에서 낳은 유굉劉閎을 세웠는데, 바로 제회왕齊懷王이다.

제三장

제나라 방계 성양국과 치천국

도혜왕의 후예는 아직 두 나라가 있었는데, 성양과 치천이다. 치천의 국토는 제나라와 가까웠다. 천자는 제나라를 애처롭게 여겼으며, 도혜왕 무덤이 제군齊郡에 있었기 때문에 도혜왕 무덤을 둘러싸고 있는 임치의 동쪽 읍을 떼어내 모두 치천에 주어 도혜왕의 제사를 받들게 했다.

齊悼惠王後尙有二國 城陽及菑川 菑川地比齊 天子憐齊 爲悼惠王冢園在郡 割臨菑東環悼惠王冢園邑盡以予菑川 以奉悼惠王祭祀

성양경왕城陽景王 유장劉章① 은 도혜왕의 아들이다. 주허후朱虛侯 신분으로 대신들과 함께 여씨들을 죽였는데, 유장은 몸소 앞장서서 먼저 상국 여왕呂王 여산呂産을 미앙궁未央宮에서 참수했다.
효문제는 즉위하고 나서 유장에게 2,000호를 더해 봉하고 1,000근의 금을 하사했다. 효문제 2년 제나라 성양군에 유장을 옹립해서 성양왕으로 삼았다.
즉위한 지 2년에 죽고 아들 희喜가 즉위했는데, 바로 공왕共王이다.

城陽景王章[1] 齊悼惠王子 以朱虛侯與大臣共誅諸呂 而章身首先斬相國呂王產於未央宮 孝文帝既立 益封章二千戶 賜金千斤 孝文二年 以齊之城陽郡立章爲城陽王 立二年卒 子喜立 是爲共王

① 城陽景王章성양경왕장

정의 〈한흥이래제후왕연표〉에서 말한다. "거莒에 도읍했다."

年表云 都莒也

공왕 8년, 왕을 회남淮南으로 옮겼다.[1]

4년 만에 다시 돌아와 성양에서 왕노릇을 했다.

도합 33년에 죽고 아들 연延이 즉위하니, 바로 경왕頃王이다.

경왕은 26년에 죽고 아들 의義가 즉위하니, 바로 경왕敬王이다.

경왕은 9년에 죽고 아들 무武가 즉위하니, 바로 혜왕惠王이다.[2]

혜왕은 11년에 죽고 아들 순順이 즉위하니, 바로 황왕荒王이다.

황왕은 46년에 죽고 아들 회恢가 즉위하니,[3] 바로 대왕戴王이다.

대왕은 8년에 죽고 아들 경景이 즉위했는데, 건시建始[4] 3년에 이르러 15년 만에 죽었다.[5]

共王八年 徙王淮南[1] 四年 復還王城陽 凡三十三年卒 子(建)延立 是爲頃王 頃王二十(八)[六]年卒 子義立 是爲敬王 敬王九年卒 子武立 是爲惠王[2] 惠王十一年卒 子順立 是爲荒王 荒王四十六年卒 子恢立[3] 是爲戴王 戴王八年卒 子景立 至建始三年[4] 十五歲 卒[5]

① 徙王淮南사왕회남

색은 살펴보니 효문제 12년에 해당한다.

按 當孝文帝之十二年也

정의 〈한흥이래제후왕연표〉에서 말한다. "(회남국은) 진陳에 도읍했다."

年表云都陳也

신주 위의 정의 에서 회남국 도읍을 진陳이라 한 것은 회양국淮陽國으로 착각한 것이다. 회남국 수도는 언제나 수춘壽春이다. 유희는 문제 6년에 회남왕 유장劉長이 폐출되었기 때문에 옮길 수 있었다. 문제 16년 제나라를 대거 분할하여 여러 왕들을 세우면서 유희 역시 다시 성양으로 옮겼다. 회남에는 유장의 아들 유안劉安을 왕으로 봉했다. 그가 《회남자》를 지은 유안이다.

② 武立 是為惠王무립 시위혜왕

신주 혜왕은 무제 천한天漢 3년(서기전 98)에 죽으므로, 이때부터는 사마천의 기록이 아니라 저소손의 기록이 된다.

③ 恢立회립

집해 서광이 말했다. "(황왕의 죽음은) 선제宣帝 감로 2년이다."

徐廣曰 甘露二年

④ 建始건시

정의 건시는 성제成帝의 연호이다. 건시 4년부터 위로 천한 4년에 이르기까지 67년인데, 아마 저선생이 이어 기록한 것이다.

建始 成帝年號 從建始四年上至天漢四年 六十七矣 蓋褚先生次之

⑤ 至建始三年 十五歲 卒지건시삼년 십오세 졸

신주 《한서》〈제후왕표〉 기록은 다르다. 경景은 24년 재위했는데 시호는 효孝이다. 계산하면, 효왕 유경은 성제 홍가鴻嘉 원년에 죽는다. 저소손의 기록은 정확하지 못한 것이 많은데 건시 3년은 15년이 아니라 14년이어야 한다. 저소손의 기록보다는 《한서》가 더 정확하다.

또 《한서》에서 이 뒤로 애왕哀王 운雲이 1년, 아우 소紹가 25년을 재위했는데, 왕망王莽이 한나라를 찬탈하여 성양국을 폐했다고 한다. 결국 성양국은 전한前漢이 끝날 때까지 이어진 셈이다.

제북왕濟北王 흥거興居① 는 도혜왕의 아들이며 동모후東牟侯로 대신들이 여씨들을 죽이는 것을 도왔지만 공은 적었다. 문제가 대代에서 오기에 이르자 흥거가 말했다.

"청컨대 태복太僕 영嬰과 함께 들어가 궁을 말끔히 치우겠습니다.②"

소제少帝를 폐하고 대신들과 함께 효문제를 받들어 옹립하였다.

濟北王興居① 齊悼惠王子 以東牟侯助大臣誅諸呂 功少 及文帝從代來 興居曰 請與太僕嬰入淸宮② 廢少帝 共與大臣尊立孝文帝

① 濟北王興居제북왕흥거

정의 제주에 도읍했다.

都濟州也

② 入清宮입청궁

신주 당시 황궁에는 여후가 세운 황제 소제少帝가 있었다. 유홍거의 말은 이 소제를 제거하겠다는 말이고 실제로 그렇게 했다.

> 효문제 2년, 제齊나라 제북군에 홍거를 세워 제북왕으로 삼고 성양왕과 함께 즉위하게 했다. 즉위한 지 2년에 모반했다.
>
> 처음 대신들이 여씨들을 죽일 때 주허후의 공로가 가장 컸다. 이에 조나라 땅을 남김없이 주허후에게 주어 왕으로 삼고, 양나라 땅을 남김없이 동모후에게 주어 왕으로 삼는 것을 허락했다. 효문제가 즉위해서 주허후와 동모후가 처음에 제왕齊王을 세우려고 했다는 말을 들었다. 그래서 그의 공을 줄였다.
>
> 2년에 이르러 여러 아들을 왕으로 봉할 때 제나라 두 군을 떼어내 유장과 유홍거를 왕으로 삼았는데, 유장과 유홍거는 스스로 (조왕과 양왕의) 직분을 잃고 공을 빼앗겼다고 여겼다.
>
> 孝文帝二年 以齊之濟北郡立興居爲濟北王 與城陽王俱立 立二年 反 始大臣誅呂氏時 朱虛侯功尤大 許盡以趙地王朱虛侯 盡以梁地王東牟侯 及孝文帝立 聞朱虛東牟之初欲立齊王 故絀其功 及二年 王諸子 乃割齊二郡以王章興居 章興居自以失職奪功

유장이 죽고 유흥거는 흉노가 크게 한나라로 쳐들어오자[①] 한나라에서 많은 군사를 징발해 승상 관영灌嬰을 시켜서 공격하게 했고, 또 문제가 친히 태원太原으로 행차했다는 소식을 들었다. 흥거는 천자가 스스로 흉노를 친다고 생각해서 마침내 군사를 일으켜 제북에서 반란했다.

천자는 이 소식을 듣고 승상(관영灌嬰)이 이끄는 병력의 임무를 취소시키고 모두 장안으로 돌아오게 했다. 극포후棘蒲侯 시장군柴將軍[②]을 시켜 제북왕을 쳐서 깨뜨리고 제북왕을 포로로 잡았는데, 왕은 자살했으며 봉국 땅은 한나라로 들어가 군郡이 되었다.

章死 而興居聞匈奴大入漢[①] 漢多發兵 使丞相灌嬰擊之 文帝親幸太原 以爲天子自擊胡 遂發兵反於濟北 天子聞之 罷丞相及行兵 皆歸長安 使棘蒲侯柴將軍[②]擊破虜濟北王 王自殺 地入于漢 爲郡

① 章死 而興居聞匈奴大入漢장사 이흥거문흉노대입한

신주 유장이 죽고 흉노가 대거 침입한 것은 문제 3년(서기전 177)이다. 〈효문본기〉에서 유장은 4월에 죽고 5월에 흉노가 침입했으며 6월에 유흥거가 모반했다. 문제文帝는 7월에 수도로 돌아왔고 8월에 제북국을 쳐부수고 흥거를 사로잡았으며, 흥거와 함께 반란을 일으킨 사람들을 모두 사면시켰다고 기록하고 있다.

② 棘蒲侯柴將軍극포후시장군

집해 장안이 말했다. "시무이다."

張晏曰 柴武

신주 극포후 진무陳武이며, 시무라고도 한다. 당시 대장군으로 삼았다.

> 13년 뒤 문제 16년 다시 제도혜왕의 아들 안도후安都侯[①] 지志를 제북왕으로 삼았다.
> 11년 만에 오吳와 초楚가 반역할 때, 지는 굳게 지켰으며 제후들과 함께 연합하여 모의하지 않았다.[②] 오와 초가 평정되고 나서 지를 옮겨 치천왕으로 삼았다.
> 後十(二)[三]年 文帝十六年 復以齊悼惠王子安都侯[①]志爲濟北王 十一年 吳楚反時 志堅守 不與諸侯合謀[②] 吳楚已平 徙志王菑川

① 安都侯안도후

색은 〈지리지〉에서는 안도安都가 빠졌다.

地理志安都闕

정의 안도 고성은 영주瀛州 고양현高陽縣 서남쪽 39리에 있다.

安都故城在瀛州高陽縣西南三十九里

② 志堅守 不與諸侯合謀지견수 불여제후합모

신주 《사기지의》에서 말한다. "제북왕 지는 낭중령에게 겁박당해 군사를 일으키지 못하고 지켰을 뿐이다. 〈오왕비전〉에 보이며 이곳의 말은 사실이 아니다." 그는 동조하지 않았기 때문에 행운을 얻어 천수를 누리고 후손을 번성시켰다.

제남왕 벽광辟光① 은 제도혜왕의 아들이며 늑후勒侯② 로 효문제 16년 제남왕이 되었다.
11년 만에 오와 초와 더불어 반역했다. 한나라에서 공격해 파하고 벽광을 죽였으며, 제남을 군으로 만들어 땅을 한나라에 들였다.
濟南王辟光① 齊悼惠王子 以勒侯②孝文十六年爲濟南王 十一年 與吳楚反 漢擊破 殺辟光 以濟南爲郡 地入于漢

① 濟南王辟光제남왕벽광

정의 辟은 '벽壁'으로 발음한다. 제남군에 도읍했다.

辟音壁 都濟南郡

② 勒侯늑후

색은 늑勒은 《한서》에는 '역朸'으로 되어 있다. 아울러 음은 '력力'이다. 〈지리지〉에서 현 이름이고 평원군에 속한다.

勒 漢書作朸 竝音力 地理志縣名 屬平原也

신주 〈혜경간후자연표〉에서도 역시 역朸이라 한다. 여기서는 글자가 비슷하여 잘못 기록한 것이다.

치천왕 현賢① 은 제도혜왕의 아들이며 무성후武城侯② 로 문제 16년 치천왕이 되었다.
11년 만에 오와 초와 더불어 반역했다. 한나라가 쳐서 깨뜨리고 유현을 죽였다.
菑川王賢① 齊悼惠王子 以武城②侯文帝十六年爲菑川王 十一年 與吳楚反 漢擊破 殺賢

① 菑川王賢치천왕현

정의 〈한홍이래제후왕연표〉에서 말한다. "치천왕은 극劇에 도읍했다." 옛 성은 청주 수광현壽光縣 서쪽 31리에 있다.

年表云淄川王都劇 故城在青州壽光縣西三十一里

신주 제나라 수도 임치에서 상당히 가까운 곳이다.

② 武城무성

색은 〈지리지〉에서 현 이름이고 평원군에 속한다.

地理志縣名 屬平原

정의 패주현이다.

貝州縣

신주 같은 색은 의 주석인데, 〈혜경간후자연표〉 주석에는 〈지리지〉에 없다고 했다. 현재 〈지리지〉에는 평원군에 무성현武城縣이 없다. 《사기지의》에서는 '남성南城'이 옳다고 주장한다.

천자는 이로 인해 제북왕 지志를 옮겨서 치천왕으로 삼았다. 지도 제도혜왕의 아들이며 안도후安都侯로 제북왕이 되었다. 치천왕이 반역했고 후사가 없자 이에 제북왕을 옮겨서 치천왕으로 삼은 것이다.
즉위하여 도합 35년 만에 죽어 시호를 의왕懿王이라고 했다. 아들 건建이 계승하여 즉위했는데, 바로 정왕靖王이다.
정왕은 20년에 죽고 아들 유遺가 즉위하니, 바로 경왕頃王이다.①
경왕은 36년에 죽고② 아들 종고終古가 즉위하니, 바로 사왕思王이다.
사왕은 28년에 죽고 아들 상尙이 즉위하니, 바로 효왕孝王이다.
효왕은 5년에 죽고③ 아들 횡橫이 즉위했는데,④ 성제成帝 건시建始⑤ 3년에 이르러 11년 만에 죽었다.

天子因徙濟北王志王菑川 志亦齊悼惠王子 以安都侯王濟北 菑川王反毋後 乃徙濟北王王菑川 凡立三十五年卒 謚爲懿王 子建代立 是爲靖王 二十年卒 子遺代立 是爲頃王① 三十六年卒② 子終古立 是爲思王 二十八年卒 子尙立 是爲孝王 五年卒③ 子橫立④ 至建始⑤三年 十一歲 卒

① 是為頃王시위경왕

신주 이 기록부터 저소손이 이어서 기록한 것이다.

② 三十六年卒삼십육년졸

신주 《한서》 〈제후왕표〉에서 경왕 유遺의 재위는 35년이라 하여, 여기 기록보다 1년 적다.

③ 是為孝王 五年卒시위효왕 오년졸

신주 《한서》〈제후왕표〉에서 시호는 효孝가 아니라 고考라고 하며, 재위는 6년이라 하여 여기 기록보다 1년 많다. 여기서 경왕은 1년 많고 상尙은 1년 적으니, 총계로는 같다.

④ 子橫立자횡립

신주 《한서》〈제후왕표〉에서 횡을 효왕이라 한다. 또 11년이 아니라 31년에 죽었다고 한다. 그러므로 여기서는 저소손이 잘못 기록한 것으로 보인다.

⑤ 建始건시

정의 또한 저소손이 이어 기록한 것이다.

亦褚少孫次之

신주 《한서》〈제후왕표〉에서 효왕 유횡을 이어 회왕懷王 우友가 6년, 왕 영永이 22년을 즉위했는데, 왕망王莽이 한나라를 찬탈하여 치천국을 폐했다고 한다. 결국 성양국과 마찬가지로 치천국도 전한前漢이 끝날 때까지 이어진 셈이다.

> 교서왕 앙卬①은 제도혜왕의 아들이며 창평후昌平侯②로 문제 16년 교서왕이 되었다.
>
> 11년 만에 오와 초와 더불어 반역하자 한나라가 쳐서 깨뜨리고 유앙을 죽였다. 땅은 한나라에 들어가 교서군이 되었다.

膠西王卬[①] 齊悼惠王子 以昌平[②]侯文帝十六年爲膠西王 十一年 與吳楚反 漢擊破 殺卬 地入于漢 爲膠西郡

① 膠西王卬교서왕앙

정의 卬은 '앙[五郎反]'으로 발음한다. 〈한홍이래제후왕연표〉에서 고원高苑에 도읍했다고 한다. 《괄지지》에서 말한다. "고원 고성은 치주淄州 장산현 북쪽 4리에 있다."

卬 五郎反 年表云都高苑 括地志云 高苑故城在淄州長山縣北四里

신주 〈지리지〉에 따르면 고밀국高密國은 옛날 제나라 땅이었는데, 문제 16년에 따로 교서국膠西國이 되었다고 한다. 고밀현은 교동국의 도읍인 즉묵 서쪽이니, 교동과 교서란 이름이 서로 짝한다. 교서국의 도읍 완宛의 위치는 특정할 수 없으나, 아마 이 부근일 것이다. 또 '완'과 '고밀'은 뜻이 서로 통한다. 즉 제나라로부터 동쪽으로 차례로 치천, 교서, 교동이 있었고, 교서 남쪽에 성양국이 자리했다. 모두 오늘날 산동반도에 있다.

② 昌平창평

정의 《괄지지》에서 말한다. "창평 고성은 유주幽州 동남쪽 60리에 있다."

括地志云 昌平故城在幽州東南六十里也

신주 이 기록은 정확하지 않다. 〈혜경간후자연표〉에는 평창平昌이라 했으며, 《한서》 등의 기록을 검토해도 이 기록이 잘못이다. 《사기지의》에서는 《수경주》에 따라 낭야군 평창이라고 고증하고 있다.

교동왕 웅거雄渠①는 제도혜왕의 아들이며 백석후白石侯②로 문제 16년 교동왕이 되었다.
11년 만에 오와 초와 더불어 반역했다. 한나라에서 쳐서 깨뜨리고 웅거를 죽였다. 땅은 한나라에 들어가 교동군이 되었다.
膠東王雄渠① 齊悼惠王子 以白石②侯文帝十六年爲膠東王 十一年 與吳楚反 漢擊破 殺雄渠 地入于漢 爲膠東郡

① 膠東王雄渠교동왕웅거

정의 〈한흥이래제후왕연표〉에서 즉묵에 도읍했다고 한다. 살펴보니 즉묵 고성은 내주 교동현 남쪽 60리에 있다.

年表云都即墨 按 即墨故城在萊州膠東縣南六十里

신주 교동 동쪽에 또 동래군이 있었는데, 이때 어느 소속인지는 불분명하다. 위치로 보면 교동국에서 함께 관리했을 가능성이 많다.

② 白石백석

색은 〈지리지〉에서 현 이름이고 금성군에 속한다.

地理志縣名 屬金城

정의 백석 고성은 덕주 안덕현 북쪽 20리에 있다.

白石古城在德州安德縣北二十里

신주 당시 금성은 흉노 땅이었다. 《사기지의》에서는 정의 에 나오는 평원군 안덕현 북쪽이라 한다.

태사공은 말한다.

제후의 대국大國 중에 제도혜왕을 넘어서는 나라는 없었다. 중원이 처음으로 안정되었으나 자제들은 어렸다. 하지만 진秦나라가 한 자의 땅도 (친속에게) 봉한 일이 없는 것에 분격했다. 그래서 대거 동성同姓을 봉해서 온 백성의 마음을 진정시켰다. 뒤에 땅이 나눠지기에 이르렀는데 참으로 당연한 이치로다![①]

太史公曰 諸侯大國無過齊悼惠王 以海內初定 子弟少 激秦之無尺土封 故大封同姓 以塡萬民之心 及後分裂 固其理也[①]

① 及後分裂 固其理也급후분열 고기리야

신주 말이 좀 어렵긴 하지만, 시대가 흐를수록 제후왕의 자손이 늘어나니 봉토를 나누어 후대를 계속 봉해야 하는 이치가 당연하다는 말로 생각된다.

색은술찬 사마정이 펼쳐서 밝히다.

한나라는 진나라 제도를 교훈삼아, 병풍을 치고 스스로 굳세게 했다. 바다를 낀 큰 나라를 모두 제왕에게 봉했다. 여후가 방자하다고 노하자 곧 성양군을 바쳤다. 애왕이 이어 즉위했으나 그 힘을 헤아리지 못했다. 주허후는 한나라에서 벼슬하여 좋은 책략으로 큰 공을 세웠다. 동모후는 상을 받았지만 난을 일으켜 재앙을 끼쳤다. 교동과 제북에서는[①] 웅거와 벽광이 왕이 되었다. 제나라는 비록 7국이 되었으나 충효자가 번창했구나!

漢矯秦制 樹屛自彊 表海大國 悉封齊王 呂后肆怒 乃獻城陽 哀王嗣立 其力不量 朱虛仕漢 功大策長 東牟受賞 稱亂貽殃 膠東濟北① 雄渠辟光 齊雖七國 忠孝者昌

① 膠東濟北교동제북

신주 <한흥이래제후왕연표>에 유웅거는 교동왕이고, 유벽광은 제남왕이다. 제북왕은 유지劉志이다.

[지도 4] 제도혜왕세가

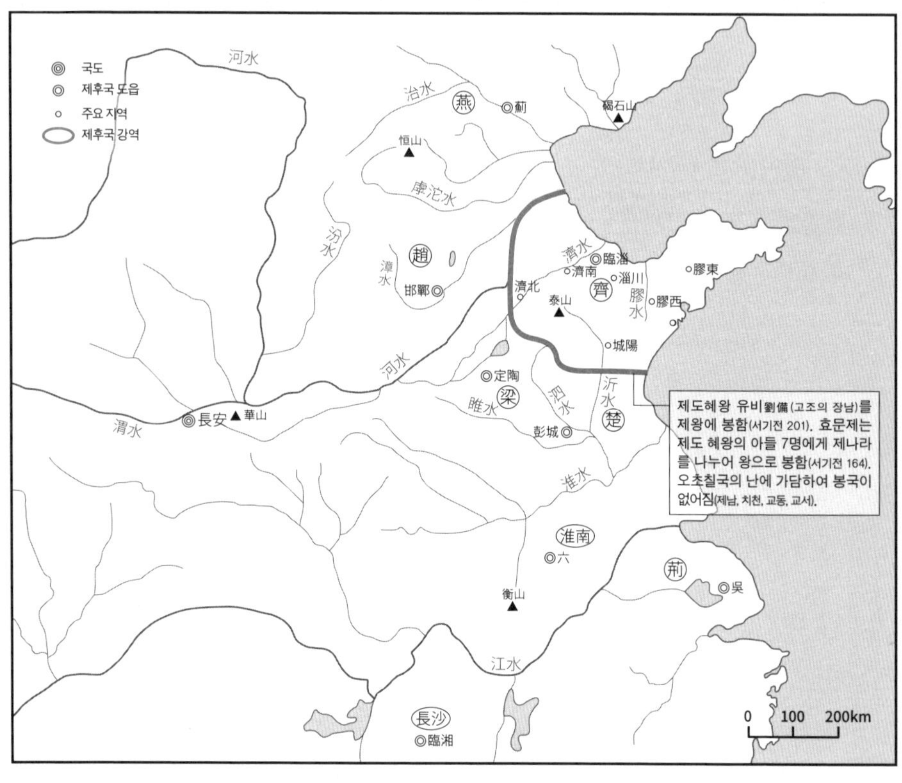
국도
제후국 도읍
주요 지역
제후국 강역
河水
治水
燕
薊
碣石山
恒山
虖沱水
汾水
趙
漳水
邯鄲
濟水
臨淄
濟南
淄川
膠東
濟北
泰山
齊
膠水
膠西
城陽
河水
定陶
梁
泗水
沂水
楚
睢水
彭城
長安
華山
渭水
淮水
淮南
六
荊
吳
衡山
江水
長沙
臨湘
0 100 200km
제도혜왕 유비劉肥(고조의 장남)를 제왕에 봉함(서기전 201). 효문제는 제도 혜왕의 아들 7명에게 제나라를 나누어 왕으로 봉함(서기전 164). 오초칠국의 난에 가담하여 봉국이 없어짐(제남, 치천, 교동, 교서).

사기 제53권 史記卷五十三

소상국세가 蕭相國世家

사기 제53권 소상국세가 제23
史記卷五十三 蕭相國世家第二十三

신주 상국相國 소하蕭何(?~서기전 193)는 현재 강소성江蘇省 서주徐州시 풍현豊縣인 패군 풍읍 사람으로 장량張良, 한신韓信과 함께 "한초漢初 3걸杰"로 불린다. 진秦나라 때 패현沛縣의 주리연主吏掾이었으나 패공 유방이 군사를 일으키자 보좌했다. 유방이 함양을 함락시킨 후 진秦 승상부丞相府를 접수하고 어사부御史府에 소장되어 있던 율령律令, 도서圖書 및 전국 산천의 주요 험지 및 군현의 호구수 등을 장악해 한나라가 기틀을 잡는 데 큰 역할을 했다. 소하는 전쟁에 직접 나서지는 않았지만 관중關中에 머물러 있으면서 유방이 전선에서 패전할 때마다 군사 및 군량을 지속적으로 제공해 끝내 유방이 항우를 꺾고 승리하는 데 결정적 공을 세웠다.

고조 유방이 중원을 장악한 후 상국이 되었으므로 소상국蕭相國으로 불렸고, 찬후酇侯에 책봉되었다. 숱한 무장들을 제치고 공신 서열 1위가 되었다. 진나라의 6법을 토대로 '9장률九章律'을 제정해 한나라의 법적 기틀을 잡았다. 그는 황제와 노자의 가르침을 따르는 황로지술黃老之術을 추구하며 무위지치無爲之治를 주창해 오랜 전란에 지친 백성들의 마음을 위로했다. 고조 11년(서기전 196) 유방이 한신, 영포英布 등의 성이 다른

이성제후異姓諸侯를 제거할 때 도왔다. 고조 유방이 죽은 후 혜제를 보좌했는데, 혜제 2년(서기전 193) 세상을 떠나자 문종文終이라는 시호를 내렸다.

제一장

유방을 도운 일등공신

상국 소하蕭何[①]는 패군 풍豊 사람이다. 문서로 하는 일에 잘못이 없어[②] 패군 주리연主吏掾이 되었다.[③]
고조가 벼슬이 없을 때 소하는 관리로서 가끔 일삼아서 고조를 도와주었다.[④] 고조가 정장亭長이 되자 늘 곁에 있었다. 고조가 관리로서 함양咸陽으로 요역을 가게 되자 관리들 모두 송별금으로 300전을 주었으나 소하는 홀로 500전을 보냈다.[⑤]
蕭相國何者[①] 沛豊人也 以文無害[②]爲沛主吏掾[③] 高祖爲布衣時 何數以吏事護[④]高祖 高祖爲亭長 常左右之 高祖以吏繇咸陽 吏皆送奉錢三 何獨以五[⑤]

① 蕭相國何者소상국하자

색은 살펴보니 《춘추위》에서 말한다. "소하는 묘성昴星의 정기를 느끼고 태어나 옥사를 맡고 법률을 제정하였다고 한다."
按 春秋緯蕭何感昴精而生 典獄制律

② 以文無害이문무해

집해 《한서음의》에서 말한다. "문무해文無害는 문서를 가지고 억울하게 해치는 바가 없는 것이다. 법률을 집행함에 해침이 없는 관리가 있다고 했는데, 지금의 공평한 관리를 뜻하는 것과 같다. 한편 무해無害란 마치 무비無比[견줄 만한 데가 없음]와 같은 말로, 진류군陳留郡 일대의 언어이다."

漢書音義曰 文無害 有文無所枉害也 律有無害都吏 如今言公平吏 一曰 無害者如言 無比 陳留間語也

색은 살펴보니 배인의 주석에 이미 여러 학자의 설을 열거했는데, 지금 다시 두 설을 인용하였다. 응소는 말했다. "비록 문리文吏가 되었으나 각박하게 해치지 않은 것이다." 위소는 말했다. "문文을 가지고 다스리는데, 다치게 하는 일이 없는 것이다."

按 裴注已列數家 今更引二說 應劭云雖爲文吏 而不刻害也 韋昭云爲有文理無傷害也

③ 沛主吏掾패주리연

색은 《한서》에서 말한다. "소하는 주리主吏가 되었다고 한다." 주리는 공조功曹를 가리킨다. 또 "소하는 패연沛掾이 되었다."고 하니, 곧 소하는 공조연功曹掾이 된 것이다.

漢書云何爲主吏 主吏 功曹也 又云何爲沛掾 是何爲功曹掾也

신주 소하가 있던 곳은 진秦나라 사수군泗水郡 패현沛縣 일대이며, 옛 노魯나라에 가깝다. 군치郡治는 팽성彭城이라고도 하고 상相이라고도 한다. 그에 따르면 패는 현이다. 〈고조본기〉에도 패령沛令이 나오므로, 패는 현임을 알 수 있다. 그렇다면 소하는 군의 관리가 아니고 패현 직속관리였음이 명백하다. 현에는 영令이나 장長 아래, 승丞과 위尉가 있다. 승은 인사, 재정, 행정, 사법 등을 담당하고 위는 군사와 치안을 담당한다. 공조연은 승에 속하는 관리로 인사와 행정을 담당한다. 군에는 공조가 있는데 현의 공조를 낮추어 공조연이라고도 한다. 연掾 아래는 사史 혹은 연사掾史라고 한다. 진秦에서는 공조를 주리라고 했다. 공조연은 핵심인 인사와 행정을 담당한다. 문장으로 보면, 소하는 형옥을 담당하던 관리에서 서열 4위인 주리까지 승진한 셈이다. 유방이 역임한 정장은 현 아래 행정조직인 정亭의 치안을 담당하여 위尉에 속했지만, 행정도 일부 했어야 하므로 소하와 연이 닿았을 것이다.

④ 護호

색은 《설문》에서 말한다. "호護는 도와서 살피는 것이라 한다."

說文云 護 救視也

⑤ 奉錢三 何獨以五봉전삼 하독이오

집해 이기가 말했다. "누구는 300이고 누구는 500을 주었다."

李奇曰 或三百 或五百也

색은 奉은 '봉[扶用反]'으로 발음한다. 급료로 받은 것을 이른다. 가장 통상적인 발음으로 읽으며, 전별금을 이른다. 300전이라 한 것은 다른 사람은 300을 주었는데, 소하만이 500을 준 것을 말한다. 유씨는 말했다. "당시 돈은 무게가 있어서 일一은 백百에 해당했다. 그러므로 전별금으로 셋을 주었다고 했다."

奉音扶用反 謂資俸之 如字讀 謂奉送之也 錢三百 謂他人三百 何獨五百也 劉氏云 時有重者一當百 故有送錢三者

진秦나라 어사御史인 군을 감독하는 자①와 함께 일을 하면서 늘 판단을 잘했다. 소하에게 사수군 졸사卒史② 일을 주었더니 일처리가 제일이었다.③ 그래서 진秦나라 어사는 소하를 부를④ 것을 건의하여 조정으로 들이려고 했으나, 소하는 부름을 굳게 사양하고 가지 않았다.

秦御史監郡者①與從事 常辨之 何乃給泗水卒史②事 第一③ 秦御史欲入言徵④何 何固請 得毋行

① 秦御史監郡者진어사감군자

집해 장안이 말했다. "소하는 함께하면서 일처리가 깔끔하고 판단이 명확했는데, 소하는 평소에 방책이 있었다." 소림이 말했다. "소하를 불러서 함께 종사했다. 진秦나라 때는 자사刺史가 없었고 어사가 군을 감독했다."

張晏曰 何與共事修辨明 何素有方略也 蘇林曰 辟何與從事也 秦時無刺史 以御史監郡

색은 살펴보니 소하와 어사가 종사從事하면서 항상 판단을 명확히 하여, 직무에 칭찬을 받았다는 말이다. 그러므로 장안이 "소하는 함께하면서 일처리가 깔끔하고 판단이 명확했는데, 소하는 평소에 방책이 있었다."고 한 게 이것이다.

按 何與御史從事常辨明 言稱職也 故張晏曰何與共事修辨明 何素有方略 是也

신주 한나라는 몇 개 군을 묶어 주州를 두어 자사에게 감독하게 했으나, 진나라는 주가 없었으므로 중앙에서 어사가 직접 군을 감독했다.

② 泗水卒史사수졸사

집해 서광이 말했다. "패현에 사수정이 있다. 또 진나라 때 패현은 사수군이었다." 살펴보니 문영이 말했다. "소하는 사수군 졸사였다."

徐廣曰 沛縣有泗水亭 又秦以沛爲泗水郡 駰按 文穎曰何爲泗水郡卒史

색은 여순이 살펴보니 율령律令에 군의 졸사와 서좌書佐는 각 10인이다. 卒은 '졸[祖忽反]'로 발음한다.

如淳按 律 郡卒史書佐各十人也 卒 祖忽反

신주 군의 각 조曹에 소속된 하급 관리를 지칭한다.

③ 第一제일

색은 살펴보니 과업課業이 최고에 있어 1등인 것을 이른다.

按 謂課最居第一也

④ 징徵

신주 인재로 쓰려고 중앙에서 부르는 것을 징徵, 지방에서 부르는 것을 벽辟이라 한다. 우리 악기 '징'과 같은 역할이며, 아마 '징'이란 이름에서 유래되었을 것이다. 그래서 장군이 수하군사를 부르거나 후퇴시킬 때도 금金(징)을 쳐서 불러들인다. 징은 집集이나 집執의 뜻이다. 반대로 공격하러 내보낼 때는 고鼓를 친다. 고는 거去나 거擧의 뜻이다.

고조가 군사를 일으켜 패공沛公이 되기에 이르자 소하는 늘 승丞이 되어 일을 감독했다.[①] 패공이 함양咸陽에 이르렀을 때, 여러 장수는 모두 다투어서 금백金帛이 쌓인 재물창고로 달려가② 나누어 가졌으나, 소하는 홀로 먼저 들어가 진나라 승상부와 어사부의 율령律令과 도서들을 거두어서 보관했다. 패공은 한왕漢王이 되어③ 소하를 승상으로 삼았다. 항왕項王(항우)은 제후들과 더불어 함양을 모두 도륙하고 나서 불살라버리고 떠나갔다.

한왕은 천하의 요새, 호구의 많고 적음, 강력하고 허약한 곳, 백성이 괴로워하는 것을 갖추어 알게 되었는데, 소하가 진秦나라 도서를 얻었기 때문이다. 소하가 한신韓信을 진급시키라고 말해, 한왕은 한신을 대장군으로 삼았다. 그 이야기는 〈회음후열전〉의 사적史籍 안에 있다.

及高祖起爲沛公 何常爲丞督事① 沛公至咸陽 諸將皆爭走②金帛財物之府分之 何獨先入收秦丞相御史律令圖書藏之 沛公爲漢王③ 以何爲丞相 項王與諸侯屠燒咸陽而去 漢王所以具知天下阨塞 戶口多少 彊弱之處 民所疾苦者 以何具得秦圖書也 何進言韓信 漢王以信爲大將軍 語在淮陰侯事中

① 何常爲丞督事하상위승독사

색은 고조는 패沛에서 일어나 소하를 시켜 승丞으로 삼고 항상 모든 일을 감독하게 했다.

謂高祖起沛 令何為丞 常監督庶事也

② 走주

색은 走는 '주奏'로 발음하는데 목표를 향해 달려가는 것이다.

音奏 奏者 趨向之

③ 沛公為漢王패공위한왕

신주 유방은 항우에 의해 한중漢中에 봉해져서 한왕이라 했다. 천하를 차지하고도 이름을 바꾸지 않았다. 그때가 서기전 206년이다.

한왕이 군사를 이끌고 동진하여 삼진三秦① 을 평정할 때 소하는 승상으로 파촉巴蜀에 머물러서 수습하고 백성을 진무塡撫하고 깨우치며 군대의 식량을 공급하게 했다.
한나라 2년, 한왕이 제후들과 초나라를 공격할 때 소하는 관중을 지키고 태자를 모시면서 역양櫟陽에서 다스렸다. 약속한 것을 법령으로 만들고 종묘와 사직과 궁실과 현읍縣邑을 세웠는데, 그때마다 한왕에게 아뢰어 허가를 받았고 허락하면 일을 시행했다. 곧 한왕에게 아뢸 수가 없으면 일단 편의대로 시행하고 한왕이 오면 아뢰었다.②
관중에서 호구 조사와 물자의 수송③ 과 군대에 공급하는 일을 했다. 한왕은 자주 군사를 잃고 도망쳐 후퇴했는데, 소하는 늘 관중에서 병졸을 일으키고 번번이 모자란 것을 보충해 주었다. 한왕은 이 때문에 소하에게 관중의 일을 전담으로 맡겼다.
漢王引兵東定三秦① 何以丞相留收巴蜀 塡撫諭告 使給軍食 漢二年 漢王與諸侯擊楚 何守關中 侍太子 治櫟陽 爲法令約束 立宗廟社稷宮室縣邑 輒奏上 可 許以從事 即不及奏上 輒以便宜施行 上來以聞② 關中

事計戶口轉漕[3]給軍 漢王數失軍遁去 何常興關中卒 輒補缺 上以此專屬任何關中事

① 三秦삼진

신주 항우는 서초패왕이 되어 제후를 봉하면서 관중을 셋으로 나누어 제후왕을 봉했다. 장함章邯을 옹왕雍王으로, 사마흔司馬欣을 새왕塞王으로, 동예董翳를 적왕翟王으로 봉했다. 옛 진나라 땅이 셋으로 나누어졌으므로 이를 삼진三秦이라 했다.

② 上來以聞상래이문

집해 응소가 말했다. "주상이 돌아오면 이에 보고했기 때문이다."
應劭曰 上來還 乃以所爲聞之

③ 轉漕전조

색은 유씨는 轉은 '전[張戀反]'으로 발음하며, 조漕는 뱃길을 통해 운송하는 것이라고 했다.
轉 劉氏音張戀反 漕 水運

한나라 3년 한왕은 항우와 서로 경京과 색索 사이에서 대치했는데[1] 한왕은 이따금 사자를 보내서 승상의 노고를 위로했다. 포생鮑生이 승상에게 일러 말했다.

"왕이 헤진 옷을 입고 수레에 헤진 덮개를 씌우고도 이따금 사신을 보내서 그대의 노고를 위로하게 하는 것은 그대를 의심하는 마음이 있기 때문입니다. 그대를 위해 계획하건대, 그대 자손과 형제 중에 능히 병기를 다룰 수 있는 자들을 모두 군대가 있는 곳에 보내면, 주상은 반드시 그대를 더 신임할 것입니다."

이에 소하가 그의 계책을 따르자 한왕이 크게 기뻐했다.

漢三年 漢王與項羽相距京索之閒[①] 上數使使勞苦丞相 鮑生謂丞相曰 王暴衣露蓋 數使使勞苦君者 有疑君心也 爲君計 莫若遣君子孫昆弟能勝兵者悉詣軍所 上必益信君 於是何從其計 漢王大說

① 京索之閒경색지한

신주 응소가 《한서》 주석에서 말했다. "경京은 현 이름인데, 지금 대색大索과 소색정小索亭이 있다." 장안長安이 있는 관중과 마찬가지로, 낙양洛陽도 동서남북의 관문이 있다. 그 동쪽이 바로 성고成皐와 형양滎陽이며, 형양 바로 남쪽이 경이다. 따라서 이 일대는 산악을 등지고 낙양을 지키기 쉽고 공격하기 어렵다. 동쪽에서 반란이 일어나면, 한나라 중앙군이 항상 이 일대에서 진을 치는 것은 이 때문이다. 경 남쪽은 춘추전국시대 정鄭나라 수도 신정新鄭이며, 경 동쪽은 중모中牟를 거쳐 전국시대 위魏나라 수도 대량大梁에 이르는데, 대량은 곧 조광윤趙匡胤이 세운 송나라 수도 개봉開封이다. 경 바로 동쪽에 오늘날 하남성 성도 정주鄭州가 있다.

한나라 5년 이미 항우를 살해하고 천하를 안정시키자 공을 논하여 제후로 봉하려 했다. 군신들은 공을 다투어 한 해 남짓이 되도록 공을 결정하지 못했다. 고조는 소하의 공을 최고로 여기고 찬후酇侯로 봉했으며① 식읍도 많이 주었다. 공신들은 모두 말했다.
"신 등은 몸소 갑옷을 입고 예리한 칼을 잡고서 많은 자는 100번 넘게 싸우고 적은 자는 수십여 합을 싸워 성을 공격하고 땅을 빼앗았는데 각자 크고 작은 차이가 있습니다. 지금 소하는 일찍이 말을 땀 흘리게 하는 수고②도 없이 한갓 문서와 먹만 가지고 의견을 논했습니다. 싸우지 않았는데도 도리어 신들보다 상등에 둔 것은 무엇 때문입니까?"
고제가 말했다.
"그대들은 사냥을 아는가?"
"알고 있습니다."
"사냥개를 아는가?"
"알고 있습니다."

漢五年 旣殺項羽 定天下 論功行封 群臣爭功 歲餘功不決 高祖以蕭何功最盛 封爲酇①侯 所食邑多 功臣皆曰 臣等身被堅執銳 多者百餘戰少者數十合 攻城略地 大小各有差 今蕭何未嘗有汗馬之勞② 徒持文墨議論 不戰 顧反居臣等上 何也 高帝曰 諸君知獵乎曰 知之 知獵狗乎曰知之

① 酇찬

집해 문영이 말했다. "(酇은) '찬贊'으로 발음한다." 신찬이 말했다. "지금 남향군 찬현이다." 손검이 말했다. "2개 현이 있는데, 발음과 글자가 많이 어지러운데 그 패군에 속하는 것은 차嵯이고 남양南陽에 속하는 것은 찬酇이라고 했다." 《무릉서》를 살펴보니 "소하 봉국은 남양에 있어서 '찬讚'으로 부르는 것이 마땅하다. 지금 대부분 '차嵯'라고 부르는데 嵯의 옛 글자가 '차鄌'였기 때문이다. 지금 모두 '찬酇'이라고 하니 말미암은 바가 혼란스럽다."라고 한다.

文穎曰 音贊 瓚曰 今南鄉酇縣也 孫検曰 有二縣 音字多亂 其屬沛郡者音嵯 屬南陽者音讃 又臣瓚按茂陵書 蕭何國在南陽 宜呼讃 今多呼嵯 嵯舊字作鄌 今皆作酇 所由亂也

색은 추씨가 말했다. "패군에 속하는 것은 발음이 '차嵯'이고, 남양에 속하는 것은 발음이 '찬贊'이다." 또 신찬이 《무릉서》를 살펴 말했다. "소하 봉국은 남양에 있어서 '찬贊'으로 부르는 것이 마땅하다. 지금 대부분 '차嵯'라고 부른다."라고 하고 주석에 "신찬은 '지금 남향군 찬현이라 한다.'고 했다." 고씨가 말했다. "남향은 군 이름이다. 《태강지리지》에서 말한다. '위魏나라 무제(조조)가 건안 연간에 남양군을 나누어 남향군을 세웠고, 진晉나라 무제(사마염)가 또 순양군順陽郡이라고 했다.'고 한다."

鄒氏云 屬沛郡音嵯 屬南陽音贊 又臣瓚按茂陵書 蕭何國在南陽 則字當音贊 今多呼爲嵯也 注 瓚曰今南鄉酇縣 顧氏云 南鄉 郡名也 太康地理志云 魏武帝建安中分南陽立南鄉郡 晉武帝又曰順陽郡也

신주 찬현은 춘추전국시대 초楚나라 북부 핵심지역으로 한수漢水를 끼고 있다. 여기서 동쪽으로 남양을 통해 정鄭과 위魏로 이어지고, 서쪽으로 한중漢中, 북쪽으로 무관武關을 통해 장안長安과 복우산伏牛山을 통해 낙양洛陽, 남쪽으로 계속 달려가면 초나라 수도 영郢에 다다른다. 주위에 축양筑陽이 있는데, 중간에 소하의 후예가 잠깐 찬후에서 축양후로 옮겨지기도 했다.

② 汗馬之勞한마지로

신주 말이 땀을 흘리며 전쟁터를 오간다는 뜻이다. 즉 싸움에서 이긴 공로를 이르는 말로 전쟁에서 세운 큰 공로를 비유한다.

> 고제가 말했다.
> "무릇 사냥에서 추격해 짐승과 토끼를 죽이는 것은 개요, 종적이 나타나면 짐승이 있는 곳을 지시하는 것은 사람이다. 지금 그대들은 한갓 달아나는 짐승을 얻을 수 있었을 뿐이니, 개의 공로이다. 소하로 말할 것 같으면, 종적을 찾아서 지시했으니 사람의 공로이다. 또 그대들은 혼자 몸으로 나를 따랐고, 많아야 두세 명이었다. 그러나 지금 소하는 종가 사람 수십여 명을 들어 모두 나를 따르게 했으니[①] 공을 잊지 못할 것이다."
> 군신들은 감히 말하지 못했다.
> 高帝曰 夫獵 追殺獸兔者狗也 而發蹤指示獸處者人也 今諸君徒能得走獸耳 功狗也 至如蕭何 發蹤指示 功人也 且諸君獨以身隨我 多者兩三人 今蕭何擧宗數十人皆隨我[①] 功不可忘也 群臣皆莫敢言

① 蕭何擧宗數十人皆隨我소하거종수십인개수아

신주 앞서 소하가 병기를 들 수 있는 자손과 형제를 모두 군대로 보낸 것을 말한다.

열후들이 봉작을 받은 일을 마치고 나자 순위를 정하는 것을 아뢰었는데, 모두 말했다.

"평양후 조참曹參은 몸에 일흔 곳에 상처를 입었으며 성을 공략하고 땅을 빼앗는 데 공이 가장 많았으니 제일第一로 함이 마땅합니다."

주상은 이미 공신들의 기세를 꺾었고[①] 소하에게 봉한 것이 많아서 서열까지 되돌려 그들에게 어렵게 하고 싶진 않았다. 그래도 소하를 제일로 하고 싶은 마음이 있었다.

列侯畢已受封 及奏位次 皆曰 平陽侯曹參身被七十創 攻城略地 功最多 宜第一 上已橈[①]功臣 多封蕭何 至位次未有以復難之 然心欲何第一

① 橈요

집해 응소가 말했다. "요는 굴屈(꺾다)이다."

應劭曰 橈 屈也

색은 橈는 '요[女教反]'로 발음한다.

音女教反

관내후 악군鄂君[①]이 앞으로 나아가 말했다.

"군신들 의견은 모두 잘못입니다. 무릇 조참은 비록 야전에서 땅을 빼앗은 공로가 있으나 이것은 다만 일시적인 일일 뿐입니다. 주상께서 초楚나라와 5년 동안 서로 대치하면서 늘 군사를 잃고 무리들과 달아나 자신을 숨기고 도망치는 일이 여러 번 있었습니다. 그러나 소하는 늘 관중에서 군사들을 보내어 그를 보충했고 주상께서 조령으로 부르지 않아도 수만 명의 무리를 주상의 모자라고 끊어진 곳에 모이게 한 것이 여러 번이었습니다. 무릇 한나라와 초나라가 형양에서 서로 대치한 것이 여러 해 동안이었는데 군대에 식량을 구경할 수 없을 때에도 소하는 관중에서 물길로 식량을 운반해 공급해서 모자라지 않게 했습니다. 폐하께서 비록 여러 번 산동山東을 잃었지만, 소하는 늘 관중을 온전히 하고 폐하를 기다렸으니 이는 만세의 공입니다.
지금 비록 조참 등 많은 수의 군사가 도망했다고 한들 어찌 한나라에 없어지겠습니까? 한나라가 그들을 얻었다 해도 반드시 온전하리라고 기대하지는 못할 것입니다. 어찌 하루아침의 공을 만세의 공보다 더하다고 하겠습니까? 소하가 제일이고 조참이 다음입니다."

關内侯鄂君①進曰 群臣議皆誤 夫曹參雖有野戰略地之功 此特一時之事 夫上與楚相距五歲 常失軍亡衆 逃身遁者數矣 然蕭何常從關中遣軍補其處 非上所詔令召 而數萬衆會上之乏絶者數矣 夫漢與楚相守滎陽數年 軍無見糧 蕭何轉漕關中 給食不乏 陛下雖數亡山東 蕭何常全關中以待陛下 此萬世之功也 今雖亡曹參等百數 何欠於漢 漢得之不必待以全 柰何欲以一旦之功而加萬世之功哉 蕭何第一 曹參次之

① 鄂君악군

색은 〈고조공신후자연표〉를 살펴보니 악군은 곧 악천추鄂千秋인데 안평후安平侯에 봉해졌다.

按功臣表 鄂君即鄂千秋 封安平侯

신주 악천추는 악간추鄂干秋, 또는 악추鄂秋라고도 한다. 악성鄂姓은 초나라 땅에서 나온 성씨이다. 그래서 지금도 악鄂은 호북성의 간칭簡稱으로 쓰기도 한다. 〈고조공신후자연표〉에 따르면 소하를 제일로 천거한 공으로 제후가 되었다고 한다. 본문으로 보건대, 원래 봉국이 없는 관내후에서 승진한 것이다. 5대를 이어 제후를 지냈다.

고조가 말했다.

"좋은 말이다."

이에 소하를 으뜸이라고 명하고 관대를 하사하고 검을 차고 신발을 신은 채로 궁전에 오르게 했으며, 조회에 들어올 때도 종종걸음을 하지 않도록 했다.①

주상이 말했다.

"나는 어진 이를 천거하면 최고의 상을 받는다고 들었다. 소하의 공이 비록 최고라 하더라도, 악군이 깨닫게 해주어 이에 더욱 분명해진 것이다."

高祖曰 善 於是乃令蕭何[第一] 賜帶劍履上殿 入朝不趨① 上曰 吾聞進賢受上賞 蕭何功雖高 得鄂君乃益明

① 劍履上殿 入朝不趨검리상전 입조불추

신주 검리상전과 입조불추는 '찬배불명贊拜不名(주상을 배알할 때 이름을 부르지 않는 것)'과 더불어 최고 공신에 대한 예우이다. 《삼국지》〈무제기〉에서 후한헌제後漢獻帝가 조조曹操에게 "천자가 공에게 명을 내려 나를 배알할 때 이름을 부르지 말며, 입조할 때 종종걸음 치지 말고, 검을 차고 신을 신은 채 전에 오르기를 소하의 고사와 같게 하라.[天子命公贊拜不名入朝不趨劍履上殿如蕭何故事]"라고 해서 소하의 고사를 따랐다고 한다.

그래서 이 기회에 악군이 이전에 식읍으로 받았던 관내후의 안평후安平侯로 삼아① 봉읍을 주었다.
이날 소하의 부자와 형제 10여 명을 모조리 봉해서 모두 식읍을 가지게 했다.② 그리고 소하에게 2,000호를 더 봉해 주었는데, 고조가 일찍이 함양으로 요역 갈 때 소하가 자신을 송별하면서 홀로 200전을 더 주었기 때문이라고 했다.③
於是因鄂君故所食關内侯邑封爲安平侯① 是日 悉封何父子兄弟十餘人 皆有食邑② 乃益封何二千戶 以帝嘗繇咸陽時何送我獨嬴錢二也③

① 安平侯안평후

집해 서광이 말했다. "알자謁者 신분으로 고조를 따라 제후들을 평정한 공을 세웠으며, 공훈의 차례를 정할 때 소하를 천거한 공으로 인해 2,000호의 제후가 되었다. 봉한 지 9년 만에 죽고 현손 악단鄂但에 이르러 회남왕 유안과 내통한 것이 걸려 기시棄市 당하고 봉국은 없어졌다."
徐廣曰 以謁者從定諸侯有功 秩擧蕭何功 故因侯二千戶 封九年卒 至玄孫但坐與淮南王安通 棄市 國除

정의 《괄지지》에서 말한다. "택주澤州 안평현은 본래 한나라 안평현이다."

括地志云 澤州安平縣 本漢安平縣

신주 서광의 말은 〈고조공신후자연표〉에서 인용한 것이며, 더 자세한 것은 〈고조공신후자연표〉에 나온다.

② 悉封何父子兄弟十餘人 皆有食邑실봉하부자형제십여인 개유식읍

신주 이에 대한 내용은 자세하지 않다. 한나라 조정에서는 소하의 후손이 끊어지지 않도록 배려했으며, 끊어진 후에도 소하의 후손을 찾아서 후侯로 봉해 그 작위를 잇게 했다. 이 편 마지막에 주석이 있다.

③ 何送我獨贏錢二也하송아독영전이야

색은 사람들이 모두 300전을 냈는데 소하는 홀로 500전을 내어서 다른 사람들보다 200전을 더 준 것을 말한다. 贏은 '영盈'으로 발음한다.

謂人皆三 何獨五 所以爲贏二也 音盈

제二장

상국이 된 소하

한나라 11년, 진희陳豨가 반역하자[①] 고조는 스스로 장군이 되어 한단邯鄲에 이르렀다. 아직 진압하지도 못했는데 회음후淮陰侯(한신)가 관중關中에서 반역을 꾀했다.[②] 여후呂后는 소하의 계책을 이용해 회음후를 처단했는데 그 이야기는 〈회음후열전〉 사적 안에 있다.
주상은 이미 회음후가 죽임을 당했다는 소식을 듣고 사신을 보내 승상 소하를 제수해 상국相國으로 삼고 5,000호를 더 봉했으며 군졸 500명과 1명의 도위都尉에게 상국을 호위하라고 명했다.
漢十一年 陳豨反[①] 高祖自將 至邯鄲 未罷 淮陰侯謀反關中[②] 呂后用蕭何計 誅淮陰侯 語在淮陰事中 上已聞淮陰侯誅 使使拜丞相何爲相國 益封五千戶 令卒五百人一都尉爲相國衛

① 陳豨反 진희반

신주 진희는 중국 진말秦末과 한초漢初 때 사람으로 전한의 개국공신이다. 양하후陽夏侯에 봉해졌다. 한왕韓王 신信이 반란을 일으키고 흉노에 투항했을 때, 진희는 조나라 상국 주창周昌이 고제에게 진희가 수상하다고 고변했다는 것을 알고 두려워했다. 이에 한왕 신이 보낸 흉노의 왕황

王黃 및 만구신曼丘臣과 상의한 후 고제의 소환 명령에 불응하고 군사를 일으켜서 한나라 진압군과 싸우다 죽었다.

② 淮陰侯謀反關中회음후모반관중

신주 한신韓信은 제왕齊王에서 초왕楚王으로, 다시 회음후로 강등된 후 불만을 가지고 있었는데, 고제가 진희의 반란을 토벌하러 갔을 때 "한신이 이 기회를 틈타 모반하려 한다."는 밀고를 당함으로써 여태후가 장락궁長樂宮으로 한신을 소환하여 참수하고, 멸족시켰다.

> 이에 제군은 모두 하례하였는데 소평召平①만 홀로 애도했다.
> 소평은 옛날 진秦나라 동릉후東陵侯였다. 진나라가 무너지자 평민이 되었고 가난해져 장안성 동쪽에서 오이를 심었는데, 오이가 맛이 있었다. 그래서 속세의 사람들이 이를 '동릉과東陵瓜'라고 했는데 소평의 이름을 따서 지은 것이다. 소평은 상국相國(소하)에게 일러 말했다.
> "재앙이 이로부터 시작될 것입니다. 주상께서 헤진 옷을 입고 수레에 낡은 덮개를 하고 밖에서 지낼 때 그대는 관중에서 수비만 했고 전쟁터의 일을 겪지도 않았는데 상군相君으로 봉함을 더하고 호위를 두게 했습니다. 지금 회음후가 새롭게 관중에서 반역했기에 상군을 의심하는 마음이 있을 것입니다. 무릇 상군을 호위하는 무사를 둔 것은 그대를 총애해서가 아닙니다. 원컨대 상군相君께서는 봉해진 것을 사양해서 받지 말고 집안의 재물을 모두

군사의 식량으로 보탠다면 주상이 마음으로 흡족할 것입니다."
상국 소하가 그의 계략에 따르자 고제는 이에 크게 기뻐했다.
諸君皆賀 召平[①]獨弔 召平者 故秦東陵侯 秦破 爲布衣 貧 種瓜於長安城東 瓜美 故世俗謂之東陵瓜 從召平以爲名也 召平謂相國曰 禍自此始矣 上暴露於外而君守於中 非被矢石之事而益君封置衛者 以今者淮陰侯新反於中 疑君心矣 夫置衛衛君 非以寵君也 願君讓封勿受 悉以家私財佐軍 則上心說 相國從其計 高帝乃大喜

① 召平소평

신주 소평은 은거하며 오이 농사를 지었는데, 이 때문에 인재가 은거함을 표현하는 소평과포召平瓜圃(소평이 오이농사를 짓다)라는 사자성어가 나왔다. 〈제도혜왕세가〉에 나오는 소평과는 다른 사람이다.

한나라 12년 가을, 경포黥布가 반란을 일으키자[①] 주상(고조)이 직접 장군이 되어 공격하면서 자주 사신을 보내 상국 소하가 하는 일을 물었다. 상국은 주상이 군진軍陣에 있자 이에 힘을 다하여 백성을 어루만지며 돌보았고 힘을 다해 군대를 돕는 것을 진희陳豨 때와 같이 했다. 객客 중에 누군가 상국을 설득하여 말했다.
"상군相君께서 멸족당하는 데 오래 걸리지 않을 것입니다. 무릇 상군의 지위는 상국이고 공로가 제일인데 다시 더할 것이 있습니까? 그러나 상군께서 처음 관중으로 들어와 백성의 마음을 얻은 것이 10여 년으로, 모두 상군을 따릅니다. 그런데도 다시 늘 부지런하게 백성들을 화합하게 했습니다. 주상께서 자주 상군의 안부를 묻는 것은 상군께서 관중을 기울여 움직이게 할까 두렵기 때문입니다. 지금 상군께서는 왜 많은 전답과 토지를 싸게 사서 세를 주어[2] 스스로를 더럽히려 하지 않습니까? (그렇게 해야) 주상의 마음이 곧 편안할 것입니다."

이에 상국이 그의 계략에 따르자 주상은 곧 크게 달가워했다.

漢十二年秋 黥布反[1] 上自將擊之 數使使問相國何爲 相國爲上在軍 乃拊循勉力百姓 悉以所有佐軍 如陳豨時 客有說相國曰 君滅族不久矣 夫君位爲相國 功第一 可復加哉 然君初入關中 得百姓心 十餘年矣 皆附君 常復孳孳得民和 上所爲數問君者 畏君傾動關中 今君胡不多買田地 賤貰貸[2]以自汙 上心乃安 於是相國從其計 上乃大說

① 黥布경포

신주 경포가 반란한 것은 모든 기록에 고조 11년이다. 여기 기록이 잘못되었다. 경포의 본명은 영포英布이다. 회남군 육현六縣 사람으로 법을 어겨 경형黥刑을 당해 경포라고 불렸다. 항량과 항우를 따랐다가 유방에게 귀순했고 회남왕淮南王에 봉해졌다. 한신과 팽월 등 개국공신들이 연달아 피살되자 불안을 느껴서 군사를 일으켰다가 실패하고 죽임을 당했다.

② 賤貰貸천세특

정의 貰는 '세世' 또는 '샤[食夜反]'로 발음한다. 세를 놓는 것[賒]이다.

아래 貸의 발음은 '측[天得反]'이다.

貰音世 又食夜反 賒也 下天得反

고조가 경포 군대를 물리치고 돌아오는데, 백성이 길을 막고 글을 올려서 상국이 헐값으로 백성에게 강요하여 전답과 집 수천만 전을 사들였다고 했다. 고조가 이르자 상국 소하가 배알했다. 주상이 웃으면서 말했다.

"무릇 상국은 이렇게 백성을 이롭게 하는가?①"

백성이 올린 글을 모두 상국에게 주면서 말했다.

"상군은 스스로 백성들에게 사죄하라."

상국은 이 기회로 백성을 위한 것이라면서 간청해서 말했다.

"장안은 땅이 협소하지만 상림上林 안에는 빈 땅이 많은데 버려져 있습니다. 원컨대 백성으로 하여금 들어가 농사를 짓게 하되 짚은 거두지 않게 한다면 새나 짐승의 먹이가 될 수 있을 것입니다.②"

上罷布軍歸 民道遮行上書 言相國賤彊買民田宅數千萬 上至 相國謁 上笑曰 夫相國乃利民① 民所上書皆以與相國 曰 君自謝民 相國因爲民請曰 長安地狹 上林中多空地 棄 願令民得入田 毋收槀爲禽獸食②

① 相國乃利民상국내리민

색은 상국이 남의 전택田宅을 취해서 이익으로 삼았다고 이른 것이다. 그러므로 '내리인乃利人'이라고 했다. 상국으로 하여금 스스로 사죄하게 한 까닭이다.

謂相國取人田宅以為利 故云 乃利人也 所以令相國自謝之

② 民得入田 毋收稾爲禽獸食민득입전 무수고위금수식

색은 곡식은 심은 농사꾼에게 돌아가게 하고 짚은 두었다가 관청으로 들이게 한 것이다.

苗子還種田人 留稾入官

신주 짚을 관청으로 들이게 한 것이 아니라 그대로 두어 새나 짐승의 먹이가 되게 한 것이다.

고조는 크게 화가 나서 말했다.

"상국은 장사치들의 재물을 받으면서 이에 나의 상림원을 청하는가?"

이에 상국을 정위廷尉①에게 내려서 형틀에 묶게 했다. 수일이 지나 왕위위王衛尉②가 입시入侍해서 어전에서 물었다.

"상국이 무슨 대죄가 있기에 폐하께서 형틀에 심하게 묶었습니까?"

주상이 말했다.

"내가 듣기에 이사李斯는 진황제秦皇帝의 상국相國이 되어 '잘한 것이 있으면 군주에게 돌아가게 하고, 잘못된 것이 있으면 스스로 함께한다.'라고 했다. 지금 상국은 장사치에게 뇌물을 많이 받고는 백성을 위해 나의 상림원을 구해서 스스로 백성에게 아첨하려 하기에 형틀에 묶어 다스리는 것이다."

上大怒曰 相國多受賈人財物 乃爲請吾苑 乃下相國廷尉[1] 械繫之 數日 王衛尉[2]侍 前問曰 相國何大罪 陛下繫之暴也 上曰 吾聞李斯相秦皇帝 有善歸主 有惡自與 今相國多受賈豎金而爲民請吾苑 以自媚於民 故 繫治之

① 廷尉정위

신주 한나라에서 구경九卿 가운데 하나로 형옥刑獄을 관장하는 총책임자이다.

② 王衛尉왕위위

집해 여순이 말했다. "《한서》 〈백관공경표〉에서 위위衛尉는 왕씨인데 이름과 자가 없다."

如淳曰 百官公卿表衛尉王氏 無名字

왕위위가 말했다.

"무릇 일을 맡아 진실로 백성에게 편한 것이 있으면 청하는 것이 진실한 재상의 일인데, 폐하께서는 어찌해서 곧 상국을 의심하고 장사치들의 돈을 받았다고 하십니까? 또 폐하께서 초나라와 여러 해를 대치하고 진희와 경포가 폐하를 배반했을 때도 폐하께서는 스스로 장군이 되어 가셨습니다. 이때 상국은 관중을 지켰는데, 뿌리[족足]를 흔들었다면 함곡관 서쪽은 폐하의 소유가 아니었을 것입니다. 상국은 이때도 자신의 이익을 취하지 않았는데, 지금 장사치 돈을 받아 자신을 이롭게 하겠습니까? 또 진秦나라는 그의 과실에 대해 들으려 하지 않아서 천하를 잃었는데, 이사의 분수가 허물을 나누었다고 하지만[①] 또 어찌 본받기에 충분하겠습니까? 폐하께서 어찌 재상을 의심하여 (마음 씀이) 얕아지려[②] 하십니까?"

王衛尉曰 夫職事苟有便於民而請之 眞宰相事 陛下柰何乃疑相國受賈人錢乎 且陛下距楚數歲 陳豨黥布反 陛下自將而往 當是時 相國守關中 搖足則關以西非陛下有也 相國不以此時爲利 今乃利賈人之金乎 且秦以不聞其過亡天下 李斯之分過[①] 又何足法哉 陛下何疑宰相之淺[②]也

① 李斯之分過이사지분과

색은 살펴보니 위의 글에서 이사李斯가 선은 왕에게 돌아가게 하고 악은 스스로 가지겠다고 한 것이 '분과分過'이다.

按 上文李斯歸惡而自予 是分過

신주 분과는 허물을 나눈다는 뜻이다.

② 淺천

집해 위소가 말했다. "마음을 쓰는 것이 얕은 것이다."

韋昭曰 用意淺

고조는 마음이 풀리지 않았으나 이날 사신을 시켜 지절持節[①] 로써 사면해 상국을 내보내게 했다. 상국은 연로했지만 평소에 공손하고 조심했는데 맨발로 들어가 사죄했다. 고조는 (볼멘소리로) 말했다. "상국은 훌륭하구려! 상국은 백성을 위해 상림원을 청했는데 나는 허락하지 않았으니, 나는 걸주桀紂[②] 와 같은 군주에 불과하게 되었지만 상국은 어진 재상이 되었구려! 나는 일부러 상국을 묶어 백성으로 하여금 나의 잘못을 듣게 하려던 것이오."

高帝不懌 是日 使使持節[①]赦出相國 相國年老 素恭謹 入 徒跣謝 高帝曰 相國休矣 相國爲民請苑 吾不許 我不過爲桀紂主[②] 而相國爲賢相 吾故繫相國 欲令百姓聞吾過也

① 持節지절

신주 주상의 명령을 증거하는 부절이다. 출사出師하거나 지방관리로 나갈 때 임금이 내리는 징표이다. 사지절使持節이 상등이고 다음이 지절持節이며 그다음이 가절假節이다.

② 桀紂걸주

신주 하夏나라 마지막 임금 걸왕桀王과 은殷나라 마지막 임금 주왕紂王을 가리킨다. 성군聖君 요순堯舜에 대비되는 왕들이다. 그래서 폭군暴君의 대명사로 통한다.

소하는 평소 조참曹參과 서로 좋은 관계로 지내지 못했다. 소하가 병이 들자 효혜제는 스스로 임해 소하의 병을 살펴보고 이로써 물었다.

"상군께서 백세후에 누가 상군을 대신하는 것이 옳겠습니까?"

대답했다.

"신하를 아는 것은 군주만 한 이가 없습니다."

효혜제가 말했다.

"조참은 어떠합니까?"

소하는 머리를 조아리고 말했다.

"황제께서는 참된 사람을 얻으셨습니다. 신은 죽어도 한이 없습니다."

소하는 전답과 저택을 반드시 궁벽한 곳에 두었으며 집을 위해 울타리와 지붕을 수리하지 않고 말했다.

"후세들이 현명하면 나의 검소함을 스승으로 삼을 것이고 현명하지 못하더라도 세력가에게 빼앗기지는 않을 것이다."

효혜제 2년, 상국 소하가 죽자① 시호를 문종후文終侯라고 했다.② 후사는 4대四代째 죄를 짓고 후작을 잃어 단절되었는데, 천자는 번번이 다시 소하의 후사를 구해 봉해서 찬후酇侯를 계승시켰으니, 공신들 중에 이에 견줄 만한 이는 없었다.③

何素不與曹參相能 及何病 孝惠自臨視相國病 因問曰 君即百歲後 誰可代君者 對曰 知臣莫如主 孝惠曰 曹參何如 何頓首曰 帝得之矣 臣死不恨矣 何置田宅必居窮處 爲家不治垣屋曰 後世賢 師吾儉 不賢 毋爲勢家所奪 孝惠二年 相國何卒① 諡爲文終侯② 後嗣以罪失侯者四世 絶 天子輒復求何後 封續酇侯 功臣莫得比焉③

① 相國何卒상국하졸

집해 《동관한기》에서 말한다. "소하 무덤은 장릉長陵 동쪽 사마문도司馬門道 북쪽 100보에 있다."

東觀漢記云 蕭何墓在長陵東司馬門道北百步

정의 《괄지지》에서 말한다. "소하 무덤은 옹주 함양현 동북쪽 37리에 있다."

括地志云 蕭何墓在雍州咸陽縣東北三十七里

② 文終侯문종후

집해 서광이 말했다. "〈고조공신후자연표〉에서 소하는 객客으로써 처음 군사를 일으켰을 때부터 고조를 따랐다고 한다."

徐廣曰 功臣表蕭何以客初起從也

③ 封續酇侯 功臣莫得比焉봉속찬후 공신막득비언

신주 〈고조공신후자연표〉에 따르면 소하의 후손인 소수성蕭壽成이 태상이 되었다가 폐해진 이후로 41년간 봉작이 끊긴다. 〈건원이래후자연표〉에 따르면 선제宣帝 지절 3년(서기전 67) 소건세蕭建世를 다시 찬후로 삼는다. 《한서》 〈표〉에서는 지절 4년이라고 말하고 있다. 14년에 죽었는데 시호가 '안安'이다. 감로 2년 사후思侯 소보蕭輔가 잇고 36년에 죽는다. 성제 영시 원년(서기전 16) 소획蕭獲이 후사를 이었다가 종을 시켜 살인한 죄가 걸려 죽음을 면하고 성 쌓는 벌을 받아 봉국이 없어진다.

이 해, 다시 소하의 6세손 거록군 남련현장南䜌縣長 소희蕭喜를 다시 찬후로 삼는다. 3년에 죽으니 시호를 '희喜'라 한다. 영시 4년 질후質侯 소존蕭尊이 잇고 5년에 죽는다. 애제 수화 원년(서기전 8) 질후質侯 소장蕭章이 잇고 13년에 죽는다. 유자영 거섭 원년 소우蕭禹가 잇고 왕망 시건국 원년(서기 9) 소향후蕭鄕侯가 되나, 왕망의 몰락과 함께 세습이 마침내 끊긴다. 이상은《한서》를 참조해서 정리한 것인데 다만 질후는 소존과 소장이 거듭되어 둘 중에 하나는 시호 기록이 잘못되었음이 분명하다.

소하로부터 전한 말까지 이어진 소하의 계보는 다음과 같다. "문종후 소하 9년 – 애후哀侯 록祿 6년 – 의후懿侯 동同 7년·축양후筑陽侯 연延 7년 – 정후定侯 연 19년 – 양후煬侯 유遺 1년 – 칙則 4년 – 무양武陽 유후幽侯 가嘉 7년 – 승勝 18년 – 공백 7년 – 찬酇 공후恭侯 경慶 3년 – 수성壽成 13년 – 공백 41년 – 안후 건세 14년 – 사후 보 36년 – 획 – 희후 희 3년 – 질후 존 5년 – 질후 장 13년 – 찬후 우 3년 – 소향후 우"

찬의후 동同은 소하의 부인이라 한다. 체제에 맞지 않기 때문에 문제가 그만두게 하고 축양후이던 막내아들 소연蕭延을 다시 찬후로 봉했다고 한다. 중간에 봉국이 무양武陽으로 바뀌었다가 다시 찬酇으로 복귀한다. 자세한 것은《신주사기》〈고조공신후자연표〉와〈건원이래후자연표〉에 나온다.

태사공은 말한다.

상국 소하는 진나라 때 도필리刀筆吏①가 되어 보잘 것 없었으며② 뛰어난 절의도 있지 않았다. 한나라가 일어남에 이르러 해와 달의 여광餘光에 의지하여 소하는 국가의 열쇠를 삼가 지켰다. 또 백성이 진나라 법을 싫어했기 때문에③ 시세의 흐름에 순응해서 그들과 함께 새롭게 시작했다. 그래서 회음후나 경포 등은 모두 처단되어 없어졌으나 소하의 공훈은 찬란했다. 지위는 군신 중에 제일이었고 명성은 후세에까지 베풀어져 주나라 굉요閎夭나 산의생散宜生 등과도 공렬을 다툴 만했다.

太史公曰 蕭相國何於秦時爲刀筆吏① 錄②錄未有奇節 及漢興 依日月之末光 何謹守管籥 因民之疾(奉)[秦]法③ 順流與之更始 淮陰黥布等皆以誅滅 而何之勳爛焉 位冠群臣 聲施後世 與閎夭散宜生等爭烈矣

① 刀筆吏도필리

신주 하급 관리를 말한다. 붓과 먹이 부족한 시절에 작은 칼을 가지고 목판 등에 글자를 새겼으므로, 도필刀筆이라 했다.

② 錄록

색은 錄은 '록祿'으로 발음한다.

錄音祿

③ 因民之疾[秦]法인민지질[진]법

신주 진나라 효공孝公 때 상앙商鞅을 등용하면서 법치주의 체제를 수용하기 시작해서 진시황 때 이사李斯에 의해 절정에 이르렀으나, 진말에 이르러 법가 통치체제는 반발을 불러일으켰다. 백성들이 이를 싫어했던 것은 법 집행이 몹시 가혹했기 때문이다. 그래서 유방은 모든 진나라 법을 폐하고 꼭 필요한 셋만 남겼으니, 이에 따라 '약법삼장約法三章'이라는 고사가 생겼다.

색은술찬 사마정이 펼쳐서 밝히다.

소하는 관리가 되어 문서를 처리함에 잘못이 없었다. 왕업을 일으키는 것을 돕기에 이르렀고, 온 일족을 들어 패沛에서 따랐다. 관중을 지키고 나서 물자를 운반한 것은 그에 힘입었다. 한나라 군사들 피로가 쌓일 때마다 진나라 병사를 반드시 모았다. 약속한 법은 오래도록 시행되었고 지도를 거두어 크게 계획할 수 있었다. 짐승들 발자취를 쫓게 지시하니 그 공은 실로 최고였다. 정사는 최고를 그었다고 칭송받았으나 그의 삶은 넉넉하지 못했다. (후사가) 끊기면 이어주는 총애가 부지런했으니, (태산이) 숫돌이 되고 (황하가) 허리띠가 되도록 기리는 일은 법식이 되리라!

蕭何爲吏 文而無害 及佐興王 擧宗從沛 關中旣守 轉輸是賴 漢軍屢疲 秦兵必會 約法可久 收圖可大 指獸發蹤 其功實最 政稱畫一 居乃非泰 繼絶寵勤 式旌砺帶

[지도 5] 소상국세가

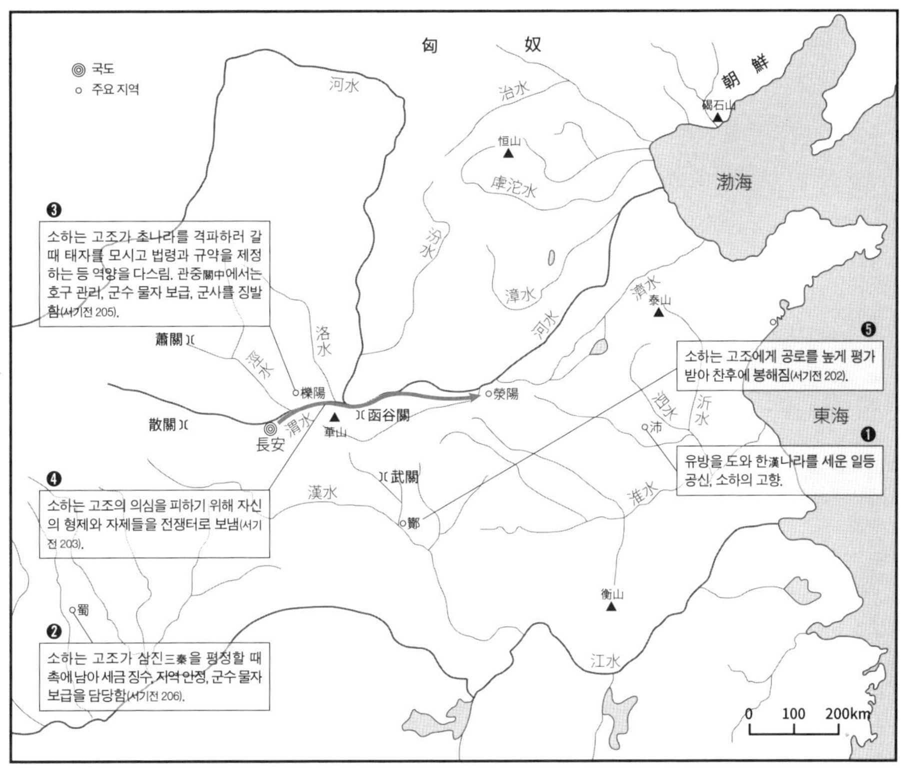

匈　奴
◎ 국도
○ 주요 지역
朝鮮
渤海
東海
❸ 소하는 고조가 초나라를 격파하러 갈 때 태자를 모시고 법령과 규약을 제정하는 등 역량을 다스림. 관중關中에서는 호구 관리, 군수 물자 보급, 군사를 징발함(서기전 205).
❺ 소하는 고조에게 공로를 높게 평가받아 찬후에 봉해짐(서기전 202).
❶ 유방을 도와 한漢나라를 세운 일등 공신, 소하의 고향.
❹ 소하는 고조의 의심을 피하기 위해 자신의 형제와 자제들을 전쟁터로 보냄(서기전 203).
❷ 소하는 고조가 삼진三秦을 평정할 때 촉에 남아 세금 징수, 지역 안정, 군수 물자 보급을 담당함(서기전 206).
蕭關
散關
長安
櫟陽
滎陽
函谷關
華山
武關
酇
沛
蜀
恒山
泰山
衡山
碣石山
河水
洛水
渭水
漢水
淮水
江水
泗水
沂水
濟水
漳水
滹沱水
治水
汾水
0　100　200km

사기 제54권 史記卷五十四

조상국세가 曹相國世家

사기 제54권 조상국세가 제24
史記卷五十四 曹相國世家第二十四

신주 조상국 조참曹參(?~서기전 190)은 진秦나라 때 패현의 옥연獄掾이었다. 유방의 봉기에 가담해 유방이 초나라를 멸망시키고 한나라 천하를 만드는데 100번의 전투를 치렀다고 할 정도로 큰 공을 세워서 논공행상 때 소하에 이어 2위에 책록되고, 평양후平陽侯의 작위를 받았다.

제국齊國의 승상丞相이 되어 제국왕 유비劉肥를 보좌하다가 혜제 즉위 후 죽음이 임박한 소하의 천거로 상국이 되어 '조상국曹相國'으로 불린다. 상국이 된 후 소하가 만든 법칙을 조참이 따른다는 뜻의 '소규조수蕭規曹隨'라는 사자성어四字成語가 생겼다. 소하와 조참의 무위지치無爲之治 사상에 바탕을 둔 여러 정책은 오랜 전란에 지친 백성의 마음을 위로했으며 이른바 문제와 경제 시대의 치세를 뜻하는 문경지치文景之治를 낳았다. 혜제 5년(서기전 190) 사망했는데 시호는 의후懿侯이다.

제一장

용감한 장군 조참

평양후[①] 조참은 패현 사람이다.[②] 진秦나라 때 패현의 옥연獄掾(결보연決曹掾)이 되었고 소하는 주리主吏가 되었는데, 현에 있을 때 호걸스런 관리였다.

平陽[①]侯曹參者 沛人也[②]秦時爲沛獄掾 而蕭何爲主吏 居縣爲豪吏矣

① 平陽평양

정의 진주성晉州城은 곧 평양 고성이다.

晉州城即平陽故城也

신주 한나라 때 하동군 북부지역인데, 춘추시대 진晉나라 수도 강絳에서 분수汾水를 따라 북쪽에 있다. 오늘날 임분시臨汾市로 산서성의 대도시이다. 조위曹魏 때 하동군을 나누어 평양군을 설치한다. 〈한세가〉에 자세한 주석이 있다.

② 曹參者 沛人也조참자 패인야

집해 장화가 말했다. "조참의 자는 경백敬伯이다."

張華曰 曹參字敬伯

색은 〈지리지〉에서 평양현은 하동군에 속한다. 또《춘추위》와《박물지》를 살펴보니 나란히 조참의 자를 경백敬伯이라 한다

地理志平陽縣屬河東 又按春秋緯及博物志 竝云參字敬伯

정의 살펴보니 패沛는 지금의 서주현이다.

按 沛 今徐州縣也

고조가 패공沛公이 되어 처음 봉기했을 때 조참은 중연中涓[①]으로 따랐다. 장수로 호릉胡陵과 방여方與[②]를 공격하고 진秦나라 감공監公의 군대[③]를 공격해서 대파했다.

동쪽의 설薛을 함락하고 사수군수 군대를 설薛 외곽 서쪽에서 공격했다. 다시 호릉을 공격해 빼앗았으며 이동해서 방여를 지켰다.

高祖爲沛公而初起也 參以中涓從[①] 將擊胡陵方與[②] 攻秦監公軍[③] 大破之 東下薛 擊泗水守軍薛郭西 復攻胡陵 取之 徙守方與

① 中涓중연

집해 《한서음의》에서 말한다. "중연은 중알자中謁者와 같다."

漢書音義曰 中涓如中謁者

집해 涓은 '견[古玄反]'으로 발음한다.

涓音古玄反

② 胡陵方與호릉방여

색은 〈지리지〉에서 호릉과 방여 두 현은 모두 산양군에 속한다.

地理志 二縣皆屬山陽郡

정의 호릉은 현 이름이고 방여 남쪽에 있다. 方의 발음은 '방房'으로 발음하고, 與는 '예預'로 발음한다. 호릉과 방여는 연주兗州의 현이다.

胡陵 縣名 在方與之南 方音房 與音預 兗州縣也

신주 호릉은 패현에서 서북쪽에 있고 방여는 호릉 서북쪽에 있는데 사수泗水를 거슬러 가는 곳에 있다.

③ 秦監公軍진감공군

집해 《한서음의》에서 말한다. "감監은 어사감군御史監郡이다. 공公은 이름이다. 진秦나라에서는 한 군에 수守, 위尉, 감監의 3인을 두었다."

漢書音義曰 監 御史監郡者 公 名 秦一郡置守尉監三人

색은 주석을 살펴보니 공公은 감監의 이름이라 했다. 그러나 〈고조본기〉에서 사천감泗川監의 이름은 평平이라고 한즉, 평은 이름이고 공은 서로 높여주는 칭호이다.

按注 公者監之名 然本紀泗川監名平 則平是名 公爲相尊之稱也

방여에서 반란을 일으켜 위魏나라에 붙자 이를 공격했다.① 풍豊에서 반란을 일으켜 위나라에 붙자② 이를 공격했다. 칠대부七大夫③의 작위를 하사받았다.

진秦나라 사마이司馬尼④의 군대를 탕碭의 동쪽에서 공격해 쳐부수고 탕과 호보狐父⑤와 지祁의 선치善置⑥를 빼앗았다.

方與反爲魏 擊之① 豊反爲魏② 攻之 賜爵七大夫③ 擊秦司馬尼④軍碭東 破之 取碭狐父⑤祁善置⑥

① 擊之격지

정의 조참이 방여를 공격한 것이다.

曹參擊方與

② 豊反爲魏풍반위위

색은 당시 옹치雍齒가 풍을 지켰는데 위魏나라를 위해 패공을 배반했다.

時雍齒守豊 爲魏反沛公

③ 七大夫칠대부

신주 진秦나라와 한나라 때에 벼슬을 20등작으로 구분하여 녹봉을 달리했는데, 등작이 위일수록 지위가 높고 녹봉이 많았다. 즉 20등작이 가장 높은 벼슬이다. 7대부의 정식 명칭은 공대부公大夫이다.

④ 尼이

정의 尼는 '이夷'로 발음한다.

音夷

⑤ 碭狐父탕호보

집해 서광이 말했다. "오피伍被는 오왕 비濞가 호보狐父에서 패했다고 한다."

徐廣曰 伍被曰吳濞敗於狐父

색은 〈지리지〉에서 탕碭은 양국梁國에 속한다. 호보는 지명이고 양梁과 탕 사이에 있다. 서광은 오피를 인용하여 "오왕 비가 호보에서 패했다."고 했으니, 곧 오吳와 양이 서로 대치하다 패한 곳이다.

地理志碭屬梁國 狐父 地名 在梁碭之閒 徐氏引伍被云吳濞敗於狐父 是吳與梁相拒而敗處

정의 《괄지지》에서 말한다. "호보정은 송주宋州 탕산현 동남쪽 30리에 있다."

括地志云 狐父亭在宋州碭山縣東南三十里

신주 〈오왕비열전〉에 오초칠국의 난을 일으킨 오왕 유비는 양효왕梁孝王 유무劉武와 양나라에서 대치했다고 하는데, 위 주석에서 말한 곳이다.

⑥ 祁善置지선치

집해 문영이 말했다. "선치는 치명置名(역참의 이름)이다." 진작은 말했다. "祁는 '지坻'로 발음한다." 손검은 말했다. "한나라는 역驛을 일러 치置라고 했으며, 선善은 역 이름이다."

文穎曰 善置 置名也 晉灼曰 祁音坻 孫検曰 漢謂駅曰置 善 名也

색은 살펴보니 사마표의 《후한서》 〈군국지〉에서 곡숙穀熟에 지정祁亭이 있다고 한다. 유씨의 발음은 '지遲'이고 가장 통상적인 발음으로 읽는다고도 했다. 선치善置는 역참의 이름이다. 한나라에서는 역驛을 치置라고 했다.

按 司馬彪郡國志谷熟有祁亭 劉氏音遲 又如字 善置 置名 漢謂駅爲置

정의 《괄지지》에서 말한다. "옛 지성祁城은 송주宋州 하읍현 동북쪽 49리에 있고, 한나라 지성현이다." 조참이 탕과 호보와 지현의 선치를 빼앗았다는 말이다.

括地志云 故祁城在宋州下邑縣東北四十九里 漢祁城縣也 言取碭狐父及祁縣之善置

신주 주석에 나온 지명들 모두 진秦나라 탕군에 속한다. 패 서쪽에 있다.

> 또 하읍下邑의 서쪽을 공격하고 우虞에 이르러① 장함章邯의 전차와 기병을 공격했다.
> 원척爰戚② 을 공격하고 항보亢父③에 이르렀을 때 먼저 (성에) 올랐다. 승진하여 오대부五大夫④가 되었다.
> 又攻下邑以西 至虞① 擊章邯車騎 攻爰戚②及亢父③ 先登 遷爲五大夫④

① 下邑以西 至虞하읍이서 지우

색은 〈지리지〉에서 "하읍과 우는 모두 양국梁國에 속한다."라고 했다.
地理志下邑虞皆屬梁國

정의 송주宋州 하읍현은 송주 동쪽 110리에 있다. 한나라 하읍성은 지금의 탕산현이다. 우성현은 송주 북쪽 50리에 있는데 옛 우국虞國이며 상균商均을 봉한 곳이다.
宋州下邑縣在州東百一十里 漢下邑城 今碭山縣是 虞城縣在州北五十里 古虞國 商均所封

신주 상균은 순임금 아들이라 한다. 위 지명들 모두 옛 송나라 땅으로, 이때 탕군 소속이었으며, 한나라 때 양국에 속한다.

② 爰戚원척

집해 서광이 말했다. "선제 때 원척후爰戚侯가 있었다."

徐廣曰 宣帝時有爰戚侯

색은 소림이 말했다. "현 이름이고 산양군에 속한다." 〈고조공신후자연표〉를 살펴보니 원척후는 조성趙成이다.

蘇林云 縣名 屬山陽 按功臣表 爰戚侯趙成

정의 戚은 '적寂'으로 발음한다. 유씨가 말했다. "(戚은) '척[七歷反]'으로 발음한다." (원척은) 지금의 연주兗州 남쪽에 있고 항보현과 가깝다.

音寂 劉音七歷反今在兗州南 近亢父縣

③ 亢父항보

색은 〈지리지〉에서 현 이름이고 동평군에 속한다.

地理志縣名 屬東平

정의 《괄지지》에서 말한다. "항보 고성은 연주兗州 임성현任城縣 남쪽 51리에 있다."

括地志 亢父故城在兗州任城縣南五十一里

신주 원척과 임성과 항보 등은 모두 옛 노魯나라 서쪽 일대이다. 앞서 나온 방여方與 북쪽에 있다.

④ 遷為五大夫천위오대부

신주 9등작이며, 정식 명칭이 오대부五大夫이다. 5등작이라는 뜻이 아니다.

북쪽에서 아阿[①]를 구원하고 장함의 군대를 공격해 진영을 무너뜨리고 추격해 복양濮陽[②]에 이르렀다. 정도定陶를 공격하고 임제臨濟[③]를 빼앗았다. 남쪽으로 옹구雍丘를 구원하고 이유李由[④]의 군대를 공격해 무너뜨려 이유를 살해하고 진秦나라 후候(척후병) 1명을 사로잡았다.

진秦나라 장수 장함이 항량項梁을 무너뜨리고 살해하자[⑤] 패공은 항우와 함께 군사를 이끌고 동쪽으로 물러났다.

北救阿[①] 擊章邯軍 陷陳 追至濮陽[②] 攻定陶 取臨濟[③] 南救雍丘 擊李由軍 破之 殺李由[④] 虜秦候一人 秦將章邯破殺項梁也[⑤] 沛公與項羽引而東

① 阿아

색은 살펴보니 아阿는 곧 동아東阿이다. 당시에 장함이 전영田榮을 동아에서 포위했다.

按 阿即東阿也 時章邯圍田榮於東阿也

정의 지금의 제주 동아이다.

今濟州東阿也

② 濮陽복양

신주 현 이름으로 옛 위衛나라 수도이다. 진나라 동군東郡에 속하며 군의 치소였다. 동아 역시 진나라 동군에 속한다.

③ 臨濟임제

정의 치주淄州 고원현高苑縣 서북쪽 2리에 적狄의 고성이 있는데 한나라 안제安帝가 고쳐서 임제라고 했다.

淄州高苑縣西北二里有狄故城 安帝改曰臨濟

④ 李由이유

신주 이유는 진秦나라 승상이던 이사李斯의 장자이다.

⑤ 秦將章邯破殺項梁也진장장함파살항량야

신주 항량은 진나라 군대와 싸워 이기자 교만해졌다. 송의宋義가 이를 간했으나 듣지 않다가 정도定陶에 매복해 있던 장함의 군대에게 크게 패하고 그곳에서 죽임을 당했다. 정도는 옛 조曹나라 수도로, 송宋나라에 병합되었다.

> 초나라 회왕懷王은 패공을 탕군 장長으로 삼아서[①] 탕군의 군사를 거느리게 했다. 이에 조참을 봉해 집백執帛[②]으로 삼고 건성군建成君[③]이라고 칭했다. 승진시켜 척공戚公[④]으로 삼고 탕군에 소속시켰다.
>
> 楚懷王以沛公爲碭郡[①]長 將碭郡兵 於是乃封參爲執帛[②] 號曰建成[③]君 遷爲戚公[④] 屬碭郡

① 碭郡탕군

신주 진나라에 설치한 군의 하나이며, 춘추전국시대 송宋나라 영토를 중심으로, 조曹나라와 위魏나라 영토 일부를 포함하여 설치한 군이다. 탕碭은 '거치다'라는 뜻이다. 위치는 중원의 한가운데로, 사방에서 거쳐 가는 길목이라는 뜻에서 붙인 이름일 것이다. 한漢나라는 양梁으로 고치는데, 탕과 같은 뜻이다. 옛 송나라 땅이기 때문에 당나라에서 '송주'라고 이름 붙였다. 자세한 설명은 〈진섭세가〉에 나온다.

② 執帛집백

집해 장안이 말했다. "고경孤卿이다. 어떤 이는 초楚의 관직 이름이라고 했다."

張晏曰 孤卿也 或曰楚官名

③ 建成건성

색은 〈지리지〉에서 건성현은 패군에 속한다.

地理志建成縣屬沛郡

④ 戚公척공

색은 조참을 옮겨서 척戚 땅의 현령으로 삼았다.

謂遷參為戚令

정의 곧 원척현爰戚縣이다. 이때는 패군에 속했다.

即爰戚縣也 是時屬沛郡

신주 당시 패군 북쪽 패현 일대를 모두 탕군에 소속시켰다는 말이다.

그 뒤에 한왕을 따라 동군위東郡尉 군대를 공격하여 성무成武[①] 남쪽에서 격파했다. 왕리王離[②]의 군대를 성양成陽[③] 남쪽에서 공격하고 다시 강리杠里에서 공격해 크게 쳐부수었다. 계속 추격해서 서쪽 개봉開封에 이르러 조분趙賁[④]의 군대를 공격해 쳐부수고 조분을 개봉성 안에 두고 포위했다.

其後從攻東郡尉軍 破之成武南[①] 擊王離[②]軍成陽南[③] 復攻之杠里 大破之 追北 西至開封 擊趙賁[④]軍 破之 圍趙賁開封城中

① 成武성무

색은 〈지리지〉에서 성무현은 산양군에 속한다.

地理志成武縣屬山陽

② 王離왕리

신주 왕리는 진나라 장군으로 자는 명明인데 왕분王賁의 아들이고 왕전王翦의 손자이다. 2세 황제 때 진승과 오광의 난에서 크게 활약했으나, 서기전 207년 항우에게 패하고 포로가 되었는데, 이후 생몰이 불분명하다.

③ 成陽성양

색은 〈지리지〉에서 현 이름이고 제음군에 있다. 성成은 지명이다. 주나라 무왕이 아우 계재季載를 성成에 봉했는데, 그의 후대에 성 남쪽으로 옮겼다. 그러므로 성양이라 한다.

地理志縣名 在濟陰 成 地名 周武王封弟季載於成 其後代遷於成之陽 故曰

成陽

정의 성양 고성은 복주濮州 뇌택현이다. 《사기》에서 말한다. "무왕이 아우 계재를 성에 봉했는데 그의 후대에 성 남쪽으로 옮겼다. 그러므로 성양이라고 한다."

成陽故城 濮州雷澤縣是 史記云武王封弟季載於成 其後遷於成之陽 故曰成陽也

신주 성양은 중원의 큰 늪지 대야택大野澤 서쪽으로 진나라가 통일한 이후에는 아마 동군 소속이었을 것이다. 동북쪽에 전국시대 위魏나라가 제齊나라 손빈孫臏에게 거듭 패한 계릉桂陵과 마릉馬陵이라는 구릉지대가 자리하고 있다. 후대에 황하의 지속적인 범람으로 깎여 지금은 거의 평지가 되었다.

④ 賁분

색은 賁은 '분奔'으로 발음한다.

音奔

서쪽으로 나아가 진秦나라 장군 양웅楊熊①의 군대를 곡우曲遇②에서 공격해 쳐부수고 진나라 사마司馬와 어사御史 각 1명을 포로로 잡았다. 승진하여 집규執珪가 되었다.③

패공을 따라 양무陽武④를 공격하고 환원轘轅과 구지緱氏⑤를 함락시켰으며 하수河水 나루터⑥를 끊고 돌아와 조분의 군대를 시尸⑦ 북쪽에서 공격해 쳐부수었다.

西擊將楊熊[①]軍於曲遇[②] 破之 虜秦司馬及御史各一人 遷爲執珪[③] 從攻陽武[④] 下轘轅緱氏[⑤] 絶河津[⑥] 還擊趙賁軍尸[⑦]北 破之

① 楊熊양웅

신주 양웅은 진나라 장수로 한왕 유방과 곡우曲遇에서 싸워 패하고 물러나 형양에서 방어했다. 그러나 2세 황제가 사신을 보내 죄를 물어 참수했다.

② 曲遇곡우

집해 서광이 말했다. "중모中牟에 있다."

徐廣曰 在中牟

색은 曲은 '구[丘羽反]'로 발음하고 遇는 '융[牛凶反]'으로 발음한다.

曲 丘禹反 遇 牛凶反

정의 曲은 '구[丘羽反]'로 발음하고 遇는 '옹[牛恭反]'으로 발음한다. 사마표의 《속한서》〈군국지〉에서 중모에 곡우취가 있다고 한다. 살펴보니 중모는 정주鄭州의 현이다.

曲 丘羽反 遇 牛恭反 司馬彪郡國志云中牟有曲遇聚 按 中牟 鄭州縣也

신주 〈소상국세가〉에서 설명했듯이, 중모는 경京과 대량大梁(개봉) 사이에 있는데 한나라 때 하남군 소속이며, 조위曹魏 때 하남군 동쪽을 떼어 형양군을 설치했다. 현재 하남성의 두 대도시 정주시와 개봉시 사이에 있다. 북쪽에 양무가 있다.

③ 執珪집규

집해 장안이 말했다. "후백은 규珪를 가지고 조회하며, 지위는 그에 견준다." 여순이 말했다. "《여씨춘추》에서 '오원伍員(오자서)을 얻어 집규에 자리하게 했다.'고 하니, 옛날 작위 이름이다."

張晏曰 侯伯執珪以朝 位比之 如淳曰 呂氏春秋 得伍員者位執珪 古爵名

④ 陽武양무

정의 《괄지지》에서 말한다. "양무 고성은 정주 양무현 동북쪽 18리에 있으며 한나라 양무현성이다."

括地志云 陽武故城在鄭州陽武縣東北十八里 漢陽武縣城也

⑤ 轘轅緱氏환원구지

색은 〈지리지〉에서 양무와 구지 두 현은 하남군에 속한다. 환원은 길 이름이고 구지의 남쪽에 있다.

地理志陽武緱氏二縣屬河南 轘轅 道名 在緱氏南

정의 구지는 낙주洛州의 현이다. 《괄지지》에서 말한다. "환원의 옛 관關은 낙주 구지현 동남쪽 40리에 있다. 《십삼주지》에서 환원도는 총 12구비이며 곧 험한 길이라고 한다."

緱氏 洛州縣也 括地志云 轘轅故關在洛州緱氏縣東南四十里 十三州志云轘轅道凡十二曲 是險道

신주 둘 다 낙양에 가까운 곳으로, 낙양 바로 동쪽 언사현偃師縣과 공현鞏縣 남쪽에 있다.

⑥ 津진

정의 나루는 물을 건너는 곳이다. 《괄지지》에서 말한다. "평음 옛 나루터는 낙주洛州 낙양현 동북쪽 50리에 있다."

津 濟渡處 括地志云 平陰故津在洛州洛陽縣東北五十里

신주 항우와 장안 입성을 다투던 유방이 항우의 별장을 건너오지 못하게 하려고 나루터를 끊었다. 이른바 낙양 북쪽 관문으로 맹진孟津이라 하며, 고대사에서 숱하게 언급되어 나온다.

⑦ 尸시

집해 서광이 말했다. "시尸는 언사현에 있다." 맹강이 말했다. "시향 북쪽이다."

徐廣曰 尸在偃師 孟康曰 尸鄉北

정의 조분 군사를 시향 북쪽에서 쳐부수었다. 《괄지지》에서 말한다. "시향정은 낙주 언사현에 있는데, 낙주 동남쪽에 있다."

破趙賁軍於尸鄉之北也 括地志云 尸鄉亭在洛州偃師縣 在洛州東南也

> 패공을 따라 남쪽 주犨①를 공격하고 남양南陽군수 의齮와 양성陽城② 외곽 동쪽에서 싸워서 진영을 함락하고③ 완宛을 빼앗았으며 의를 포로로 잡아 남양군을 모두 평정했다.
>
> 從南攻犨① 與南陽守齮戰陽城郭東② 陷陳③ 取宛 虜齮 盡定南陽郡

① 犨주

신주 남양군 동북단 현으로 북쪽은 치수滍水를 끼고 있으며 동남쪽으로는 남양군 치소 완宛으로 가는 길목이다. 하남과 남양을 연결하는 길목이기도 하다. 유방은 낙양 쪽이 아니라 환원에서 산맥을 넘어 남쪽으로 진군했다.

② 陽城양성

집해 응소가 말했다. "지금의 자양赭陽이다."

應劭曰 今赭陽

색은 서광은 "양성은 남양군에 있다."고 했는데 응소는 "지금의 자양이다."라고 했으니, 자양은 곧 남양군 현이다.

徐廣云 陽城在南陽 應劭云 今赭陽 赭陽是南陽之縣

③ 陷陳함진

정의 남양군수를 양성 외곽 동쪽에서 무너뜨린 것이다.

陷南陽守於陽城郭東也

신주 〈고조본기〉에 남양군수가 항복하는 과정이 자세히 나온다. 여기서는 소략한 것이다. 齮의 통상 발음은 '기'이지만 '의'라고도 발음하는데, 〈고조본기〉 주석에 따라 '의'로 읽는다.

패공을 따라 서쪽 무관武關과 요관嶢關①을 공격해 빼앗았다. 이보다 앞서 진秦나라 군대를 남전藍田② 남쪽에서 공격하고 또 밤에 그 북쪽에서 쳐서 진나라 군사를 크게 쳐부수고 마침내 함양咸陽에 이르러 진나라를 멸했다.

從西攻武關嶢關① 取之 前攻秦軍藍田南② 又夜擊其北 秦軍大破 遂至咸陽 滅秦

① 武關嶢關무관요관

정의 《괄지지》에서 말한다. "옛 무관은 상주商州 상락현 동쪽 90리에 있다. 남전관은 옹주 남전현 동남쪽 90리에 있고, 곧 진秦의 요관嶢關이다."

括地志云 故武關在商州商洛縣東九十里 藍田關在雍州藍田縣東南九十里 即秦嶢關也

② 藍田남전

정의 남전현은 옹주 동남쪽 80리에 있고 남전산의 이름을 따라 붙였다.

雍州藍田縣在州東南八十里 因藍田山為名

신주 유방은 장량 등의 계책에 따라, 함곡관 돌파를 피하고 남쪽 남양을 거쳐 동남쪽 방향에서 관중으로 들어갔다. 이 일대 지명들에 관한 주석은 〈초세가〉 회왕懷王 시대에 자세히 나와 있다.

항우가 이르러 패공을 한왕漢王으로 삼았다. 한왕은 조참을 봉해 건성후建成侯로 삼았다. 한왕을 따라 한중漢中[①]에 이르렀고 승진하여 장군이 되었다. 한왕을 따라 (관중으로) 돌아와 삼진三秦을 평정하고 처음에 하변下辯과 고도故道,[②] 옹雍과 태斄[③]를 공격했다.

項羽至 以沛公爲漢王 漢王封參爲建成侯 從至漢中[①] 遷爲將軍 從還定三秦 初攻下辯故道[②]雍斄[③]

① 漢中한중

정의 양주梁州는 본래 한중군이다.

梁州本漢中郡

② 下辯故道하변고도

색은 〈지리지〉에서, 두 현의 이름이고 모두 무도군에 속한다. 辯은 '편[皮莧反]'으로 발음한다.

地理志二縣名 皆屬武都 辯音皮莧反

정의 《괄지지》에서 말한다. "성주成州 동곡현同谷縣은 본래 한漢의 하변도이다." 또 이르기를 "봉주鳳州 양당현兩當縣은 본래 한의 고도현이고 봉주 서쪽 50리에 있다."

括地志云 成州同谷縣 本漢下辯道 又云 鳳州兩當縣 本漢故道縣 在州西五十里

신주 하변고도 일대는 훗날 삼국시대 촉蜀과 위魏가 심하게 다툰 곳이라, 《삼국지》에 무수하게 등장한다. 무도군은 진나라 때 한중군 소속이었는데, 한나라 무제 때 무도군을 설치했다. 한중군 서쪽에 있다. 한중과 관중 사이에는 험준한 진령산맥이 가로막고 있다. 한중에서 관중으로 가려면, 자오도子午道, 야곡도斜谷道, 산관도散關道 등의 험준한 협곡을 지나야 한다. 그중에서 산관도가 제일 험하다.

무도군 치소 하변을 거쳐 서북으로 빠져 진령산맥 서쪽을 휘감아 돌아 다시 동쪽 장안으로 가는 길을 기산도祁山道라 한다. 무도군 북동쪽 고도현을 통해 산관을 넘어 옹주로 넘어가는 길을 진창도陳昌道라 한다. 산관도의 맨 서쪽이라 그나마 수월하다. 한신韓信은 이 길을 통해 관중으로 들이닥쳤으므로 그 작전을 따라 '암진창도暗陳昌道'라는 고사성어가 생겼다. 이때가 한나라 원년(서기전 206) 8월이다. 사마흔司馬欣과 동예董翳는 바로 항복한다.

진창도를 지나면 바로 옹雍이 나오고 다시 장안과 중간에 무공현이 있다. 항우는 장함章邯을 옹왕雍王으로, 사마흔을 새왕塞王으로, 동예를 적왕翟王으로 두었다. 장함은 폐구廢丘에 도읍했는데, 곧 괴리槐里이고 장안 바로 서쪽이다. 장함은 서북쪽으로 도망가서 1년을 버티지만, 결국 한나라 2년 7월에 무너진다. 사마흔이 도읍한 역양櫟陽은 옛 진나라 수도이기도 했는데 장안 북동쪽에 있다. 동예가 도읍한 고노高奴는 옛 서하西河로 진나라 상군上郡이며, 사마흔 국가의 북쪽이다.

③ 雍斄옹태

색은 〈지리지〉에서 두 개의 현 이름이고 우부풍에 속한다. 斄는 '태胎'로 발음한다."

地理志二縣名 屬右扶風 斄音胎

정의 태斄는 '태邰'로 되어 있는데 '이貽'로 발음한다. 《괄지지》에서 말한다. "옛 옹현 남쪽 7리에 있다. 옛 태성斄城은 일명 무공武功이고 현의 서남쪽 22리이고 옛 태국邰國이다."

斄作邰 音貽 括地志云 故雍縣南七里 故斄城一名武功 縣西南二十二里 古邰國也

장평章平(장함 아우) 군대를 호치好畤① 남쪽에서 공격해 부수고 호치를 포위했으며 양향壤鄉②을 빼앗았다. 삼진三秦의 군사들을 양향 동쪽과 고력高櫟③에서 공격해 무너뜨렸다. 다시 장평을 포위하자 장평은 호치에서 나와 달아났다. 이로 인해서 조분과 내사

보保의 군대를 공격해 무너뜨렸다.

擊章平軍於好時南① 破之 圍好時 取壤鄉② 擊三秦軍壤東及高櫟③ 破之 復圍章平 章平出好時走 因擊趙賁內史保軍 破之

① 好時호치

정의 《괄지지》에서 말한다. "호치성은 옹주 호치현 동남쪽 13리에 있다."

括地志云 好時城在雍州好時縣東南十三里

② 壤鄉양향

집해 문영이 말했다. "지명이다."

文穎曰 地名

③ 高櫟고력

색은 櫟은 '력歷'으로 발음한다. 살펴보니 문영은 말했다. "양향과 고력은 모두 지명이다." 그래서 모두 우부풍에 있는데, 지금 그 지명은 기록에 없다.

櫟音歷 按 文穎云壤鄉高櫟皆地名也 然盡在右扶風 今其地闕也

정의 櫟은 '력歷'으로 발음한다. 모두 촌읍명이다. 지금의 옹주 무공현 동남쪽 10여 리는 고양방高壤坊인데, 이곳이 고력高櫟 근처 양향이다.

音歷 皆村邑名 壤鄉 今雍州武功縣東南一十餘里高壤坊 是高櫟近壤鄉也

동쪽에서 함양을 빼앗고 이름을 고쳐 신성新城①이라 했다. 조참이 군사를 인솔하고 경릉景陵②을 지킨 지 20일 만에 삼진三秦에서 장평 등을 시켜 조참을 공격하자, 조참이 출격해 대파했다. 영진寧秦③을 식읍으로 하사받았다.

東取咸陽 更名曰新城① 參將兵守景陵②二十日 三秦使章平等攻參 參出擊 大破之 賜食邑於寧秦③

① 新城신성

색은 살펴보니 《한서》 고제 원년 함양을 신성이라 불렀고, 무제가 이름을 고쳐 위성渭城이라 했다.

按 漢書高帝元年咸陽名新城 武帝改名曰渭城

② 景陵경릉

집해 《한서음의》에서 말한다. "현 이름이다."

漢書音義曰 縣名也

③ 寧秦영진

집해 소림이 말했다. "지금의 화음이다."

蘇林曰 今華陰

조참은 장군으로서 군사를 이끌고 장함을 폐구廢丘[①]에서 포위했다. 중위中尉 신분으로 한왕을 따라서 임진관臨晉關[②]으로 나왔다. 하내군에 이르러 수무脩武[③]를 함락하고 위진圍津[④]을 건너 동쪽으로 용저龍且와 항타項他[⑤]를 정도定陶에서 공격해 무너뜨렸다. 동쪽으로 진격해 탕碭과 소蕭와 팽성彭城[⑥]을 빼앗았다. 항적項籍(항우)의 군대를 쳤으나 한나라 군대가 대패하고 달아났다.

參以將軍引兵圍章邯於廢丘[①] 以中尉從漢王出臨晉關[②] 至河內 下脩武[③] 渡圍津[④] 東擊龍且項他[⑤]定陶 破之 東取碭蕭彭城[⑥] 擊項籍軍 漢軍大敗走

① 廢丘폐구

정의 주周나라 견구犬丘였는데 진秦나라 때 이름을 바꾸어 폐구라고 했고, 한漢나라 때 이름을 바꾸어 괴리槐里라고 했다. 지금 고성은 옹주 시평현 동남쪽 10리에 있다.

周曰犬丘 秦更名廢丘 漢更名槐里 今故城在雍州始平縣東南十里

② 臨晉關임진관

정의 곧 포진관蒲津關이며 임진현에 있다. 옛날에는 임진관이라고 불렀고, 지금은 동주同州에 있다.

即蒲津關也 在臨晉縣 故言臨晉關 今在同州也

신주 고대사에 숱하게 등장하는 지역이다. 관중을 가로지르는 위수渭水는 황하에 합류하기 전에 하서 북쪽에서 발원한 낙양의 낙수와 다른 낙수洛水를 받아들이는데, 그 남쪽이 바로 화산華山이고 조참이 식읍으로 받은 화음은 화산 북쪽이며 옛 함곡관이 있다.

낙수가 위수로 들어가기 전 서북쪽에 임진관이 있다. 동쪽으로 가면 남북으로 흐르는 황하 본류에 닿는데, 거기가 포판진蒲坂津이다. 포판진에서 남쪽으로 가면 황하와 위수가 만나며, 거기서부터 황하는 90도 꺾여 동쪽으로 흐른다. 그 남쪽이 함곡관이다. 한漢나라에서 낙양 서쪽에 새함곡관을 개설함에 따라 옛 함곡관을 동관潼關이라 부른다.

③ 脩武수무

정의 지금의 회주懷州 획가현獲嘉縣이 옛 수무이다.

今懷州獲嘉縣 古脩武也

④ 圍津위진

집해 서광이 말했다. "동군 백마에 위진이 있다."

徐廣曰 東郡白馬有圍津

색은 고씨가 살펴보니 《수경주》에서 말한다. "백마진에는 위향韋鄕과 위진성韋津城에 있다." '위圍'와 '위韋'는 같은데, 옛 글자가 지금의 글자로 변했을 뿐이다.

顧氏按 水經注白馬津有韋鄕韋津城 圍與韋 同 古今字變爾

정의 《괄지지》에서 말한다. "여양진黎陽津을 일명 백마진이라고 하는데 활주滑州 백마현 북쪽 30리에 있다. 《제왕세기》에서는 '백마현 남쪽에 위성韋城이 있는데 옛날 시위국豕韋國이다.'라고 한다. 《속한서》〈군국지〉에서는 '백마현에 위성이 있다.'라고 한다."

括地志云 黎陽津一名白馬津 在滑州白馬縣北三十里 帝王世紀云 白馬縣南有韋城 故豕韋國也 續漢書郡國志云 白馬縣有韋城

⑤ 龍且項他용저항타

신주 용저는 항우 휘하의 장군이고 항타는 위나라 재상이다. 且는 〈항우본기〉 등에 따라 '저'로 읽는다.

⑥ 蕭彭城소팽성

정의 (소와 팽성은) 서주의 두 현이다.

徐州二縣

신주 초패왕 항우의 도읍지가 팽성이다.

조참은 중위中尉로서 옹구雍丘를 포위해 빼앗았다. 왕무王武가 외황外黃①에서 배반하고 정처程處가 연燕에서 배반하자② 출격해서 다 무너뜨렸다.

주천후柱天侯가 연지衍氏에서 반역하자③ 또 나아가 쳐부수고 연지를 빼앗았다. 우영羽嬰④을 곤양昆陽에서 공격하고 추격해 섭葉⑤까지 이르렀다. 돌아와 무강武彊⑥을 공격하고 그로 인해 형양滎陽에 이르렀다.

조참은 한중漢中에서부터 장군과 중위가 되어 한왕을 따라⑦ 제후와 항우를 공격했는데, 패배하고 형양에 돌아오기까지 2년이 걸렸다.

參以中尉圍取雍丘 王武反於[外]黃① 程處反於燕② 往擊 盡破之 柱天侯反於衍氏③ 又進破取衍氏 擊羽嬰④於昆陽 追至葉⑤ 還攻武彊⑥ 因至滎陽 參自漢中爲將軍中尉 從⑦擊諸侯 及項羽敗 還至滎陽 凡二歲

---

① 外黃외황

집해 서광이 말했다. "내황현에 황택黃澤이 있다."

徐廣曰 內黃縣有黃澤

신주 내황과 외황과 옹구 등은 모두 한나라 진류군에 속하며, 전국시대 위魏나라 수도 대량大梁(개봉) 동쪽이다.

② 程處反於燕정처반어연

집해 서광이 말했다. "동군 연현燕縣이다." 살펴보니 《한서음의》에서 말한다. "모두 한나라 장수이다."

徐廣曰 東郡燕縣 駰案 漢書音義曰皆漢將

신주 개봉開封 북쪽의 춘추시대 남연南燕을 가리킨다.

③ 柱天侯反於衍氏주천후반어연지

색은 천주후에 누구를 봉했는지 알지 못한다. 연지衍氏는 위魏의 읍이다. 〈지리지〉에서 천주는 여강군 잠현潛縣에 있다.

天柱侯不知其誰封 衍氏 魏邑 地理志云天柱在廬江潛縣

④ 羽嬰우영

신주 우영은 초한전쟁기의 무장이다. 서기전 205년 여름 4월 수수睢水 싸움에서 유방과 함께 했으나 항우에게 대패하자, 우영은 왕무, 정처, 주천후 등과 유방에 반기를 들었다.

⑤ 於昆陽 追至葉어곤양 추지섭

신주 곤양은 한나라 영천군 서남부이고 섭은 남양군 동북부이다. 모두 두 군의 경계에 가깝다. 〈공자세가〉에서 말한다. "공자가 초나라 섭공을 만난 곳이 바로 남양군 섭이다."

⑥ 武彊무강

집해 신찬이 말했다. "무강성은 양무陽武에 있다."

瓚曰 武彊城在陽武

정의 《괄지지》에서 말한다. "무강 고성은 정주鄭州 관성현 동북쪽 31리에 있다."

括地志云 武彊故城在鄭州管城縣東北三十一里

신주 무강은 앞서 설명한 중모中牟 부근인데 삼국시대 조조曹操가 원소袁紹를 쳐부수고 패권을 잡은 유명한 '관도대전官渡大戰'이 부근에서 벌어졌다. 조위曹魏 때 설치한 하남군 동쪽 형양군과 형양군 동남쪽의 진류군 및 동북쪽 동군은 고대부터 동서남북의 세력들이 충돌하는 지점이다. 중원 고대사의 이해에 중요한 지역이다.

⑦ 從종

색은 (從은) '종[才用反]'으로 발음한다.

才用反

한신과 함께 동쪽을 평정하다

고조 2년, 임시 좌승상에 제수되어 관중으로 들어가 군사를 주둔했다. 한 달 남짓 되었을 때 위왕 표豹가 배반하자① 임시 좌승상으로서 따로 한신韓信과 군사를 나누어 동쪽으로 가서 위나라 장군 손속孫遫②의 군대를 공격해 동장東張③에서 대파했다. 그리고 안읍安邑을 공격하여 위나라 장수 왕양王襄을 사로잡았다. 위왕을 곡양曲陽④에서 공격하고 뒤쫓아가 무원武垣⑤에 이르러 위왕 표를 생포했다.
평양平陽⑥을 빼앗고 위왕의 어미와 처자들을 사로잡아 위나라의 땅을 모두 평정하니 무릇 52개 성이었다. 식읍으로 평양을 하사받았다.
高祖(三)[二]年 拜爲假左丞相 入屯兵關中 月餘 魏王豹反① 以假左丞相別與韓信東攻魏將軍孫遫②軍東張③ 大破之 因攻安邑 得魏將王襄 擊魏王於曲陽④ 追至武垣⑤ 生得魏王豹 取平陽⑥ 得魏王母妻子 盡定魏地 凡五十二城 賜食邑平陽

① 魏王豹反 위왕표반

신주 위왕 표는 위구魏咎의 아우이다. 진승陳勝이 봉기했을 때, 그의 형 위구를 위왕으로 옹립하였다. 위구가 진나라 장함章邯에게 무너지자 위표는 초나라로 도망했다가 돌아와 스스로 위왕에 올랐다. 항우가 제후를 다시 봉할 때, 서위왕西魏王이 되었다가 한왕에게 투항하고 이때 배반했다.

② 遬속

색은 (遬은) '속速'으로 발음한다.

音速

③ 東張동장

집해 서광이 말했다. "장張은 지명이다. 〈고조공신후자연표〉에서는 '장후張侯 모택지毛澤之가 있다.'고 한다" 내가 살펴보니 소림은 하동군에 속한다고 말했다.

徐廣曰 張者 地名 功臣表有張侯毛澤之 駰按 蘇林曰屬河東

정의 《괄지지》에서 말한다. "장양 고성은 일명 동장성東張城이라고 하고 포주 우향현虞鄉縣 서북쪽 40리에 있다."

括地志云 張陽故城一名東張城 在蒲州虞鄉縣西北四十里

④ 曲陽곡양

정의 《괄지지》에서 말한다. "상곡양上曲陽은 정주 항양현이 이곳이다. 하곡양下曲陽은 정주 고성현 서쪽 5리에 있다."

括地志云 上曲陽 定州恆陽縣是 下曲陽在定州鼓城縣西五里

신주 잘못된 인용이다. 상곡양과 하곡양은 하북평원 옛 조趙나라 일대로,

이곳에서 한참 멀다. 하동군 곡옥曲沃 일대로 옛 진晉나라 중심부를 가리킨다.

⑤ 武垣무원

집해 서광이 말했다. "하동군에 원현垣縣이 있다."

徐廣曰 河東有垣縣

정의 《괄지지》에서 말한다. "무원현은 지금 영주성瀛州城이다. 〈지리지〉에서는 '무원현은 탁군涿郡에 속한다.'고 한다."

括地志云 武垣縣 今瀛州城是 地理志云武垣縣屬涿郡也

신주 역시 잘못된 인용이다. 탁군은 옛 연燕나라 일대로 이곳에서 한참 멀다. 곡옥 동남쪽의 원垣을 말하는데 〈위세가〉에 나온다.

⑥ 平陽평양

정의 진주성晉州城이 이곳이다.

晉州城是

신주 〈진초지제월표〉에 따르면, 위나라 평정을 끝낸 때는 한나라 2년 9월이다. 이때 정월은 10월이므로, 비록 뒤에 윤9월이 있긴 하지만 말월에 평정한 셈이다. 〈고조본기〉에서는 3년이라 하지만, 〈회음후전〉과 《한서》 〈고제기〉 역시 2년 9월이라 한다. 〈고조본기〉가 잘못된 것으로 보인다.

> 이를 계기로 한신을 따라 조나라 상국 하열夏說의 군대를 오鄔[①] 동쪽에서 공격해 대파하고 하열의 목을 베었다. 한신은 옛 상산왕

장이張耳와 함께 군사를 이끌고 정형井陘을 함락하고 성안군成安君(진여)을 공격했으며, 조참으로 하여금 군사를 돌려 조나라 별장別將 척장군戚將軍을 오성鄔城 안에서 포위하게 했다. 척장군이 밖으로 달아나자 뒤쫓아가 목을 벴다. 이에 군사를 인솔하고 한왕이 주둔한 오창敖倉으로 갔다.②

한신은 조나라를 쳐부수고 나서 상국이 되어 동쪽 제나라를 쳤다. 조참은 우승상으로 한신에게 소속되어 제나라 역하歷下에서 군대를 공격하여 쳐부수고 마침내 임치臨菑를 빼앗았다.

因從韓信擊趙相國夏說軍於鄔①東 大破之 斬夏說 韓信與故常山王張耳引兵下井陘 擊成安君 而令參還圍趙別將戚將軍於鄔城中 戚將軍出走 追斬之 乃引兵詣敖倉②漢王之所 韓信已破趙 爲相國 東擊齊 參以右丞相屬韓信 攻破齊歷下軍 遂取臨菑

① 鄔오

집해 서광이 말했다. "오현鄔縣은 태원군에 있다. 鄔는 '오[烏古反]'로 발음한다."

徐廣曰 鄔縣在太原 音烏古反

색은 〈지리지〉에서 오鄔는 태원군의 현 이름인데 鄔는 '오[烏古反]'로 발음한다.

地理志鄔 太原縣名 音烏古反

② 敖倉오창

신주 진대秦代에 설치한 양식 저장 창고인데, 오산敖山의 정상에 있어

오창이라고 했다. 한나라와 조위曹魏 때도 이곳에 창고를 설치했다. 형양滎陽에 있다.

> 군사를 돌려 제북을 평정하고① 저著, 탑음漯陰, 평원平原, 격鬲, 노盧②를 공격했다. 이윽고 한신을 따라 용저의 군대를 상가밀上假密③에서 공격해 대파하고 용저의 목을 베고 그의 장군 주란朱蘭을 포로로 잡았다.
> 제나라를 평정하여 총 70여 개의 현을 얻었다. 옛 제왕齊王 전광田廣의 재상 전광田光 및 임시 재상④ 허장許章과 옛 제나라 교동장군膠東將軍 전기田旣도 사로잡았다.
> 한신은 제왕齊王이 되어 군사를 이끌고 진陳으로 나아가서 한왕과 함께 항우를 격파했는데, 조참은 제나라에 머물러 복종하지 않는 자들을 평정했다.
> 定濟北郡① 攻著漯陰平原鬲盧② 已而從韓信擊龍且軍於上假密③ 大破之 斬龍且 虜其將軍周蘭 定齊 凡得七十餘縣 得故齊王田廣相田光 其守相④許章 及故齊膠東將軍田旣 韓信爲齊王 引兵詣陳 與漢王共破項羽 而參留平齊未服者

① 定濟北郡정제북군

신주 제북군濟北郡은 잘못된 것으로 여겨진다. '제북濟北'이어야 한다. 당시 제북군은 없었으며, 훗날 한나라에서 설치한 군으로 임치 서쪽이다. 아마 〈진초지제월표〉에 전안田安이 잠시 왕을 지내다가 전영田榮에게 병합된 그 제북일 것이다. 또 수도를 박양博陽이라 하는데, 곧 천승군(낙안군) 박창博昌이고 임치 북쪽이니, 한나라 제북군과는 위치가 다르다.

② 著漯陰平原鬲盧저탑음평원격노

색은 〈지리지〉에서 저현著縣은 제남군에 속한다. 노현盧縣은 태산군에 속한다. 탑음, 평원, 격鬲 3현은 평원군에 속한다. 漯은 '탑[吐答反]'으로 발음한다.

地理志著縣屬濟南 盧縣屬泰山 漯陰平原鬲三縣屬平原 漯音吐答反

정의 《괄지지》에서 말한다. "평원 고성은 덕주德州 평원현 동남쪽 10리에 있다. 옛 격성은 덕주 안덕현 서북쪽 15리에 있다." 노현은 지금 제주 이현理縣이다.

括地志云 平原故城在德州平原縣東南十里 故鬲城在德州安德縣西北十五里 盧縣 今濟州理縣是也

③ 上假密상가밀

집해 문영이 말했다. "어떤 이는 고밀高密이라고 한다."

文穎曰 或以爲高密

색은 《한서》에서는 또한 '가밀假密'로 되어 있다. 살펴보니 제나라 70현을 항복시켜 안정시켰으니 상가밀은 고밀高密이 아니고 또한 곧 제나라 땅인데, 지금 지명은 빠져 있다.

漢書亦作假密 按 下定齊七十縣 則上假密非高密 亦是齊地 今闕

신주 〈진초지제월표〉에서는 용저를 무너뜨린 것은 한나라 4년 11월이라 한다. 〈항우본기〉에서는 용저를 직접 죽인 것은 기병을 이끌던 관영灌嬰이라 한다. 〈회음후열전〉에서 보면 제나라를 구원하려던 용저와 유수濰水를 끼고 싸웠다고 하며 패잔병을 성양城陽까지 추격했다고 한다. 《수경주》에 보면 유수는 제나라 동쪽이고 성양城陽 북부를 흘러 발해만으로 들어간다. 모두 이 일대 지명들이며, 아울러 〈제도혜왕세가〉에 설명이 나온다.

④ 守相수상

신주 임시로 관직을 맡는 '행수법行守法'이 언제부터 시작되었는지는 정확히 알 수 없다. 수守는 직급보다 높은 관직을 맡는 것이고, 행行은 직급보다 낮은 관직을 수행하는 것이다. 한나라 무렵부터 시행되었다고 하지만 그 전부터 시행되었을 수도 있고 임시 직책을 가리킨다. 또 단순히 재상 아래 직책인 부재상을 가리킬 수도 있다.

항우가 죽고 나서 천하가 안정되자 한왕은 황제가 되고 한신은 옮겨서 초왕楚王이 되었으며 제나라는 군郡이 되었다. 조참은 (우)승상 인장을 한나라에 돌려주었다. 고제는 맏아들 비肥를 제왕齊王으로 삼고 조참을 제나라 상국으로 삼았다.
고조 6년 열후의 작위를 하사하였는데, 제후들에게 부절符節을 쪼개 주어 대대로 단절되지 않게 했다. 평양의 1만 630호를 식읍으로 주었고, 평양후平陽侯라고 호칭했다. 그리고 전에 봉했던 식읍은 없앴다.
項籍已死 天下定 漢王爲皇帝 韓信徙爲楚王 齊爲郡 參歸漢相印 高帝以長子肥爲齊王 而以參爲齊相國 以高祖六年賜爵列侯 與諸侯剖符世世勿絶 食邑平陽萬六百三十戶 號曰平陽侯 除前所食邑

(고조 10) 제나라 상국 신분으로 진희陳豨의 장수 장춘張春의 군대를 공격해 무너뜨렸다.

(고조 11) 경포가 배반하자 조참은 제나라 상국 신분으로 도혜왕(유비劉肥)을 따라 전차와 기마부대 12만 명의 군사를 이끌고 고조와 만나 경포의 군대를 공격해서 대파했다. 남쪽으로 나아가 기蘄에 이르렀다가, 군사를 돌려 죽읍竹邑과 상相과 소蕭와 유留를 평정했다.①

조참의 공으로 총 두 나라와 122개 현을 함락했고 두 명의 왕과 세 명의 재상, 여섯 명의 장군을 잡았으며, 대막오大莫敖,② 군수, 사마, 후, 어사를 각 1명씩 생포했다.

以齊相國擊陳豨將張春軍 破之 黥布反 參以齊相國從悼惠王將兵車騎十二萬人 與高祖會擊黥布軍 大破之 南至蘄 還定竹邑相蕭留① 參功凡下二國 縣一百二十二 得王二人 相三人 將軍六人 大莫敖②郡守司馬候御史各一人

① 蘄 還定竹邑相蕭留기 환정죽읍상소류

색은 〈지리지〉에서 기, 죽읍, 상, 소 4현이 패군에 속한다. 위소는 말했다. "유留는 지금 팽성군에 속한다." 즉, 한나라 초에는 또한 패군에 속했다.

地理志蘄竹邑相蕭四縣屬沛 韋昭云留今屬彭城 則漢初亦屬沛也

정의 《괄지지》에서 말한다. "서주 부리현성은 한漢 죽읍성이다. 이기는 '지금 죽읍이다.'라고 했다. 옛 상성은 부리현 서북쪽 90리에 있다. 《여지지》에서 '송공공宋共公은 수양에서 상자성으로 옮기고 또 수양으로 돌아왔다.'고 한다. 소蕭는 서주의 현이고 옛 소숙국성이다. 옛 유성은 서주 패현 동남쪽 50리에 있고 장량을 봉한 곳이다."

括地志云 徐州符離縣城 漢竹邑城也 李奇云 今竹邑也 故相城在符離縣西北九十里 輿地志云 宋共公自睢陽徙相子城 又還睢陽 蕭 徐州縣 古蕭叔國城也 故留城在徐州沛縣東南五十里 張良所封

신주 영포는 당시 회남왕이었고, 회남국의 영역은 회수를 넘어 회수 북쪽까지 있었음을 알 수 있다. 여기 지명들은 모두 회수 북쪽이다. 자세한 주석들은 〈초세가〉에 나온다.

② 大莫敖대막오

집해 《한서음의》에서 말한다. "초나라 경卿의 호칭이다."

漢書音義曰 楚之卿號

소하를 이어 상국이 되다

효혜제 원년 제후의 상국법相國法이 없어져서 조참을 다시 제나라 승상丞相으로 삼았다. 조참이 제나라 승상으로 있을 때, 70개 성城이었다. 천하가 처음으로 안정되고 도혜왕은 나이가 젊었으므로, 조참이 장로와 여러 유생儒生들을 모두 불러서 백성을 편안하게 하는 방법을 물었다. 그러나 제나라 유생들은 100을 셀 정도로 많았으나 사람마다 말이 다른 까닭에, 조참은 정할 바를 알지 못했다.
교서膠西 땅에 개공蓋公이 있는데 황로黃老의 말①을 잘 익혔다는 소문을 듣고, 사람을 보내 폐백을 후하게 하고 그를 초청했다. 이윽고 개공을 만나자, 개공은 도道로써 다스리고 청정淸靜을 귀하게 여기면 백성은 저절로 안정된다고 건의하면서 비유를 들어 구체적으로 말했다. 조참이 이에 정당正堂②을 비워 개공을 머무르게 했다. 그의 다스림의 요체는 황로의 술법을 사용하는 것이었는데, 제나라 승상이 된 지 9년 만에 제나라는 편안해졌고, 어진 재상이라고 큰 칭송을 들었다.

孝惠帝元年 除諸侯相國法 更以參爲齊丞相 參之相齊 齊七十城 天下初定 悼惠王富於春秋 參盡召長老諸生 問所以安集百姓 如齊故(俗)

諸儒以百數 言人人殊 參未知所定 聞膠西有蓋公 善治黃老言[①] 使人厚幣請之 旣見蓋公 蓋公爲言治道貴淸靜而民自定 推此類具言之 參於是避正堂[②] 舍蓋公焉 其治要用黃老術 故相齊九年 齊國安集 大稱賢相

① 黃老言황로언

신주 도가의 한 갈래로 황제黃帝와 노자老子의 말을 따르는 것이다. 무위자연無爲自然 사상이었지만 후대로 갈수록 장생술과 신선술 등 현실과 동떨어진 사상으로 변질되었고, 후한 이후로 청담淸談과 허무주의로 흘렀다.

② 正堂정당

신주 정무를 보는 대청, 또는 동헌을 말한다.

혜제 2년 소하가 죽었다. 조참이 듣고 사인舍人에게 알려서 길 떠날 행장을 재촉했다.

"나는 장차 (한나라로) 들어가 승상이 될 것이다."

얼마 되지 않아서 사자가 과연 조참을 불렀다. 조참은 떠나면서 그의 뒤를 이어 제나라 승상이 될 인물에게 부탁하며 말했다.

"제나라의 옥의 송사와 시장 교역을 맡기려고 하는데, 삼가 소란하게 하지 마시오."

후임 승상이 말했다.

"다스리는 데 이것보다 큰 것이 없겠습니까?"

조참이 말했다.

"그렇지 않소. 옥송과 시정은 (악인에게도) 용서를 병행해야 하는 곳인데,① 지금 군君께서 (법을) 요란하게 하면 간사한 사람들은 어디에서 용서 받겠습니까? 나는 이 때문에 이를 앞세우라는 것이오.②"

惠帝二年 蕭何卒 參聞之 告舍人趣治行 吾將入相 居無何 使者果召參 參去 屬其後相曰 以齊獄市為寄 慎勿擾也 後相曰 治無大於此者乎 參曰 不然 夫獄市者 所以并容也① 今君擾之 姦人安所容也 吾是以先之②

① 夫獄市者 所以并容也부옥시자 소이병용야

신주 옥송獄訟과 시정市井은 악인에게도 용서를 병행해야 하는 곳이라는 의미이다.

② 夫獄市者~吾是以先之부옥시자~오시이선지

집해 《한서음의》에서 말한다. "무릇 옥송과 시정은 선인과 악인을 겸해서 받는 곳이니, 만약 법대로 다하면 간사한 사람들이 용서를 받거나 숨을 곳이 없게 된다. 간사한 사람들이 용서를 받거나 숨을 곳이 없게 되면, 오래도록 또 혼란해진다. 진秦나라 사람이 형벌을 혹독하게 하자 천하가 배반했고, 효무제가 법을 엄중하게 해서 감옥이 번잡하게 되었는데, 이것이 그 본보기이다. 《노자》에서 '내가 하는 것이 없으면 백성이 스스로 변화하고, 내가 고요한 것을 좋아하면 백성이 스스로 정직해진다.'고 했다. 조참은 도道로써 그 근본을 변화시키고자 했으며, 그 말단을 흔들려고 하지 않았다."

漢書音義曰 夫獄市兼受善惡 若窮極 姦人無所容竄 姦人無所容竄 久且爲亂 秦人極刑而天下畔 孝武峻法而獄繁 此其效也 老子曰 我無爲而民自化 我好靜而民自正 參欲以道化其本 不欲擾其末

신주 《사기지의》에서 말한다. "《양계만지梁溪漫志》에서는 '《맹자》의 장악지간莊嶽之間 주석에 제나라 거리 이름이라 했다. 《좌전》 양공 28년 반진우악反陳于嶽 주석에 리里 이름이라 했다. 옥獄 자는 악嶽 발음에 따라 부합하는데 대개 악시嶽市를 일러 제나라 환궤闤闠(시장의 안팎)의 땅이라 하며, 간사한 사람들이 용납되는 곳이므로 마땅히 소란하게 하지 않아야 한다.'고 했다. 이 설명은 자못 새롭지만 잘못된 것이다. 악嶽과 옥獄 두 글자는 통용된 적이 없다.

송나라 주익朱翌의 《의각료잡기猗覺寮雜記》에서 말한다. '옥송과 시정 두 일이다. 옥獄은 하소연하는 변설辨說로 가르치고 부추겨 자금이 도적에게 공급되는 것과 같은 것이고, 시市는 사사로이 말과 저울을 속여서(양과 무게를) 바꾸는 것과 같은 종류이다. 모두 간사한 사람들이 이익을 도모하는 것인데, 만약 막다르게 다스림을 다한다면, 일은 반드시 가지와 덩굴을 친다. 이것들을 용납하는 바가 없으면 반드시 어지러워지니, 일을 살피는 기술이 잘못된 것이다.'라고 한다."

> 조참은 미천할 때 소하와 더불어 잘 지냈으나 장수가 되고 재상이 되고 나서는 서로 틈이 있었다. 그러나 소하가 죽음에 이르러

어진 사람이라고 추천한 인물은 오직 조참이었다. 조참은 소하를 대신해 한나라 상국이 되어 일을 거행하는데 소하의 정책을 바꾸지 않고 하나같이 소하의 약속을 준수했다.

또 군국郡國의 관리 중 글이나 말이 어눌하지만 중후한 장자長者를 가려서 불러서 승상丞相 속관으로 삼았다. 그러나 관리 중 말과 글이 가혹하고 엄격한 것으로① 명성을 얻으려고 힘쓰는 자는 번번이 퇴출시켰다.

조참은 낮밤으로 진한 술을 마셨다. 경卿과 대부 이하 관리 및 빈객들이 조참을 보고 상국으로 일을 하지 않는다고 여겼다.② 그리고 내방객들도 모두 말을 하고 싶어 했다. 내방객이 이르면 조참은 번번이 진한 술을 내어 마시게 했다. 잠시 후, 말을 하고자 하면 다시 술을 마시게 해서 취하게 한 뒤 그들을 떠나가게 하니 끝내 일깨워 설득할 수 없었는데③ 늘 이렇게 했다.

參始微時 與蕭何善 及爲將相 有郤 至何且死 所推賢唯參 參代何爲漢相國 擧事無所變更 一遵蕭何約束 擇郡國吏木詘於文辭 重厚長者 即召除爲丞相史 吏之言文刻深① 欲務聲名者 輒斥去之 日夜飮醇酒 卿大夫已下吏及賓客見參不事事② 來者皆欲有言 至者 參輒飮以醇酒 閒之欲有所言 復飮之 醉而後去 終莫得開說③ 以爲常

① 吏之言文刻深리지언문각심

신주 언문각심은 법조문의 적용을 각박하고 준엄하게 하는 데에 힘쓴다는 뜻이다.

② 不事事불사사

집해 여순이 말했다. "승상의 일을 일삼지 않은 것이다."

如淳曰 不事丞相之事

③ 開개

집해 여순이 말했다. "개開는 아뢰어 일깨워주려는 바가 있음을 말한다."

如淳曰 開謂有所啟白

상국의 관사 후원은 관리들의 숙소와 가까웠다. 관리들이 숙소에서 날마다 술을 마시고 노래를 불렀다. (상국을) 따르는 관리들은 싫어했지만 어쩔 수가 없었다. 이에 조참에게 후원 안을 거닐 것을 청했다. 관리들이 술에 취해 노래 부르는 소리를 듣고 상국이 불러서 꾸짖기를 바란 것이다. 그러나 도리어 술을 가져다 앉아서 마시고, 또한 노래 부르면서 서로 함께 화답하며 호응했다.

조참은 작은 과실이 있는 사람을 보면 오로지 그것을 가리고 감추고 덮어 주니, 상국 관아에서는 별다른 사고가 없었다.

相舍後園近吏舍 吏舍日飲歌呼 從吏惡之 無如之何 乃請參游園中 聞吏醉歌呼 從吏幸相國召按之 乃反取酒張坐飲 亦歌呼與相應和 參見人之有細過 專掩匿覆蓋之 府中無事

조참의 아들 줄窋[①]이 중대부中大夫[②]가 되었다. 혜제는 상국이 국사를 다스리지 않는 것이 괴이해서 '어쩌면 짐이 부족하다고 여겨서 그러한가?'[③]라고 생각했다. 이에 줄에게 일러 말했다.

"너는 집에 가면 시험 삼아 사적으로 너의 아버지께 '고제께서 막 군신을 떠나가셨습니다. 황제께서는 춘추가 젊으신데 아버님께서는 상군相君이 되어 날마다 술만 마실 뿐 일을 청하는 바가 없습니다. 천하의 걱정거리를 어떻게 해야 합니까?'라고 여쭈어보라. 그러나 내가 너에게 고하라고 했다는 말은 하지 말라.[④]"

조줄은 이윽고 휴가를 얻어 집으로 돌아가 한가하게 모시면서 자연스럽게 조참에게 간하는 식으로 여쭈었다. 조참은 화가 나서 조줄에게 200대의 매질을 하고 말했다.

"너는 빨리 들어가 황제를 모셔라. 천하의 일은 네가 마땅히 말할 바가 아니다."

參子窋[①]爲中大夫[②] 惠帝怪相國不治事 以爲豈少朕與[③] 乃謂窋曰 若歸試私從容問而父曰 高帝新棄群臣 帝富於春秋 君爲相 日飮 無所請事何以憂天下乎 然無言吾告若也[④] 窋旣洗沐歸 閒侍 自從其所諫參 參怒而笞窋二百曰 趣入侍 天下事非若所當言也

① 窋줄

색은 窋은 '줄[張律反]'로 발음한다.

音張律反

② 中大夫중대부

신주 구경九卿 중의 하나인 낭중령郎中令의 속관이다. 《후한서》 〈백관지〉에서는 광록대부, 태중대부, 중산대부, 간의대부 순이다. 중대부는 무제 태초 원년에 이름을 광록대부라 했다. 낭중령은 황제 곁에서 숙위宿衛하는 직책의 총관이다. 후한 때는 이름이 바뀌어 광록훈光祿勳이라 했다. 전한 때 중대부는 아마 태중대부 다음이었을 것이다.

③ 豈少朕與기소짐여

색은 살펴보니 소少는 부족하다고 여기는 말이다. 그러므로 호해胡亥가 또한 이르기를 "승상기소아재丞相豈少我哉"(승상이 어쩌면 자신을 부족하다고 여기는 것이 아닌가)라고 했다. 아마 황제는 승상이 어찌 자신을 부족하다고 여기고 싫어하는 것이 아닌가 생각한 것이다. 안사고는 "내가 나이가 어리다."라고 풀이했는데, 잘못된 것이다.

按 少者不足之詞 故胡亥亦云丞相豈少我哉 蓋帝以丞相豈不是嫌少於我哉 小顏以爲我年少 非也

④ 無言吾告若也무언오고약야

색은 혜제는 조줄에게 일러, 내가 너에게 고해 네 아버지에게 간하게 시켰다는 말을 하지 말라는 것이며, 너 스스로 자신의 뜻이라고 말하라는 것이다.

謂惠帝語窋 無得言我告汝令諫汝父 當自云是己意也

조회 때에 이르러 혜제가 조참을 꾸짖어 말했다.

"줄에게 어찌 벌을 주었소?[①] 지난 일은 내가 시켜서 상군相君에게 간한 것이오."

조참은 관모를 벗고 사죄하면서 말했다.

"폐하께서는 스스로 살피건대 성상의 무용武勇은 고제와 비교하면 누가 더 낫다고 여기십니까?"

혜제가 말했다.

"짐이 어떻게 감히 선제先帝를 바라볼 수 있겠소!"

조참이 말했다.

"폐하께서 신을 살펴보면 소하와 비교해 누가 현명하다고 여기십니까?"

혜제가 말했다.

"상군이 그에 미치지 못하는 것 같소."

조참이 말했다.

"폐하의 말씀이 옳습니다. 또 고황제와 소하는 천하를 평정하였고 법령도 이미 밝혀 놓았습니다. 지금 폐하께서는 두 손을 맞잡고 앉아 계시고 저 조참 등이 직분을 지키면서 준행하여 잃지 않는 것이 또한 옳지 않겠습니까?"

혜제가 말했다.

"좋소. 상군 생각이 훌륭하오."

至朝時 惠帝讓參曰 與窋胡治乎[①] 乃者我使諫君也 參免冠謝曰 陛下自察聖武孰與高帝 上曰 朕乃安敢望先帝乎曰 陛下觀臣能孰與蕭何賢 上曰 君似不及也 參曰 陛下言之是也 且高帝與蕭何定天下 法令旣明 今陛下垂拱 參等守職 遵而勿失 不亦可乎 惠帝曰 善 君休矣

① 與窋胡治乎여줄호치호

집해 여순이 말했다. "조줄을 이용해 말을 시킨 것인데 벌을 주었다는 것이다."

如淳曰 猶言用窋為治

색은 살펴보니 호胡는 하何이다. 조참에게 "왜 조줄에게 벌을 주었느냐?"라는 말이다.

按 胡 何也 言語參何為治窋也

> 조참이 상국이 되어 출입한 지 3년에 죽었다.[①] 시호를 의후懿侯라 했다. 아들 줄이 후작을 계승했다. 백성이 노래하여 말했다. "소하가 만든 법령은 일一 자를 그어 놓은 것처럼 명백하더니[②] 조참이 그를 대신해 지키고 잃지 않았구나. 청정무위淸淨無爲의 정치를 펴니 백성들이 하나같이 편안하구나."
>
> 參爲漢相國 出入三年 卒[①] 諡懿侯 子窋代侯 百姓歌之曰 蕭何爲法 顜若畫一[②] 曹參代之 守而勿失 載其清淨 民以寧一

① 出入三年 卒출입삼년 졸

신주 《사기지의》에서 말한다. "3년은 곧 4년의 잘못이다. 조참은 혜제 2년 상국이 되고 5년에 이르러 죽었다." 〈고조공신후자연표〉와 〈한흥이래장상명신표〉에서도 4년이라고 되어 있으니 여기 기록이 잘못되었다.

② 顜若畫一강약획일

집해 서광이 말했다. "顜는 '강[古項反]'으로 발음한다. 다른 발음은 '교較'이다."

徐廣曰 顜音古項反 一音較

색은 顜는 《한서》에서는 '강講'으로 되어 있다. 그러므로 문영은 말했다. "강講은 다른 판본에는 '교較'로 되어 있다." 살펴보니 뜻은 직直(곧은 것)이고 명明(밝은 것)인데, 법이 밝고 곧아서 일一 자를 그은 것 같다는 말이다. 顜는 '강講'으로 발음하는데, 또한 顜로 기록되어 있기도 하다. 안사고는 말했다. "강講은 화和이다. 획일은 그 법이 정제되었다는 말이다."

顜 漢書作講 故文穎云講 一作較 按 訓直 又訓明 言法明直若畫一也 顜音講 亦作顜 小顏云講 和也 畫一 言其法整齊也

평양후 조줄은 고후 때 어사대부가 되었다.

효문제가 즉위하자 직위를 그만두고 후가 되었다.[①] 후가 된 지 29년에 죽으니 시호를 정후靜侯라 했다.

아들 기奇가 계승하여 후가 되었고 후가 된 지 7년에 죽어 시호를 간후簡侯라 했다.

아들 시時가 계승하여 후가 되었다. 시는 평양공주平陽公主[②]에게 장가들어 아들 양襄을 낳았다. 시는 나병(나癘)에 걸려서 봉국으로 돌아갔다. 후가 된 지 23년에 죽고 시호를 이후夷侯라 했다.

아들 양이 후를 계승했다. 양은 위장공주衛長公主[③]에게 장가들어 아들 종宗을 낳았다. 후가 된 지 16년에 죽고 시호를 공후共侯라 했다.

아들 종이 후를 계승했다. 무제 정화征和 2년, 종은 위태자衛太子의 사건에 연좌되어 죽고④ 봉국이 없어졌다.

平陽侯窋 高后時爲御史大夫 孝文帝立 免爲侯① 立二十九年卒 謚爲靜侯 子奇代侯 立七年卒 謚爲簡侯 子時代侯 時尙平陽公主② 生子襄 時病癘 歸國 立二十三年卒 謚夷侯 子襄代侯 襄尙衛長公主③ 生子宗 立十六年卒 謚爲共侯 子宗代侯 征和二年中 宗坐太子死④ 國除

① 孝文帝立 免爲侯효문제립 면위후

신주 〈한흥이래장상명신표〉에서 고후 8년에 그만두고 장창張蒼이 어사대부가 되었다고 하며, 《한서》 〈백관표〉에서도 그렇다. 여기 기록이 잘못되었다.

② 平陽公主평양공주

신주 평양공주는 경제와 효경황후 왕미인 사이에서 태어난 장녀로, 무제의 친누나이다. 평양후에게 시집가서 평양공주라고 한다. 원래 호칭은 양신陽信공주이며, 조시 사후에 여음후 하후파夏侯頗에게 재가하고, 원정 2년 하후파가 자살하자 다시 무제의 총애를 받은 위청에게 재가한다. 〈외척세가〉에 나온다.

③ 衛長公主위장공주

신주 무제와 위자부衛子夫 사이에서 태어난 딸이다. 당리當利공주라고 한다. 조양 사후에 당리공주는 오리장군 낙통후樂通侯 난대欒大에게 재가하지만, 그마저 곧바로 처형당한다.

④ 宗坐太子死종좌태자사

신주 이 사건은 무제 집권 말기(서기전 91)에 일어난 무고巫蠱의 변을 말한다. 승상 공손하公孫賀는 황제를 무고했다는 고변으로 강충江充에게 조사받았다. 공손하는 옥중에서 죽고 일족은 멸족되었는데, 태자 유거劉據와 사이가 나빴던 강충은 이 사건에 태자를 연루시켜 모함했다. 유거는 강충을 죽이고 군사를 일으켰으나 결국 실패하고 도망가서 자살하였다. 이 사건으로 수만 명의 사람이 목숨을 잃었는데, 사마천과 편지를 교환했던 임안도 이 사건으로 죽임을 당했다. 무제는 나중에 태자에게 잘못이 없다는 것을 알고 사자궁思子宮을 지어 태자를 추억했다. 유거의 손자가 훗날 황제가 되니, 그가 선제宣帝이다.

태사공은 말한다.

상국 조참은 성을 공격하고 들판에서 싸운 공로가 이처럼 많을 수 있었던 까닭은 회음후 한신과 함께 했기 때문이다. 그러나 한신은 이미 멸족당함으로써 열후들로 공을 이룬 사람 중에 유독 조참만이 그 명성을 날렸다. 조참은 한나라 상국이 되어 청정무위의 지극한 말을 사용해 도가道家에 부합하게 했다. 그리하여 백성에게 진秦나라의 가혹한 정치의 뒤를 떠나서, 조참은 무위無爲의 다스림으로 쉬게 해 주었다. 이런 까닭으로 천하 사람들은 함께 그 미덕을 칭송했다.

太史公曰 曹相國參攻城野戰之功所以能多若此者 以與淮陰侯俱 及信已滅 而列侯成功 唯獨參擅其名 參爲漢相國 清靜極言合道 然百姓離秦之酷後 參與休息無爲 故天下俱稱其美矣

색은술찬 사마정이 펼쳐서 밝히다.

조참은 처음 봉기할 때 패의 호걸스런 관리였다. 처음 중연으로서 고조를 따랐고 먼저 선치를 포위했다. 집규와 집백이 되어 성을 공격하고 땅을 빼앗았다. 연지에서 (주천후를) 주륙하고 나서 곤양에서 (우영의) 직위를 잃게 했다. 북쪽에서 하열을 사로잡고 동쪽에서 전기[①]를 토벌했다. 부신을 쪼개 봉함을 정하니 공은 그만한 이가 없었다. 시정과 옥송을 요란하게 말라 하고 청정무위 정책을 펼쳐 애써 일하지 않았다. 조시曹時는 평양공주에게 장가들어 대대로 그 이로움을 누렸구나!

曹參初起 爲沛豪吏 始從中涓 先圍善置 執珪執帛 攻城略地 衍氏旣誅 昆陽失位 北禽夏說 東討田溉[①] 剖符定封 功無與二 市獄勿擾 清浄不事 尙主平陽 代享其利

① 田溉전개

신주 〈조상국세가〉와 〈전담열전〉에 모두 전기田旣라 하여 글자가 다르다.

[지도 6] 조상국세가

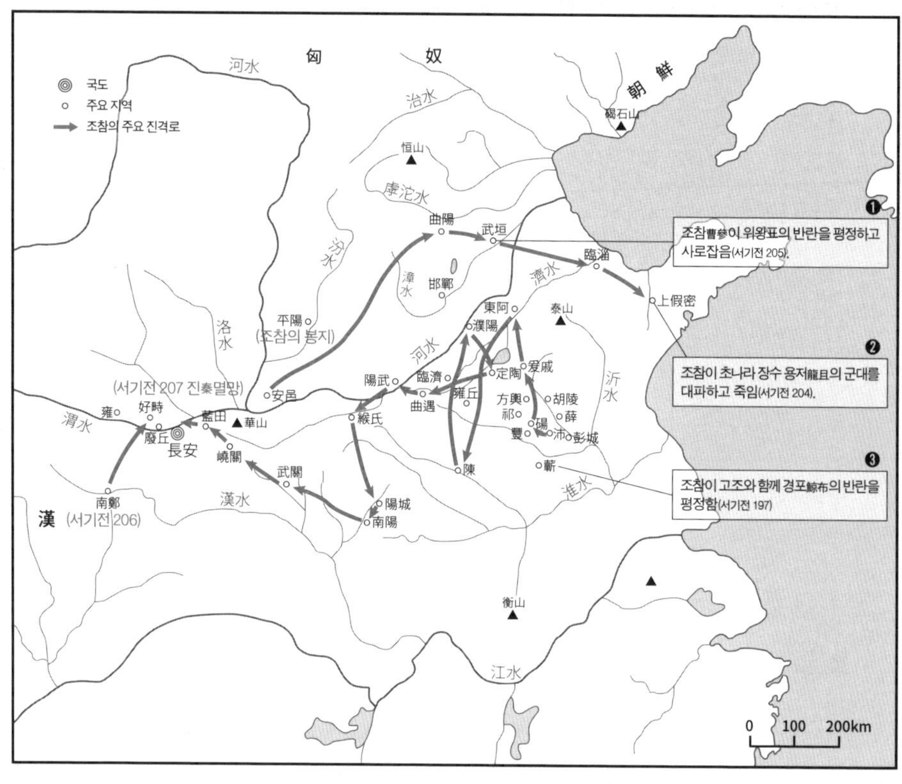

국도
주요 지역
조참의 주요 진격로
匈 奴
河水
治水
朝 鮮
碣石山
恒山
虖沱水
汾水
曲陽
武垣
臨淄
上假密
漳水
邯鄲
濟水
東阿
泰山
濮陽
平陽
(조참의 봉지)
洛水
河水
定陶
爰戚
沂水
陽武
臨濟
雍丘
曲遇
方輿
胡陵
祁
薛
碭
豐
沛
彭城
(서기전 207 진秦멸망)
安邑
雍
好畤
藍田
華山
渭水
廢丘
長安
嶢關
緱氏
武關
陳
蘄
淮水
陽城
南陽
南鄭
漢水
漢 (서기전 206)
衡山
江水
0 100 200km
❶ 조참曹參이 위왕표의 반란을 평정하고 사로잡음(서기전 205).
❷ 조참이 초나라 장수 용저龍且의 군대를 대파하고 죽임(서기전 204).
❸ 조참이 고조와 함께 경포鯨布의 반란을 평정함(서기전 197)

사기 제55권 史記卷五十五

유후세가 留侯世家

사기 제55권 유후세가 제25

史記卷五十五 留侯世家第二十五

신주 유후留侯 장량張良(?~서기전 186)은 지금의 하남성 겹현郟縣인 영천潁川 성보城父 사람인데, 패군沛郡 출신이라는 설도 있다. 소하蕭何, 한신韓信과 한나라 초기 세 영웅을 뜻하는 '한초삼걸漢初三杰'의 한 사람으로 꼽힌다. 그 선조는 한韓나라 사람으로 그 조상은 5대에 걸쳐 한왕의 국상國相이었다. 진秦이 한韓을 멸망시키자 장량은 모든 가산을 털어 진왕정秦王政(진시황)을 박랑사博浪沙에서 습격하게 했으나 실패 후 도주했다.

장량은 유랑 시절 은사隱士 황석공黃石公을 만나 《태공병법太公兵法》을 받았다고 한다. 유방이 군사를 일으키자 따랐다가 항량項梁에게 옛 한나라 공자 횡양군을 한왕韓王으로 옹립하도록 했으나 한왕이 항우에게 죽임을 당하자 유방에게 다시 귀의했다. 이후 유방의 책사가 되어 유방이 위기에 빠질 때마다 기묘한 책략으로 유방을 구원했다. 특히 홍문연鴻門宴에서 유방이 항우에게 죽게 되었을 때 책략을 써서 구한 사건이 유명하다.

고조 6년(서기전 201) 고조 유방이 제나라 땅 3만 호를 택하라고 했으나 고조를 처음 만난 유留 땅을 선택해서 유후留侯로 불렸다. 공신의 서열로는 62위였지만 봉읍은 1만 2,000호의 연왕燕王 유택劉澤과 1만 600호의 평양후平陽侯 조참曹參에 이어 3위였다.

한나라가 중원을 차지한 후에는 여후의 아들인 유영劉盈을 도와 태자 자리를 보존하게 했을 뿐 정사와는 거리를 두었다. 서기전 186년에 세상을 떠났는데 시호는 문성文成이었다.

제一장

유방의 명참모

유후留侯① 장량張良②은 그 선조가 한韓나라 사람이다.③ 조부 개지開地④는 한나라 소후昭侯와 선혜왕宣惠王과 양애왕襄哀王 때 재상을 지냈다. 아버지는 평平인데, 희왕釐王과 도혜왕悼惠王⑤ 때 재상이었다. 도혜왕 23년 평이 죽었다.

留①侯張良②者 其先韓人也③ 大父開地④ 相韓昭侯宣惠王襄哀王 父平相釐王悼惠王⑤ 悼惠王二十三年 平卒

① 留유

색은 위소가 말했다. "유留는 지금의 팽성군에 속한다." 살펴보니 장량이 유에 봉해 줄 것을 청한 것은 고조를 유에서 처음 만났기 때문이다.

韋昭云留今屬彭城 按 良求封留 以始見高祖於留故也

정의 《괄지지》에서 말한다. "옛 유성은 서주徐州 패현 동남쪽 55리에 있다. 지금 성안에는 장량의 사당이 있다."

括地志云 故留城在徐州沛縣東南五十五里 今城内有張良廟也

② 張良장량

색은 《한서》에서는 자를 자방子房이라 했다. 살펴보니 왕부王符와 황보밀은 나란히 장량을 한韓 공족公族이고 희성姬姓이라 했다. 진秦나라에서 해치려 한 자를 급히 수색하자 이에 성명을 바꾸었다. 한에는 앞서 장거질張去疾과 장견張譴이 있었는데 아마 장량의 선대가 아닐까 한다.

漢書云字子房 按 王符皇甫謐竝以良爲韓之公族 姬姓也 秦索賊急 乃改姓名 而韓先有張去疾乃張譴 恐非良之先代

③ 其先韓人也기선한인야

색은 장량은 이미 선대가 한나라에서 재상을 지냈다. 그래서 그의 선조가 한나라 사람인 것을 알았다. 고씨가 살펴보니 《후한서》에서 "장량은 성보城父에서 태어났다."라고 하는데, 성보현은 영천군에 속한다.

良旣歷代相韓 故知其先韓人 顧氏按 後漢書云張良出於城父 城父縣屬潁川也

정의 《괄지지》에서 말한다. "성보는 여주汝州 섬성현陝城縣 동쪽 30리에 있고 한의 땅이다."

括地志云 城父在汝州陝城縣東三十里 韓(里)[地]也

신주 〈공자세가〉에서 성보城父는 공자와 초소왕楚昭王의 고사가 서린 곳이다. 춘추시대 말기 초나라 동북단으로 진陳나라 동쪽에 있는데, 바로 북쪽에 송宋나라가 자리하고 있었다. 성보현은 영천군에 속한 적이 없고 진秦나라가 통일한 이후와 한漢나라 들어서도 줄곧 패군에 속했다. 《괄지지》에서 한韓나라 땅이었다고 한 것은 잘못이며, 전국시대가 끝나기까지 줄곧 초나라 땅이었다. 전국시대 한나라는 진陳을 넘어 동쪽으로 오지 못했다. 이는 영천군 보성父城을 '성보'라고 잘못 기록한 것에서 기인한 것이다. 즉 장량이 태어난 곳은 영천군 보성이라고 해야 한다.

〈한세가〉에 따르면, 한나라가 진나라에 밀려 하남에서 영천으로 옮긴 것은 대략 환혜왕 24년(서기전 249)이다. 이는 〈유후세가〉에서 아버지가 죽었다고 한 지 1년 뒤이다. 과연 평平이 아버지인지 의심 간다. 장량은 또 아우가 있었으니, 적어도 아버지가 죽기 10년 전에는 태어났어야 하고, 그 위치는 하남에 있는 한나라 원래 수도 신정新鄭이어야 한다. 영천군 보성에서 태어났다는 것은 한나라가 남천한 다음에 장량이 태어났다는 뜻이다. 또 그가 만약 서기전 260년경에 태어났다면, 한나라가 망할 때 이미 30세인데 출사를 못할 까닭이 없다.

④ 大父開地대부개지

집해 응소가 말했다. "대부大父는 조부이다. 개지開地는 이름이다."
應劭曰 大父 祖父 開地 名

신주 한韓나라 소후 말년은 서기전 333년이고, 한나라가 망한 때는 서기전 230년이며, 진나라가 통일한 때는 서기전 221년이다. 한 세대를 30년으로 보면, 조부 개지라는 사람은 적어도 증조부가 되어야 하고 평은 아버지가 아니라 할아버지여야 합당할 것이다.

⑤ 悼惠王도혜왕

색은 〈한세가〉와 《세본》에서는 나란히 환혜왕桓惠王으로 되어 있다.
韓系家及系本作桓惠王

죽은 지 20년 만에 진秦나라가 한韓나라를 멸했다. 장량은 나이가 어려 관리로서 한나라를 섬기지 못했다.① 한나라가 무너졌는데도 장량의 집안에는 노복이 300여 명이나 있었다. 이때 동생이 죽었지만 장례를 치르지 않고 모든 집안의 재산을 가지고 진秦나라 왕을 찔러 죽일 자객을 구했는데, 한나라 원수를 갚고자 한 것이다. 이는 할아버지와 아버지가 한나라 5대에 걸쳐 한나라 재상을 역임했기 때문이다.②

卒二十歲 秦滅韓 良年少 未宦事韓① 韓破 良家僮三百人 弟死不葬 悉以家財求客刺秦王 爲韓報仇 以大父父五世相韓故②

① 良年少 未宦事韓량년소 미환사한

신주 앞서 설명한대로 한나라가 망할 때 장량은 미성년이었음이 분명하니, 평平은 조부일 것이다. 또 그가 유방보다는 나이가 적었음이 거의 확실한데, 만약 서기전 260년경에 태어났다면 유방을 만날 때는 거의 50대 중후반이나 되니 대사를 도모하기에는 많은 나이이다.

② 大父父五世相韓故대부부오세상한고

색은 할아버지와 아버지가 한나라 5대 왕에 걸쳐 재상을 지냈다. 그래서 오대五代라고 했다.

謂大父及父相韓五王 故云五代

장량은 일찍이 회양淮陽[①]에서 예를 배웠다. 동쪽에서 창해군倉海君[②]을 만났다. 힘 있는 장사를 얻어 무게 120근인 철퇴를 만들었다. 진秦나라 시황제가 동쪽으로 유람할 때 장량이 자객과 함께 엿보다[③] 진시황을 박랑사博浪沙 안에서 습격했다.[④] 그러나 잘못하여 따르는 수레를 맞추었다.[⑤] 진시황이 크게 노하여 천하를 대대적으로 수색해 도적을 찾느라 매우 다급했는데, 장량 때문이었다. 장량은 이에 성명을 바꾸고 도망쳐 하비下邳에 숨었다.

良嘗學禮淮陽[①] 東見倉海君[②] 得力士 爲鐵椎重百二十斤 秦皇帝東游 良與客狙[③]擊秦皇帝博浪沙[④]中 誤中副車[⑤] 秦皇帝大怒 大索天下 求賊甚急 爲張良故也 良乃更名姓 亡匿下邳

① 淮陽회양

정의 지금의 진주陳州이다.

今陳州也

② 倉海君창해군

집해 여순이 말했다. "진秦의 군현에는 창해가 없다. 어떤 이는 동이東夷의 군장君長(임금) 이름이라고 했다."

如淳曰 秦郡縣無倉海 或曰東夷君長

색은 요찰은 무제 때 동이 예군穢君을 투항하여 창해군으로 삼았는데, 혹시 이로 인한 이름이라면 대체로 그 뜻에 근접할 것이라고 했다.

姚察以武帝時東夷穢君降 爲倉海郡 或因以名 蓋得其近也

정의 《한서》〈무제기〉 원삭 원년 동이 예군 남려南閭 등이 투항해서 창해군으로 삼으니 지금의 맥예국貊穢國이라고 한다. 태사공이 《사기》를 쓰고 다듬을 때 이미 투항하여 군郡이 되었으므로 스스로 기록한 것이다. 《괄지지》에서 말한다. "예맥은 고려高麗 남쪽, 신라新羅 북쪽에 있고, 동쪽으로 이르면 대해大海의 서쪽 땅이다."

漢書武帝紀云[元朔]元年 東夷穢君南閭等降 爲倉海郡 今貊穢國 得之 太史公修史時已降爲郡 自書之 括地志云 穢貊在高麗南 新羅北 東至大海西

신주 무제 때 예맥의 군장 남려南閭 등이 서기전 128년 위만조선의 우거왕에게 반기를 들고 28만 명의 인구를 이끌고 요동군에 복속해오자 무제는 예濊 지역에 창해군을 설치했다. 현재 일본과 한국의 강단사학에서는 창해군의 위치를 함경남도 영흥, 또는 압록강 중류의 통구通溝 지방 등으로 보고 있다. 이때의 신라를 경상도, 동쪽의 대해를 동해라고 보는 것이다. 그러나 당시 지리 지식이 부족한 일반인도 장량이 통구나 함경도까지 왔다고 볼 수는 없을 것이다. 그러므로 이는 한국사의 강역을 반도에 가둬놓기 위한 식민사학의 해석일 뿐이다.

《괄지지》에서 예맥의 위치 비정이 언제인지 특정할 순 없으나, 분명한 것은 예맥이 대해의 서쪽이라는 점이다. 그 위치는 현재 발해만 지역이 가장 적당하다. 장량이 진秦나라를 벗어나 기씨조선箕氏朝鮮을 지나 예맥까지 갔을 리는 없고, 기껏해야 전국시대 초나라나 제나라 바닷가에 닿았을 것이다.

③ 狙저

집해 복건이 말했다. "저狙는 엿보는 것이다." 응소가 말했다. "狙는 '체[七預反]'로 발음하고, 엿본다는 것이다." 서광이 말했다. "엿보는 것이다. '처[千恕反]'로 발음한다."

服虔曰 狙 伺候也 應劭曰 狙 七預反 伺也 徐廣曰 伺候也 音千恕反

색은 살펴보니 응소가 말했다. "저는 엿보는 것이다." 일설에서 저는 숨어서 엿보는 것이며, '체[七豫反]'라 발음한다고 했다. 저는 사물을 엿보는 것이라 반드시 숨어서 살피는 것을 말하므로, 지금 '저후狙候'라고 말하는 것이 이것이다.

按 應劭云狙 伺也 一曰狙 伏伺也 音七豫反 謂狙之伺物 必伏而候之 故今云狙候 是也

④ 博浪沙박랑사

색은 복건이 말했다. "땅은 양무陽武 남쪽에 있다." 살펴보니 지금의 준의浚儀 서북쪽 40리에 박랑성이 있다.

服虔云 地在陽武南 按 今浚儀西北四十里有博浪城

정의 《진지리기》에서 말한다. "정鄭나라 양무현에 박랑사가 있다." 살펴보니 지금의 관도官道에 해당한다.

晉地理記云 鄭陽武縣有博浪沙 按 今當官道也

신주 〈조상국세가〉에서 설명했듯이 하남군 중모中牟와 양무 사이이다. 준의는 전국시대 위魏나라 수도 대량大梁이며, 중세 송나라 수도 개봉開封으로 지금은 하남성河南省에 속해 있다.

⑤ 誤中副車오중부거

색은 살펴보니 《한관의》에서 천자에 소속된 수레는 36대이다. 소속된 수레가 곧 부거副車인데 봉거랑奉車郞이 몰아서 뒤에 따른다고 한다.

按 漢官儀天子屬車三十六乘 屬車即副車 而奉車郎御而從後

장량은 일찍이 한가로울 때 조용히[①] 하비[②] 다리[③] 위를 거닐고 있었는데, 한 노인이 갈포를 입고 장량이 있는 곳에 이르렀다. 그리고 곧바로 자신의 신발을 다리 아래로 떨어뜨리고[④] 장량을 돌아보며 말했다.

"젊은이, 내려가서 신발을 가져오게!"

장량이 깜짝 놀라 노인을 때리고 싶었으나[⑤] 그가 늙었으므로 억지로 참고 내려가 신발을 가져왔다. 노인이 말했다.

"나에게 신겨라!"

장량은 이왕 신발을 가져왔으므로 다리를 세우고 꿇어앉아 신발을 신겼다.[⑥] 노인은 발로 받아 신고 웃으며 떠났다.

良嘗閒從容[①]步游下邳[②]圯[③]上 有一老父 衣褐 至良所 直墮[④]其履圯下 顧謂良曰 孺子 下取履 良鄂然 欲毆之[⑤] 爲其老 彊忍 下取履 父曰 履我 良業爲取履[⑥] 因長跪履之 父以足受 笑而去

① 嘗閒從容상한종용

색은 상嘗의 새김은 경經(나다님)이다. 한閒은 한가하다는 뜻이다. 종용從容은 한가한 것이다. 종용은 그 거동을 그만두고 맡김에 따르는 것이며, 뽐내고 씩씩하지 않은 것을 이른다.

嘗訓經也 閒 閑字也 從容 閒暇也 從容謂從任其容止 不矜莊也

② 下邳하비

색은 邳는 '피[被眉反]'로 발음한다. 살펴보니 〈지리지〉에서 하비현은 동해에 속한다. 또 이르기를, 비는 설薛에 있었는데 뒤에 이곳으로 옮겼다.

상비上邳가 있었으므로, 이곳을 하비라고 한다.

邳 被眉反 按 地理志下邳縣屬東海 又云邳在薛 後徙此 有上邳 故此曰下邳也

신주 하비 서쪽에 팽성이 있는데 사수泗水에서 획수獲水가 갈라지는 요충지이다. 팽성 북쪽에 패沛가 있다. 그 중간이 장량이 봉해진 유留이다. 패의 동북쪽이 설薛이다. 하비 역시 사수를 끼고 있고 기수沂水가 갈라지는 요충지이다. 기수를 따라 동북쪽에 동해군 치소 담郯이 있다. 이곳들 역시 중원 동쪽 요충지로, 고대부터 치열한 투쟁이 많이 벌어진 곳이다.

③ 圯이

집해 서광이 말했다. "圯이는 다리이다. 동초東楚에서는 이라고 이른다. '이怡'라고 발음한다."

徐廣曰 圯 橋也 東楚謂之圯 音怡

색은 이기가 말했다. "하비 사람은 다리를 이圯라 한다. 발음은 이怡다." 문영이 말했다. "기수沂水 가의 다리이다." 응소가 말했다. "기수 가이다." 요찰은 《사기》에서 본래 토土 방변이 있는 것을 보고, 지금 인용해 회계군 동호東湖의 큰 다리 이름을 영이靈圯라 했다고 한다. 圯는 또한 '이夷'로 발음하는데, 이理자도 또한 그러하다.

李奇云下邳人謂橋爲圯 音怡 文穎曰沂水上橋也 應劭云沂水之上也 姚察見史記本有作土旁者 乃引今會稽東湖大橋名爲靈圯 圯亦音夷 理或然也

신주 기수라면, 사수와 만나는 곳이라 강폭이 넓은 곳인데 고대에 큰 다리가 있었을 가능성은 거의 없다고 보인다. 하비 인근 작은 개천의 조그만 다리일 것이다. 그러기에 장량이 내려가서 신발을 주워 올 수 있었다.

④ 直墮직타

색은 최호는 말했다. "직直은 고故(일부러)와 같다." 또한 혹시 그렇지는 않을 것이다. 직은 정正을 말한다. 장량이 있는 곳에 이르자 곧바로 그의 신발을 떨어뜨린 것을 이른다.

崔浩云直猶故也 亦恐不然 直言正也 謂至良所正墮其履也

⑤ 欲毆之욕구지

집해 서광이 말했다. "다른 본에는 '장량은 화가 나서 욕을 하려고 했다.'로 되어 있다."

徐廣曰 一云良怒 欲罵之

색은 毆는 '우[烏后反]'로 발음한다.

毆音烏后反

⑥ 良業爲取履양업위치리

색은 업業은 본래 선先과 같다. 장량은 마음으로 먼저 이미 신을 가져왔다. 그러므로 드디어 무릎을 꿇고 신을 신긴 것이다.

業猶本先也 謂良心先已為取履 故遂跪而履之

> 장량은 유달리 크게 놀라 응시했다. 노인은 마을 쪽으로 가다가 다시 돌아와서① 말했다.
>
> "젊은이는 가르칠 만하겠구나. 5일 후, 해 뜰 시간에 이곳에서 나와 만나자!"
>
> 장량은 이를 이상하게 여겨서 무릎을 꿇고 말했다.

"그러겠습니다."

5일 뒤에 날이 밝자 장량이 갔다. 노인은 먼저 와 있으면서 화를 내며 말했다.

"노인과 약속하고 뒤에 오다니, 무슨 경우냐?"

떠나면서 말했다.

"5일 뒤에 일찍 만나자."

5일 뒤 닭이 울자 장량이 갔다. 노인은 또 먼저 와 있으면서 다시 화를 내면서 말했다.

"뒤에 오다니, 무슨 경우냐?"

떠나면서 말했다.

"5일 뒤에 다시 일찍 오너라."

良殊大驚 隨目之 父去里所 復還[①]曰 孺子可教矣 後五日平明 與我會此 良因怪之 跪曰 諾 五日平明 良往 父已先在 怒曰 與老人期 後 何也去曰 後五日早會 五日雞鳴 良往 父又先在 復怒曰 後 何也 去曰 後五日復早來

① 復還부환

집해 서광이 말했다. "일설에는 '그 노인을 위해 억지로 참고 내려가 신을 가져와서 이를 가지고 나아갔다. 노인이 만족스러워하며 받고 웃으면서 떠났다. 장량은 유달리 크게 놀랐다. 노인은 마을 있는 곳으로 가다가 다시 돌아왔다.'고 한다."

徐廣曰 一曰爲其老 強忍 下取履 因進之 父以足受 笑而去 良殊大驚 父去里所復還

5일 뒤에 장량은 날 새기 전에 갔다. 이윽고 노인도 왔는데, 기뻐하며 말했다.

"이렇게 해야 마땅하느니라."

책① 한 묶음을 꺼내면서 말했다.

"이것을 읽으면 왕이 된 자의 스승이 될 것이다. 10년 뒤에 일어날 것이다. 13년이면 젊은이가 제북濟北에서 나를 볼 수 있는데 곡성산穀城山② 아래 황석黃石이 곧 나일세."

마침내 떠나가며 다른 말은 없었고 다시 만나지 못했다.

아침에 그 책을 보니 《태공병법太公兵法》③이었다. 장량은 이를 이상하게 여겨서 늘 익히고 외우고 읽었다.

五日 良夜未半往 有頃 父亦來 喜曰 當如是 出一編書①曰 讀此則爲王者師矣 後十年興 十三年孺子見我濟北 穀城山②下黃石即我矣 遂去 無他言 不復見 旦日視其書 乃太公兵法也③ 良因異之 常習誦讀之

① 一編書일편서

집해 서광이 말했다. "편編은 다른 판본에는 편篇으로 되어 있다."

徐廣曰 編 一作篇

② 穀城山곡성산

정의 《괄지지》에서 말한다. "곡성산은 일명 황산黃山이라고 하고, 제주濟州 동아현東阿縣 동쪽에 있다. 제주는 옛 제북군이다. 공문상은 '황석공의 모양은 수염과 눈썹이 모두 희고, 검붉은 지팡이를 짚고 붉은 신을 신었다.'고 한다."

括地志云 穀城山一名黃山 在濟州東阿縣東 濟州 故濟北郡 孔文祥云黃石公[狀] 鬚眉皆白 (狀)杖丹黎 履赤舃

③ 太公兵法태공병법

정의 《칠록》에서 말한다. “《태공병법》은 한 질이 3권이다. 태공 강자아姜子牙는 주문왕周文王의 스승인데 제나라 제후에 봉해졌다.”
七錄云 太公兵法一袠三卷 太公 姜子牙 周文王師 封齊侯也

하비에 살면서 의협심이 강한 사람이 되었다. 항백項伯은 떳떳하다면서 사람을 죽였는데① 장량을 따라 숨어 지냈다.
10년 뒤에 진섭陳涉 등이 봉기하자 장량도 청소년 100여 명을 모았다. 이 무렵 경구景駒②가 스스로 서서 초나라 임시 왕이 되어 유留 땅에 있었다. 장량은 그를 따르려고 가다가 도중에 패공沛公을 만났다. 패공은 수천 명을 거느리고 하비의 서쪽에서 땅을 공략해서 빼앗고 마침내 귀속시켰다. 패공이 장량을 구장廐將③으로 임명했다. 장량은 자주 태공병법을 가지고 패공을 설득했는데, 패공이 좋게 여겨서 늘 그의 계책을 썼다. 장량은 다른 사람들에게도 (병법을) 말했지만 그들은 모두 살피지 않았다. 장량이 말했다.
“패공은 마땅히 하늘이 내린 인물이다.④”
그래서 마침내 그를 따르고 경구를 만나러 가지 않았다.⑤
居下邳 爲任俠 項伯常殺人① 從良匿 後十年 陳涉等起兵 良亦聚少年百餘人 景駒②自立爲楚假王 在留 良欲往從之 道遇沛公 沛公將數千人

略地下邳西 遂屬焉 沛公拜良爲廐將[③] 良數以太公兵法說沛公 沛公善之 常用其策 良爲他人者 皆不省 良曰 沛公殆[④]天授 故遂從之 不去見景駒[⑤]

① 項伯常殺人항백상살인

신주 항백은 항우項羽의 숙부로 이름은 전纏이고, 백伯은 자다. 항우를 따라 병사를 일으켜 진나라를 공격하고, 초나라 좌영윤左令尹이 되었다. 홍문연鴻門宴에서 유방을 도왔다. 뒤에 사양후射陽侯에 봉해졌고 유씨劉氏 성을 받았다. 〈고조공신후자연표〉에 있다. 여기서 '상常'은 자기가 생각한 '바른 도리', '떳떳함'이란 뜻이다.

② 景駒경구

신주 진승陳勝이 살해당하자 진가秦嘉에 의해 초왕으로 추대되었다. 경구는 진가와 더불어 북진하려는 항량項梁과 싸웠으나 패하여 달아나 죽고, 그의 군사들은 항량에게 귀속되었다.

③ 廐將구장

집해 《한서음의》에서 말한다. "관직 이름이다."

漢書音義曰 官名

④ 殆태

색은 태殆의 뜻은 '가까움'이다.

殆訓近也

⑤ 不去見景駒불거견경구

신주 《사기지의》에서 말한다. "《한서》에서는 '견경구見景駒' 세 글자가 없다. 반고는《한서》〈고조본기〉에서 패공은 길에서 장량을 얻어 마침내 함께 경구를 만났다고 말하여《사기》의 결점을 보완했다."

패공이 설薛로 가는 길에 항량項梁을 만났다. 항량은 초나라 회왕懷王을 즉위시켰는데, 장량은 항량을 설득해 말했다.

"군君께서 이미 초나라의 후예를 세우셨으니 한韓나라의 여러 공자 중 횡양군橫陽君 한성韓成이 현명하니, 세워서 왕으로 삼을 수 있으면 무리를 더하는데 보탬이 될 것입니다."

항량은 장량에게 한성韓成을 찾게 하여 한왕韓王으로 삼았다. 장량을 한나라의 신도申徒(司徒)[①] 로 삼아 한왕과 1,000여 명을 인솔하고 서쪽으로 한나라 땅을 공략해서 몇 개의 성을 얻었다. 그러나 번번이 진秦나라가 다시 빼앗으니, 한군은 영천을 오가는 떠도는 군대가 되었다.

及沛公之薛 見項梁 項梁立楚懷王 良乃說項梁曰 君已立楚後 而韓諸公子橫陽君成賢 可立爲王 益樹黨 項梁使良求韓成 立以爲韓王 以良爲韓申徒[①] 與韓王將千餘人西略韓地 得數城 秦輒復取之 往來爲游兵潁川

① 申徒신도

집해 서광이 말했다. "곧 사도司徒이다. 다만 말과 발음이 와전되었다.

그러므로 글자도 고쳐야 한다."

徐廣曰 卽司徒耳 但語音訛轉 故字亦隨改

패공은 낙양雒陽을 거쳐 남쪽 환원轘轅[1] 으로 나갔다. 장량은 군사를 이끌고 패공을 따라 한韓나라 10여 개 성을 함락하고 양웅楊熊 군대를 공격해 무너뜨렸다. 패공은 이에 한왕 성成에게 양적陽翟에 머물러 지키라고 명했다. 그리고 장량과 함께 남쪽으로 내려가 완宛을 공격해 함락하고 서진하여 무관武關으로 들어갔다. 패공은 2만 군사로 진나라 요관嶢關[2] 아래에 있는 군사를 공격하고자 했는데, 장량이 설득했다.

"진나라 군사는 아직 강하니 가볍게 여겨서는 안 됩니다. 신이 듣건대 그의 장수는 백정의 자식이라 하니 장사치는 이익으로 쉽게 움직일 수 있습니다. 원컨대 패공께서는 군진軍陣에 머물러 계시고 사람을 시켜 먼저 가서 5만[3] 명분의 음식을 준비시키고 더욱 많은 깃발[4] 과 깃대를 여러 산 위에 꽂아 속이는 군사로 삼으십시오. 또 역이기酈食其를 시켜 귀중한 보물을 가져가 진나라 장수에게 뇌물로 주게 하십시오."

沛公之從雒陽南出轘轅[1] 良引兵從沛公 下韓十餘城 擊破楊熊軍 沛公乃令韓王成留守陽翟 與良俱南 攻下宛 西入武關 沛公欲以兵二萬人擊秦嶢[2]下軍 良說曰 秦兵尙彊 未可輕 臣聞其將屠者子 賈豎易動以利 願沛公且留壁 使人先行 爲五[3]萬人具食 益爲張旗[4]幟諸山上 爲疑兵 令酈食其持重寶啗秦將

① 轘轅환원

신주 산 이름으로 하남성 언사현偃師縣 동남쪽에 있다. 유방은 이곳을 통해 남쪽으로 방향을 틀어 옛 한나라 땅인 영천군 방면으로 나갔다.

② 嶢요

집해 서광이 말했다. "嶢는 '요堯'로 발음한다."

徐廣曰 嶢音堯

③ 五오

집해 서광이 말했다. "오五는 다른 판본에는 백百으로 되어 있다."

徐廣曰 五 一作百

④ 旗기

색은 旗는 '기其'와 '시試', 두 가지로 발음한다.

音其試二音

진나라 장수가 과연 배반하고 연합해서 함께 서쪽 함양咸陽을 습격하자고 하니, 패공은 그 말을 들으려고 했다. 장량이 말했다. "이는 그 장수 혼자 배반코자 한 것일 뿐 아마 사졸들은 따르지 않을 것입니다. 사졸들이 따르지 않으면 반드시 위태로우니, 그들이 해이해진[①] 틈을 타 공격하느니만 못합니다."

패공이 이에 군사를 이끌고 진군을 쳐서 대파했다. 추격해 북쪽 남전藍田에 이르러서 거듭 싸웠는데, 진나라 군사는 마침내 무너졌다. 드디어 함양에 이르자, 진왕 자영子嬰이 패공에게 항복했다.

秦將果畔 欲連和俱西襲咸陽 沛公欲聽之 良曰 此獨其將欲叛耳 恐士卒不從 不從必危 不如因其解[①]擊之 沛公乃引兵擊秦軍 大破之 (逐)[逐]北至藍田 再戰 秦兵竟敗 遂至咸陽 秦王子嬰降沛公

① 解해

색은 졸병과 장수들이 마음이 떠나 게을러진 것을 말한다.

謂卒將離心而懈怠

패공이 진나라 궁에 들어가자, 궁실에는 장막이 쳐 있고 개와 말, 중한 보물, 부녀婦女들이 수천이어서 마음속으로 머물러 살고자 했다. 번쾌가 패공에게 궁 밖으로 나가서 머무를 것을 간했으나 듣지 않았다.[①] 장량이 말했다.

"무릇 진나라는 무도했기 때문에 패공께서 이곳에 이를 수 있었습니다. 무릇 천하를 위해 잔악한 도적을 없앴으니 마땅히 검소한 옷을 입는 것으로 바탕[②]을 삼아야 합니다. 지금 처음 진나라에 들어와 곧 그 편안함을 즐긴다면, 이는 이른바 '걸桀의 포학함을 돕는 것'입니다. 또 '충언은 귀에 거슬리지만 행동에는 이롭고,

독한 약은 입에 쓰지만 병에는 이롭다.'고 했습니다.[3] 원컨대 패공께서는 번쾌의 말을 따르십시오."

패공이 이에 군사를 돌려 패상霸上에 주둔했다.

沛公入秦宮 宮室帷帳狗馬重寶婦女以千數 意欲留居之 樊噲諫沛公出舍 沛公不聽[1] 良曰 夫秦爲無道 故沛公得至此 夫爲天下除殘賊 宜縞素爲資[2] 今始入秦 即安其樂 此所謂助桀爲虐 且忠言逆耳利於行 毒藥苦口利於病[3] 願沛公聽樊噲言 沛公乃還軍霸上

① 沛公不聽패공불청

집해 서광이 말했다. "다른 판본에서는 '번쾌가 간했다. 「패공께서는 천하를 소유하고자 하는 것입니까? 부잣집 늙은이가 되려고 합니까?」 패공이 말했다. 「나는 천하를 가지려고 한다.」 번쾌가 말했다. 「지금 신이 진궁秦宮에 좇아 들어가서 살펴보니 궁실과 장막과 주옥과 중요한 보배와 악기들의 꾸밈새와 기이한 물건들을 다 헤아리지 못하겠고 그의 후궁에 들어가 보니 미인과 부녀들이 수천 명인데, 이것은 모두 진나라가 천하를 잃은 까닭입니다. 바라건대 패공께서는 급히 패상으로 돌아가고 궁중에는 머무르지 마십시오.」 패공은 듣지 않았다.'라고 말한다."

徐廣曰 一本噲諫曰 沛公欲有天下邪 將欲爲富家翁邪 沛公曰 吾欲有天下 噲曰 今臣從入秦宮 所觀宮室帷帳珠玉重宝鍾鼓之飾 奇物不可勝極 入其後宮 美人婦女以千數 此皆秦所以亡天下也 願沛公急還霸上 無留宮中 沛公不聽

② 資자

집해 진작이 말했다. "자資는 자藉(깔개)이다. 패공은 진나라가 사치한 것과 반대로 검소한 의복으로 바탕을 삼고자 한 것이다."

晉灼曰 資 藉也 欲沛公反秦奢泰 服儉素以爲藉也

③ 忠言逆耳~毒藥苦口利於病충언역이~독약고구리어병

색은 살펴보니 이 말은《공자가어》에 나온다.

按 此語見孔子家語

항우는 홍문鴻門 아래에 이르러 패공을 공격하고자 했다. 항백項伯은 밤에 달려 패공의 군진에 들어와 사사롭게 장량을 만나 함께 떠나려고 했다. 장량이 말했다.

"신은 한왕韓王이 패공에게 보낸 사람인데, 지금 일이 급박하다고 해서 도망치는 것은 의롭지 않습니다."

이에 구체적인 사연을 패공에게 말하자[①] 패공은 크게 놀라면서 말했다.

"장차 어찌해야 하겠소?"

장량이 말했다.

"패공께서 진실로 항우를 배반하려고 하십니까?"

패공이 말했다.

"추생鯫生[②]이 나를 가르치기를 함곡관을 막고 제후들을 안으로 들이지 않는다면 진秦나라 땅에서 왕 노릇을 다할 수 있다고 했으므로 그 사람 말을 들었소."

項羽至鴻門下 欲擊沛公 項伯乃夜馳入沛公軍 私見張良 欲與俱去 良曰 臣爲韓王送沛公 今事有急 亡去不義 乃具以語沛公[①] 沛公大驚曰 爲將柰何 良曰 沛公誠欲倍項羽邪 沛公曰 鯫生[②]教我距關無內諸侯 秦地可盡王 故聽之

① 具以語沛公구이어패공

신주 항우가 함곡관을 통해 관중關中에 들어가려고 할 때 못 들어가게 막은 것에 대한 불만과 범증范增이 유방을 공격해야 한다고 권유했는데 장량이 이를 항백을 통해 듣고 유방에게 구체적으로 말해준 것이다.

② 鯫生추생

집해 서광이 말했다. "여정이 추鯫는 물고기(뱅어)라고 했다. 鯫는 '추[此垢反]'로 발음한다."

徐廣曰 呂靜曰鯫 魚也 音此垢反

색은 여정이 말했다. "추는 물고기인데, 작은 물고기를 말한다. '추[此垢反]'로 발음한다." 신찬은 《초한춘추》를 살펴 추생의 본성은 추라고 했다.

呂靜云鯫 魚也 謂小魚也 音此垢反 臣瓚按 楚漢春秋鯫生本姓(解)[鯫]

장량이 말했다.
"패공께서 스스로 헤아려 항우를 물리칠 수 있겠습니까?"

패공은 말없이 한참 있다가 말했다.
"진실로 그러지 못하오. 지금 어찌 해야 하오?"
장량이 이에 굳세게 항백에게 (패공을 만나도록) 요구했다. 항백은 패공을 만나보았다. 패공은 술을 함께 마시며 장수를 기원하고 인척도 맺자고 했다. 또 항백으로 하여금 패공이 감히 항우를 배반하지 않을 것이며, 함곡관을 막은 것은 다른 도둑을 대비한 것이라고 갖추어 말하게 했다. 이에 (항백이) 항우에게 이르러 만나본 후 오해를 풀었는데, 이 이야기는 〈항우본기〉 사적 안에 나온다.
良曰 沛公自度能卻項羽乎 沛公默然良久 曰 固不能也 今爲柰何 良乃固要項伯 項伯見沛公 沛公與飮爲壽 結賓婚 令項伯具言沛公不敢倍項羽 所以距關者 備他盜也 及見項羽後解 語在項羽事中

한나라 원년(서기전 207년 10월~서기전 206년 9월) 정월 패공은 한왕漢王이 되어 파巴와 촉蜀에서 왕이 되었다. 한왕은 장량에게 100일의 금과 구슬 두 말을 하사했는데, 장량은 모두 항백에게 바쳤다. 한왕이 또 이로 인해 장량을 시켜 항백에게 선물을 후하게 보내고 한중漢中 땅을 청하도록 했다.① 항우가 곧 이를 허락해서 마침내 한중 땅을 얻게 되었다.
한왕이 봉국으로 가는데 장량이 포중褒中② 까지 이르러 전송하자, 장량을 한나라로 돌아가게 했다. 장량은 이로 인해 한왕을 설득해서 말했다.

"왕께서는 어찌해 지나가는 잔도棧道를 불살라 끊고 돌아갈 마음이 없음을 천하에 보여서 항왕項王의 마음을 안정시키지 않습니까?"
이에 장량을 돌아가게 하고, (한중으로) 가면서 잔도를 불살라 끊었다.
漢元年正月 沛公爲漢王 王巴蜀 漢王賜良金百溢 珠二斗 良具以獻項伯 漢王亦因令良厚遺項伯 使請漢中地① 項王乃許之 遂得漢中地 漢王之國 良送至褒中② 遣良歸韓 良因說漢王曰 王何不燒絶所過棧道 示天下無還心 以固項王意 乃使良還 行 燒絶棧道

① 漢中地한중지

집해 여순이 말했다. "본래 단지 파巴와 촉蜀만을 주었을 뿐이다. 그러므로 한중 땅을 청한 것이다."
如淳曰 本但與巴蜀 故請漢中地

신주 한중을 얻은 것은 유방의 승부수였다. 한중은 북쪽으로 진령산맥을 경계로 관중과 갈라지고 남쪽은 그보다도 험난한 검각儉閣을 통해야 익주益州 파촉으로 갈 수 있다. 만약 유방이 한중을 얻지 못했다면, 파촉에 갇혀 관중으로 나올 수 있는 확률은 극히 희박했다. 검각 서쪽 음평陰平을 통해 농서隴西로 빙 돌아 기산도祁山道를 통해 나올 수는 있다. 그러나 당시 그쪽은 거의 이민족 땅이었다. 삼국시대 촉 멸망 때, 위魏나라 등애鄧艾가 이 길을 통해 촉으로 침입했었다. 그리고 동쪽 파서도巴西道를 통해 한중 동쪽 상용上庸을 통해 나올 수 있다. 그러나 협소한 지역으로 후속 군수軍需를 기대하기 어렵다. 삼국시대 유비가 조조와 일전을 치르면서까지 한중을 탈취한 것은 이러한 이유가 있었다. 전략에 대한 안목이 부족했던 항우는 관중을 버리고 떠난 것 외에도, 한중을 유방에게 주는 대실책을 저질렀다.

② 褒中포중

정의 《괄지지》에서 말한다. "포곡褒谷은 양주梁州 포성현 북쪽 50리 남중산南中山에 있다. 옛날 진秦이 촉蜀을 정벌하고자 했는데 들어갈 길이 없자 돌을 깎아 소 다섯 마리를 만들고는 금金을 뒤에 두고 거짓으로 이 소는 금을 똥으로 싼다고 말해 촉으로 보냈다. 촉후蜀侯가 탐하고 그 말을 믿어 다섯 장정에게 함께 소를 끌고 오게 하려고 산을 파고 계곡을 메워 성도成都에 이르게 했다. 진나라는 마침내 길을 찾아서 정벌했고 이로 인하여 석우도石牛道라고 불렀다. 〈촉부蜀賦〉에서 석문石門이 한중 서쪽과 포중褒中 북쪽에 있다고 한 것이 이것이다." 또 이르기를 "야수斜水는 수원이 포성현 서북쪽 아령산衙嶺山에서 나오는데, 포수와 더불어 수원이 같으나 갈라져 흐른다. 《한서》 〈구혁지〉에서 포수는 면수沔水로 통하고 야수는 위수渭水를 통하는데 모두 배로 갈 수 있다고 했다."

括地志云 褒谷在梁州褒城縣北五十里南中山 昔秦欲伐蜀 路無由入 乃刻石爲牛五頭 置金於後 僞言此牛能屎金 以遺蜀 蜀侯貪 信之 乃令五丁共引牛 塹山堙谷 致之成都 秦遂尋道伐之 因號曰石牛道 蜀賦以石門在漢中之西 褒中之北是 又云 斜水源出褒城縣西北衙嶺山 與褒水同源而流派 漢書溝洫志示褒水通沔 斜水通渭 皆以行船

신주 일명 포야도 또는 야곡도斜谷道라 하며 〈하거서〉에 나온다. 관중에서 한중으로 가려면 동쪽에서 자오도子午道, 야곡도, 산관도山關道를 통해야 한다. 이 중에 자오도는 장안에서 한중에 이르는 가장 빠른 길이고, 산관도는 진창陳倉을 통해 들어간다. 모두 《삼국지》에 자주 등장하는 길목 이름들이다. 사斜는 낭야郎邪의 야邪처럼 '야'로 발음한다.

장량이 한韓나라에 이르니 한왕 성成은 장량에게 한왕漢王을 따르게 했다는 이유로, 항왕은 한왕韓王 성을 봉국으로 보내주지 않고 함께 동쪽으로 데려갔다. 장량은 항왕을 설득해서 말했다.

"한왕이 잔도를 불살라 끊은 것은 돌아올 마음이 없는 것입니다."

얼마 후 제왕齊王 전영田榮이 배반했는데[①] 문서로써 항왕에게 보고되었다. 항왕은 이 때문에 서쪽의 한나라를 근심하는 마음이 없어져, 군사를 일으켜 북진해서 제나라를 공격했다.

良至韓 韓王成以良從漢王故 項王不遣成之國 從與俱東 良說項王曰 漢王燒絶棧道 無還心矣 乃以齊王田榮反[①] 書告項王 項王以此無西憂漢心 而發兵北擊齊

① 齊王田榮反제왕전영반

신주 전영은 항우가 제나라를 갈라서 세운 임치, 제북, 교동 3국을 통합해 왕이 되었지만 항우에게 살해되었다. 〈진초지제월표〉와 〈전담열전〉에 그 내용이 자세하다.

항왕이 마침내 한왕韓王을 보내주지 않고 후작으로 삼았다가 다시 팽성彭城에서 살해했다.[①]

장량은 도망쳐서 샛길로 한왕漢王에게 돌아갔는데, 한왕도 이미 돌아와서 삼진三秦을 평정했다. 다시 장량을 성신후成信侯로 삼았는데, 장량은 한왕을 따라 동진하여 초楚나라를 쳤다. 팽성에 이르러 한나라가 패배하자 군사를 돌렸다.② 하읍下邑에 이르러③ 한왕은 말에서 내려 말안장에 기대어 물었다.
"나는 함곡관 동쪽을 내맡기고 버리려 하는데, 공을 함께 쌓을 자가 누구인가?"
項王竟不肯遣韓王 乃以爲侯 又殺之彭城① 良亡 閒行歸漢王 漢王亦已還定三秦矣 復以良爲成信侯 從東擊楚 至彭城 漢敗而還② 至下邑③ 漢王下馬踞鞍而問曰 吾欲捐關以東等棄之 誰可與共功者

① 殺之彭城살지팽성

신주 〈진초지제월표〉에서는 고조 원년 8월이라 한다. 항우는 정창鄭昌을 한왕韓王으로 세운다. 정창은 3개월 만인 고조 2년 11월에 한漢나라가 세운 한왕韓王 신信으로 교체된다.

② 至彭城 漢敗而還지팽성 한패이환

신주 〈진초지제월표〉에서 고조 2년 4월에 유방의 56만 대군이 항우의 3만 군대에게 팽성에서 패했다고 한다. 유방은 형양까지 1,000리를 달아난다.

③ 下邑하읍

신주 팽성 서쪽에 있는데 옛 송나라인 양국梁國 수도 상구商丘로 가는 길목이다. 진나라 때 설치한 곳으로 탕군碭郡에 속했다.

장량이 앞으로 나아가 말했다.

"구강왕九江王 경포黥布는 초나라의 사나운 장수인데 항왕과 틈이 있고, 팽월彭越은 제왕 전영과 함께 양梁 땅에서 배반했습니다. 이 두 사람에게 급히 사신을 보내십시오. 한왕의 장수로는 오직 한신韓信에게 큰일을 맡기면 한쪽 방면을 담당할 수 있습니다. 산동을 맡기려고 한다면, 이 세 사람에게 맡길 수 있고 초나라를 쳐부술 수 있습니다."

한왕이 이에 수하隨何①를 보내 구강왕 경포를 설득하게 하고 사람을 시켜 팽월과 연대하게 했다. 위왕魏王 표豹가 반역하자, 한신에게 군사를 거느리고 공격하게 했으며, 그를 계기로 한신은 연燕, 대代, 제齊, 조趙나라를 차지했다. 그리하여 마침내 초나라를 쳐부술 수 있었던 것은 이 세 사람의 힘이었다.

장량은 병치레가 많아서 일찍이 특별히 장군이 되지는 못했고 항상 계책을 세웠으며, 그때마다 한왕을 따랐다.

良進曰 九江王黥布 楚梟將 與項王有郄 彭越與齊王田榮反梁地 此兩人可急使 而漢王之將獨韓信可屬大事 當一面 即欲捐之 捐之此三人則楚可破也 漢王乃遣隨何①說九江王布 而使人連彭越 及魏王豹反 使韓信將兵擊之 因擧燕代齊趙 然卒破楚者 此三人力也 張良多病 未嘗特將也 常爲畫策 時時從漢王

① 隨何수하

신주 진말한초의 유생이다. 수하가 경포를 만나 설득하는 과정은 〈경포열전〉에 상세히 나온다.

제二장

기묘한 계책들

한나라 3년 항우가 급박하게 형양滎陽에서 한왕을 포위했다. 한왕이 두려워하고 근심하면서 역이기酈食其와 초나라 권세를 꺾을 모의를 했다. 역이기가 말했다.

"옛날 탕湯임금이 걸桀을 정벌하고 그의 후예를 기杞나라에 봉했습니다. 무왕武王은 주紂를 정벌하고 그의 후예를 송宋나라에 봉했습니다.① 지금 진나라는 덕을 잃고 의를 버려서 제후들의 사직을 침략해 정벌하고 6국의 후예를 멸망시켜 송곳을 세울 땅도 없게 만들었습니다. 폐하께서 진실로 6국의 후세들을 다시 세워서 인수印綬 주는 것을 모두 마치면 그의 군신이나 백성들이 반드시 모두 폐하의 덕을 떠받들 것입니다. 풍모에 호응하여 의義를 사모하지 않는 이가 없어서 신첩臣妾이 되기를 원할 것입니다. 덕과 의義가 행해지고 나서 폐하께서 남면하여 패자覇者로 일컫는다면 초나라는 반드시 옷깃을 여미고 조회할 것입니다."

漢三年 項羽急圍漢王滎陽 漢王恐憂 與酈食其謀橈楚權 食其曰 昔湯伐桀 封其後於杞 武王伐紂 封其後於宋① 今秦失德棄義 侵伐諸侯社稷 滅六國之後 使無立錐之地 陛下誠能復立六國後世 畢已受印 此其君

臣百姓必皆戴陛下之德 莫不鄉風慕義 願爲臣妾 德義已行 陛下南鄉稱霸 楚必斂衽而朝

① 封其後於杞～封其後於宋봉기후어기～봉기후어송

신주 〈유후세가〉와 달리 기나라를 봉한 것은 주나라이며, 서기전 445년에 초나라에게 망했다. 송나라는 서기전 286년에 제나라에게 망했다. 〈진기세가〉와 〈송미자세가〉에 나온다.

한왕이 말했다.

"좋소. 빨리 인장印章을 새겨서 선생이 가지고 가서 그들에게 지니게 하시오."

역이기가 아직 떠나지 않았는데 장량이 밖에서 들어와 한왕을 배알했다. 한왕이 마침 식사를 하다가 말했다.

"자방子房은 앞으로 나오시오! 객客 중에 나를 위해 초나라 권세를 꺾을 계책을 낸 이가 있었소."

그리고 역이기가 내놓은 말을 알리고, 장량에게 물었다.

"자방께서는 어떻게 생각하시오?"

장량이 말했다.

"누가 폐하를 위해 이런 계책을 그렸습니까? 폐하의 사업은 사라질 것입니다."

한왕이 말했다.

"무엇 때문이오?"
장량이 대답했다.
"신이 청컨대 폐하 앞에 있는 젓가락을 빌려서 대왕을 위해 헤아려 보겠습니다.①"
漢王曰 善 趣刻印 先生因行佩之矣 食其未行 張良從外來謁 漢王方食曰 子房前 客有爲我計橈楚權者 其以酈生語告 曰 於子房何如 良曰 誰爲陛下畫此計者 陛下事去矣 漢王曰 何哉 張良對曰 臣請藉前箸爲大王籌之①

① 藉前箸爲大王籌之자전저위대왕주지

집해 장안이 말했다. "식사하는 젓가락을 빌리기를 청해서 가리키고 긋는 것에 사용했다. 아마 지난 시대의 탕왕과 무왕의 현명한 일을 드러내서, 이를 헤아린다면 지금 시대와 같지 않다는 것을 말했으리라."
張晏曰 求借所食之箸用指畫也 或曰前世湯武箸明之事 以籌度今時之不若也

장량이 대답해 말했다.
"옛날 탕임금이 걸왕桀王을 정벌하고 그의 후예를 기杞나라에 봉한 것은 걸桀의 죽을 운명을 통제할 수 있다고 헤아렸기 때문입니다. 지금 폐하께서 항적項籍의 죽을 운명을 통제할 수 있습니까?"
한왕이 말했다.
"그러지 못할 것이오."

장량이 말했다.

"그것이 첫째로 불가한 것입니다. 무왕이 주紂를 정벌하고 그 후예를 송宋나라에 봉한 것은 주紂의 머리를 얻을 수 있다고 헤아렸기 때문입니다. 지금 폐하께서 항적의 머리를 얻을 수 있습니까?"

한왕이 말했다.

"그러지 못할 것이오."

장량이 말했다.

"그것이 둘째로 불가한 것입니다. 무왕은 은殷나라에 들어가 상용商容의 마을 문에 표창하고① 기자箕子의 구금을 풀어 주고② 비간比干의 묘를 봉분해 주었습니다. 지금 폐하께서 성인聖人의 묘지를 봉하고 현인의 마을을 표창하고 지혜로운 자들의 문 앞에서 예를 표할 수 있습니까?"

한왕이 말했다.

"그러지 못할 것이오."

曰 昔者湯伐桀而封其後於杞者 度能制桀之死命也 今陛下能制項籍之死命乎 曰 未能也 其不可一也 武王伐紂封其後於宋者 度能得紂之頭也 今陛下能得項籍之頭乎 曰 未能也 其不可二也 武王入殷 表商容之閭① 釋箕子之拘② 封比干之墓 今陛下能封聖人之墓 表賢者之閭 式智者之門乎 曰 未能也

① 表商容之閭표상용지려

색은 살펴보니 최호가 말했다. "표表는 그 마을 문에 표방標榜하는 것이다." 상용商容은 주왕紂王 때의 현인이다. 《한시외전》에서 말한다.

"상용은 깃털 피리를 가지고 마부에 의지해서 주紂를 교화하고자 했으나 하지 못하고 기어이 떠나 태항산에 숨었다. 무왕이 삼공三公으로 삼고자 했으나 굳게 사양하고 받지 않았다." 나머지 해설은 〈상본기〉에 나온다.

按 崔浩云表者 標榜其里門也 商容 紂時賢人也 韓詩外傳曰商容執羽籥馮於馬徒 欲以化紂而不能 遂去 伏於太行山 武王欲以爲三公 固辭不受 餘解在商紀

② 釋箕子之拘석기자지구

집해 서광이 말했다. "석釋은 다른 판본에는 '식式'으로, 구拘는 다른 판본에는 '수囚'로 되어 있다."

徐廣曰 釋 一作式 拘 一作囚

신주 은나라 마지막 이야기는 〈송미자세가〉 초반에 자세히 나온다.

장량이 말했다.

"그것이 셋째로 불가한 것입니다. 무왕은 거교鉅橋의 곡식을 꺼내고 녹대鹿臺의 재물을 풀어서[①] 가난하고 궁색한 곳에 하사했습니다. 지금 폐하께서 창고를 풀어서 가난하고 궁한 사람들에게 줄 수 있습니까?"

한왕이 말했다.

"그러지 못할 것이오."

"그것이 넷째로 불가한 것입니다. 은나라는 일을 이미 마치자 병장기를 거두어 수레를 만들고[②] 창과 방패를 거꾸로 세워두고 호랑이 가죽으로 덮어서 천하에 다시 사용하지 않겠다는 것을 보였습니다. 지금 폐하께서 군사를 해체하고 문사文事를 행해 다시 군사를 사용하지 않을 수 있습니까?"

其不可三也 發鉅橋之粟 散鹿臺之錢① 以賜貧窮 今陛下能散府庫以賜貧窮乎 曰 未能也 其不可四矣 殷事已畢 偃革爲軒② 倒置干戈 覆以虎皮 以示天下不復用兵 今陛下能偃武行文 不復用兵乎

① 發鉅橋之粟 散鹿臺之錢발거교지속 산록대지전

신주 거교는 상商나라 주왕 때 나라의 식량창고가 있었다고 한다. 녹대는 주왕이 재화와 보물 등을 모아 두던 곳이자 상나라 마지막 수도를 가리키기도 하는데, 지금의 조가朝歌를 말한다. 조가라는 지명은 고대부터 지금까지 이어져 오고 있는데 기수淇水를 끼고 있는 은허殷墟 남쪽이다.

② 偃革爲軒언혁위헌

집해 여순이 말했다. "혁革은 혁거革車이다. 헌軒은 붉게 수놓은 군주의 수레이다. 군사의 준비를 없애고 예악으로 다스려야 한다고 한 것이다."

如淳曰 革者 革車也 軒者 赤黻乘軒也 偃武備而治禮樂也

색은 소림이 말했다. "혁은 전차이다. 헌은 주헌朱軒(붉은 수레)과 피헌皮軒(가죽 수레)이다. 전차를 없애고 타는 수레로만 사용한다는 것을 이른다." 《설문》에서 헌軒은 (장막을) 꼼꼼하게 두루 막은 수레라고 한다.

蘇林云 革者 兵車也 軒者 朱軒皮軒也 謂廢兵車而用乘車也 說文云 軒 曲周屏車

한왕이 말했다.

"그러지 못할 것이오."

"그것이 다섯째로 불가한 것입니다. (무왕은) 군마를 화산華山 남쪽에서 쉬게 하면서 할 일이 없음을 보였습니다.[①] 지금 폐하께서 말을 쉬게 하면서 이용할 일이 없게 할 수 있습니까?"

"그러지 못할 것이오."

"그것이 여섯째로 불가한 것입니다. (무왕은) 소를 도림桃林의 그늘에 놓아두어[②] 다시 군수품을 운반하지 않는다는 것을 보였습니다. 지금 폐하께서 소를 방목시켜 군수품을 다시 운반하지 않을 수 있습니까?"

한왕이 말했다.

"그러지 못할 것이오."

曰 未能也 其不可五矣 休馬華山之陽[①] 示以無所爲 今陛下能休馬無所用乎 曰 未能也 其不可六矣 放牛桃林[②]之陰 以示不復輸積 今陛下能放牛不復輸積乎 曰 未能也

① 休馬華山之陽휴마화산지양

신주 《상서》〈무성〉에서 주나라 무왕은 상나라 주왕紂王과 싸워 이기고서 말을 화산 남쪽에 돌려주었다고 한다. 화산은 장안 동쪽에 있다.

② 桃林도림

색은 진작이 말했다. "홍농군 문향현閿鄉縣 남곡南谷 안에 있다." 응소의 말과 《십삼주기》에서 말한다. "홍농에 도구취桃丘聚가 있는데 옛날 도림이다." 《산해경》에서 말한다. "과보산夸父山 북쪽에 도림이 있는데 넓이는 300리라고 한다."

按 晉灼云在弘農閿鄕南谷中 應劭 十三州記弘農有桃丘聚 古桃林也 山海經云 夸父之山 北有桃林 廣三百里也

"그것이 일곱째로 불가한 것입니다. 또 천하의 떠돌이 사인들이 그 친척을 떠나서 조상의 분묘를 버리고 옛 친구를 떠나 폐하를 따라 유랑하는 것은 그저 낮밤으로 한 치의 땅이라도 얻기를 바라기 때문입니다. 지금 6국을 회복시켜 한韓, 위魏, 연燕, 조趙, 제齊, 초楚의 후예들을 세우면, 천하의 떠돌이 사인들은 각각 돌아가 그의 군주를 섬기고 그의 친척을 따르고 그의 옛 친구와 조상의 묘지로 돌아갈 것이니, 폐하께서는 누구와 함께 천하를 취하시렵니까? 그것이 여덟째로 불가한 것입니다.
또 초나라가 오직 강한 일이 없더라도, 6국에 세운 자들이 다시 굽히고 꺾어져 초나라를 따른다면① 폐하께서 어떻게 그들을 얻어 신하로 삼겠습니까? 진실로 객客의 계책을 채용한다면 폐하의 사업은 사라질 것입니다."
한왕은 씹던 음식을 뱉고, 욕하며 말했다.
"어리석은 유생 놈이 내 사업을 거의 망칠 뻔했구나!②"
재빨리 인장을 녹여 없애라고 명했다.

其不可七矣 且天下游士離其親戚 棄墳墓 去故舊 從陛下游者 徒欲日夜望咫尺之地 今復六國 立韓魏燕趙齊楚之後 天下游士各歸事其主

從其親戚 反其故舊墳墓 陛下與誰取天下乎 其不可八矣 且夫楚唯無彊 六國立者復橈而從之[①] 陛下焉得而臣之 誠用客之謀 陛下事去矣 漢王輟食吐哺 罵曰 豎儒 幾敗而公事[②] 令趣銷印

① 六國立者復橈而從之 육국립자부요이종지

집해 《한서음의》에서 말한다. "오직 초나라로 하여금 강해지는 일이 없게 하는 것이 마땅하다. 강해지면 6국은 약해져서 따를 것이다."

漢書音義曰 唯當使楚無彊 彊則六國弱從之

색은 살펴보니 순열의 《한기》에서 이 일을 설명해서 말한다. "오직 초나라로 하여금 강해지는 일이 없게 하는 것이 좋다. 만일 강해지면 6국은 굽히고 꺾어져 따를 것이다." 또 위소가 말했다. "지금 초나라에 강함이 없다고 하더라도 6국이 세워지면 반드시 다시 굽히고 꺾어져 초나라를 따를 것이다." 이 두 설은 뜻이 같다.

按 荀悅漢紀說此事云獨可使楚無彊 若彊 則六國屈橈而從之 又韋昭云今無彊楚者 言六國立必復屈橈從楚 是二說意同也

② 豎儒 幾敗而公事 수유 기패이공사

색은 고조가 역이기를 꾸짖으며 어린 유생이라고 한 것은 이 유생이 어려서 그리했을 따름이다. 幾는 '기祈'로 발음한다. 기幾는 '거의'이다. 공公은 고조가 스스로를 이른 것이다. 《한서》에서는 '내공乃公'으로 되어 있고 내乃는 또한 '나'이다.

高祖罵酈生爲豎儒 謂此儒生豎子耳 幾音祈 幾者 殆近也 而公 高祖自謂也 漢書作乃公 乃亦汝也

한나라 4년 한신韓信이 제나라를 쳐부수고 스스로 즉위해서 제왕齊王이 되려고 하자 한왕은 노했다. 장량이 한왕을 설득하자① 한왕은 장량으로 하여금 제왕 신信에게 인장을 주게 했는데, 그 이야기는 〈회음후열전〉 사적 안에 나온다.

그 가을, 한왕은 초楚를 추격해 양하陽夏의 남쪽에 이르러서 싸움에 불리하자 고릉固陵에 진을 쳤는데, 제후들이 기약한 날짜에 도착하지 않았다. 장량이 한왕을 설득해 한왕이 그의 계책을 채용하자, 제후들이 모두 이르렀다.② 그 이야기는 〈항우본기〉 사적 안에 나온다.

漢四年 韓信破齊而欲自立爲齊王 漢王怒 張良說漢王① 漢王使良授齊王信印 語在淮陰事中 其秋 漢王追楚至陽夏南 戰不利而壁固陵 諸侯期不至 良說漢王 漢王用其計 諸侯皆至② 語在項籍事中

① 張良說漢王장량설한왕

신주 〈진승상세가〉에서 진평陳平이 유방의 발을 지그시 밟아 눈치를 주어 유방이 깨달았다고 한다. 실로 장량과 진평 두 사람의 계책이다.

② 諸侯皆至제후개지

신주 양하와 고릉 모두 진陳에 있다. 이른바 대량大梁 홍구鴻溝를 경계로 초한이 중원을 나누기로 했다가, 유방은 장량과 진평의 건의로 그 약속을 팽개치고 초나라를 공격하려고 한신과 팽월에게 진陳에 모일 것을 청했으나, 모두 오지 않았다. 장량의 계책에 따라 땅을 줄 것을 약속하자 그들은 왔으며, 함께 힘을 합쳐 해하에서 항우를 죽일 수 있었다.

한나라 6년 정월 공신들을 봉했다. 장량은 일찍이 전투의 공로가 있지 않았으나 고제가 말했다.
"장막 안에서 계책을 운용해서 1,000리 밖의 승리를 결정지은 것은 자방子房의 공로이다. 스스로 제나라의 3만 호를 선택하라."
장량이 말했다.
"처음 신이 하비下邳에서 일어나 주상을 유留에서 만났는데, 이는 하늘이 신을 폐하께 준 것입니다. 폐하께서 신의 계책을 채용해서 다행히도 때에 적중한 것일 뿐입니다. 신은 원컨대 유에 봉해진 것으로 만족합니다. 감히 3만 호는 마땅하지 않습니다."
이에 장량을 봉해 유후留侯로 삼고 소하 등과 봉했다.
漢六年正月 封功臣 良未嘗有戰鬥功 高帝曰 運籌策帷帳中 決勝千里外 子房功也 自擇齊三萬戶 良曰 始臣起下邳 與上會留 此天以臣授陛下 陛下用臣計 幸而時中 臣願封留足矣 不敢當三萬戶 乃封張良爲留侯 與蕭何等俱封

주상은 이미 대공신 20여 명을 봉했지만 그 나머지는 낮밤으로 공을 다투어 결정이 나지 않아 봉작을 행할 수 없었다. 주상은 낙양의 남궁南宮에 있었는데 복도[①]를 따라 쳐다보니 장수들이 이따금씩 서로 모래밭에 앉아서 이야기를 나누는 것을 보았다. 주상이 말했다.
"저들은 무슨 이야기를 하고 있소?"
유후가 말했다.

"폐하께서는 알지 못하십니까? 이들이 반란을 꾀하고 있습니다."
주상이 말했다.
"천하의 안정이 이어지고 있는데 무슨 까닭으로 반역을 한다는 것인가?"
유후가 대답했다.
"폐하께서는 포의로 일어나 이들 무리와 천하를 취했습니다. 지금 폐하께서 천자가 되시어 봉한 바는 모두 소하와 조참 등의 친구이거나 친하게 아끼는 자들이며, 처벌한 자들은 모두 평생을 원수로 여긴 자들입니다. 지금 군대 관리들이 공로를 계산하여 천하를 가지고도 두루 봉하기에는 부족하다고 여기는데, 이들 무리는 폐하께서 모조리 봉하지 못할 것을 걱정하는 것입니다. 혹시나 또 평생[②] 잘못하면 의심당해 처벌에 이를까 여겨서, 곧 서로 모여 반역을 모의할 따름입니다."

(六年)上已封大功臣二十餘人 其餘日夜爭功不決 未得行封 上在雒陽南宮 從復道[①]望見諸將往往相與坐沙中語 上曰 此何語 留侯曰 陛下不知乎 此謀反耳 上曰 天下屬安定 何故反乎 留侯曰 陛下起布衣 以此屬取天下 今陛下爲天子 而所封皆蕭曹故人所親愛 而所誅者皆生平所仇怨 今軍吏計功 以天下不足遍封 此屬畏陛下不能盡封 恐又見疑平生[②]過失及誅 故即相聚謀反耳

① 復道복도

집해 여순이 말했다. "復은 '복複'으로 발음한다. 위와 아래에 도로가 있기 때문에 복도라고 이른다." 위소가 말했다. "각도閣道이다."

如淳曰 復音複 上下有道 故謂之復道 韋昭曰 閣道

② 平生평생

집해 서광이 말했다. "대부분 생평生平으로 되어 있다."

徐廣曰 多作生平

주상이 이에 근심하며 말했다.

"어찌해야 하겠소?"

유후가 말했다.

"주상께서 평생토록 제일 미워하는 자가 여러 신하들이 함께 아는 자 중에서 누가 가장 심합니까?"

주상이 말했다.

"옹치雍齒① 와 나는 오랜 감정이 있고, 일찍이 자주 나를 욕보였소. 나는 죽이고자 했으나 그가 공로가 많아서 차마 그러지 못하고 있소."

유후가 말했다.

"지금 급히 먼저 옹치를 봉해서 여러 신하에게 보여주어서 여러 신하들이 옹치가 봉해진 것을 보면 사람마다 스스로 확고하게 믿을 것입니다."

이에 주상은 술잔치를 베풀고 옹치를 봉해 십방후什方侯② 로 삼았으며, 승상과 어사를 빨리 다그쳐 공을 정하고 봉작을 시행하게 했다. 여러 신하들은 술잔치가 끝나자 모두 기뻐하며 말했다.

"옹치도 오히려 제후가 되었으니 우리들은 걱정할 것이 없다."
上乃憂曰 爲之柰何 留侯曰 上平生所憎 群臣所共知 誰最甚者 上曰 雍齒[①]與我故 數嘗窘辱我 我欲殺之 爲其功多 故不忍 留侯曰 今急先封雍齒以示群臣 群臣見雍齒封 則人人自堅矣 於是上乃置酒 封雍齒爲什方[②]侯 而急趣丞相御史定功行封 群臣罷酒 皆喜曰 雍齒尙爲侯 我屬無患矣

① 雍齒옹치

집해 《한서음의》에서 말한다. "군사를 일으키기 전에 옛 원한이 있었다."
漢書音義曰 未起時有故怨

신주 옹치는 패공을 수행하면서도 그를 가볍게 여겼으며, 몇 차례 배신했다가 다시 유방에게 투항했다.

② 什方십방

색은 〈지리지〉에서 현 이름이고 광한군에 속한다. 什은 '십十'으로 발음한다.
地理志縣名 屬廣漢 什音十

정의 《괄지지》에서 말한다. "옹치성은 익주 십방현 남쪽 40보에 있다. 한漢의 십방현이고 한漢 초기에 옹치를 봉해 후국이 되었다."
括地志云 雍齒城在益州什邡縣南四十步 漢什邡縣 漢初封雍齒為侯國

신주 〈고조공신후자연표〉에서 공신 순위 57위이며, 4대까지 제후를 유지했다. 무제 원정 5년 옹환雍桓이 주금酎金에 걸려 작위를 잃었다.

유경劉敬이 고조를 설득해 말했다.
"관중關中을 도읍으로 삼으십시오."
주상은 머뭇거렸다. 좌우의 대신들은 모두 산동山東 사람들이라 대부분 주상에게 낙양을 도읍으로 권했다.
"낙양은 동쪽에 성고成皐가 있고 서쪽에 효산殽山과 민지黽池가 있으며, 하수河水를 등지고 이수伊水와 낙수洛水를 앞에 두고 있어① 견고함이 또한 족히 믿을 만합니다."
劉敬說高帝曰 都關中 上疑之 左右大臣皆山東人 多勸上都雒陽 雒陽東有成皐 西有殽黽 倍河 向伊雒① 其固亦足恃

① 雒陽東有成皋~向伊雒낙양동유성고~향이락

신주 〈조상국세가〉에서 설명한 것처럼 낙양 역시 관중처럼 사방의 지형이 험난하여 분지를 이룬다. 다만 지형은 관중에 비해 협소하다.

유후가 말했다.
"낙양이 비록 이러한 견고함이 있으나, 그 안이 작아서 수백 리에 지나지 않으며 전답이 척박하고, 사방으로 적을 받는 곳이라 이는 무력武力를 쓸 수 있는 나라가 아닙니다. 무릇 관중은 왼쪽에 효산殽山과 함곡관이 있고,① 오른쪽에 농隴과 촉蜀이 있어② 기름진 들판이 1,000리이며, 남쪽에 파巴와 촉蜀의 풍요로움이 있고, 북쪽에 호원胡苑의 이로움이 있어③ 삼면을 막아 지켜주어서 오직 동쪽 한

방면만 제후들을 통제하면 됩니다. 제후들이 안정되면 천하에서 하수와 위수의 뱃길로 운반하여 서쪽 경사京師에 공급할 수 있습니다. 제후들에게 변란이 있으면 물길을 따라서 내려가서 운송을 맡기기(위수委輸)에 충분합니다. 이를 이른바 금성천리金城千里라 하고 하늘 창고의 나라라고 합니다.④ 유경의 설명이 옳습니다."

이에 고조는 그날로 가마를 타고 서쪽 관중에 도읍했다.⑤

留侯曰 雒陽雖有此固 其中小 不過數百里 田地薄 四面受敵 此非用武之國也 夫關中左殽函① 右隴蜀② 沃野千里 南有巴蜀之饒 北有胡苑之利③ 阻三面而守 獨以一面東制諸侯 諸侯安定 河渭漕輓天下 西給京師 諸侯有變 順流而下 足以委輸 此所謂金城千里 天府之國也④ 劉敬說是也 於是高帝即日駕 西都關中⑤

① 殽函효함

정의 효殽는 이효산二殽山이며 낙주 영녕현永寧縣 서북쪽 28리에 있다. 함곡관은 섬주 도림현桃林縣 서남쪽 12리에 있다.

殽 二殽山也 在洛州永寧縣西北二十八里 函谷關在陝州桃林縣西南十二里

② 隴蜀농촉

정의 농산隴山 남쪽은 촉蜀의 민산岷山과 연결되었다. 그러므로 오른쪽에 농과 촉이 있다고 했다.

隴山南連蜀之岷山 故云右隴蜀也

③ 胡苑之利호원지리

색은 최호가 말했다. "원苑은 말을 기르는 곳이고 밖으로 호胡 땅과 이어졌는데, 말은 호 땅에서 난다. 그러므로 '호원지리'라고 했다."

崔浩云 苑馬牧外接胡地 馬生於胡 故云胡苑之利

정의 《박물지》에서 말한다. "북쪽에 호원胡苑의 변방이 있다." 살펴보니 상군上郡과 북지군 북쪽은 호胡와 접해 날짐승과 길짐승을 기를 수 있고 또 많은 호마胡馬가 이른다. 그러므로 '호원지리'라고 했다.

博物志云北有胡苑之塞 按 上郡北地之北與胡接 可以牧養禽獸 又多致胡馬 故謂胡苑之利也

④ 所謂金城千里 天府之國也소위금성천리 천부지국야

색은 살펴보니 여기에서 말한 '위謂' 자는 모두 옛말에 의거했다. 진秦나라는 사새四塞(사방의 요새)를 둔 국가여서 금성金城과 같음을 말한 것이다. 그러므로 《회남자》에서 말한다. "비록 금성이 있더라도 곡식이 없으면 지키지 못한다." 또 소진蘇秦이 진혜왕秦惠王을 설득해 이르기를 "진秦나라 지세의 형편을 이른바 천부天府라고 합니다."라고 했는데 여기에서 의거한 것이다.

按 此言謂者 皆是依憑古語 言秦有四塞之國 如金城也 故淮南子云雖有金城非粟不守 又蘇秦說秦惠王云秦地勢形便 所謂天府 是所憑也

⑤ 西都關中서도관중

색은 살펴보니 《주례》에서 '이왈순국천二曰詢國遷'(둘째는 국도를 옮기는 일을 물어본다)은 곧 큰일이라 한다. 고조가 그날 서쪽으로 옮긴 것은 대개 그날 즉시 계획을 정했다는 것을 이른 것뿐이지 그날 바로 갔다는 것은 아니다.

按 周禮二曰詢國遷 乃爲大事 高祖即日西遷者 蓋謂其日即定計耳 非即日遂行也

신주 《사기》와 《한서》의 각종 기록에 따르면, 관중에 도읍한 것은 모두 고조 5년이라 한다. 여기서는 기록 순서가 바뀌었을 뿐이다.

《주례周禮》〈추관秋官 소사구小司寇〉에서 소사구는 조정 바깥의 정사를 관장해서 만백성에게 정사를 물어보는 경우가 나온다. "첫째는 나라의 위태로운 일을 물어보고, 둘째는 국도國都를 옮기는 일을 물어보고, 셋째는 임금을 세우는 일을 물어본다.[一曰詢國危 二曰詢國遷 三曰詢立君]"

유후는 따라서 관중으로 들어갔다. 유후는 본래 병이 많아서 곧 도인술導引術로 곡식을 먹지 않았고[①] 문을 닫아걸고 한 해 남짓 밖으로 나가지 않았다.

주상은 태자를 폐하고 척부인戚夫人의 아들인 조왕趙王 여의如意를 세우고자 했다. 그러나 대신들이 많이 간쟁해 결정을 굳힐 수 없었다. 여후呂后는 두려워서 어찌할 바를 몰랐다. 어떤 사람이 여후에게 일러 말했다.

"유후는 계책을 잘 세워 주상께서 믿고 채용합니다."

여후는 곧 건성후建成侯 여택呂澤으로 하여금 유후를 겁박하게 했다.

留侯從入關 留侯性多病 即道引不食穀[①] 杜門不出歲餘 上欲廢太子 立戚夫人子趙王如意 大臣多諫爭 未能得堅決者也 呂后恐 不知所爲 人或謂呂后曰 留侯善畫計筴 上信用之 呂后乃使建成侯呂澤劫留侯

① 道引不食穀도인불식곡

집해 《한서음의》에서 말한다. "벽곡辟穀하는 약을 복용하고 고요하게 거처하며 기氣를 행하는 것이다."

漢書音義曰 服辟穀之藥 而靜居行氣

신주 도인道引은 도인술이다. 곧 몸의 수족을 굽혔다 폈다 하고 신선한 공기를 마시는 도가道家의 양생법이다. 벽곡은 익힌 곡식을 먹지 않고 양생하는 도가의 방법이다. 모두 도가의 변형인 '황로학'의 '신선술'에서 나왔다.

(여택이) 말했다.

"군君께서는 항상 주상을 위해 계책을 담당하는 신하입니다. 지금 주상께서 태자를 바꾸고자 하시는데 군은 어찌 베개를 높이 베고 누워 계십니까?"

유후가 말했다.

"이전에 주상께서 여러 번 곤궁하고 긴박한 가운데 계시면서도 다행히 신의 계책을 채용하셨습니다. 지금 천하는 안정되었고 아끼는 자식으로 태자를 바꾸려고 하는 것인데, 골육骨肉 사이의 일에 비록 신과 같은 무리 100여 명이라도 무슨 보탬이 있겠습니까?"

여택이 강요해서 말했다.

"우리를 위해 계책을 세워 주시오."

曰 君常爲上謀臣 今上欲易太子 君安得高枕而臥乎 留侯曰 始上數在困急之中 幸用臣筴 今天下安定 以愛欲易太子 骨肉之閒 雖臣等百餘人何益 呂澤彊要曰 爲我畫計

유후가 말했다.

"이것은 말로 다투기가 어렵소. 돌아보건대 주상이 데려올 수 없던 자가 천하에 네 명 있었습니다.① 이 네 명은 나이가 많고, 모두 주상께서 현인을 업신여긴다고 여깁니다. 그런 까닭에 도망쳐 산속에 숨어 의리로써 한나라 신하가 되지 않고 있습니다. 그러나 주상께서는 이 네 명을 높이 여기십니다. 지금 공께서 진실로 금옥金玉과 비단의 폐백을 아끼지 말고 태자로 하여금 서신을 쓰게 하며, 겸손한 말과 편안한 수레를 가지고 말 잘하는 인사를 보내 굳세게 청한다면 마땅히 올 것입니다. 오면 객客으로 삼아 때때로 (그대를) 따라 조회에 들게 해 주상으로 하여금 보게 하면 반드시 이상하게 여기고 물을 것입니다. 물어보면, 주상께서 이들이 네 현인임 알게 될 것이니 하나의 도움이 될 것입니다."

이에 여후는 여택呂澤에게 명해 사람을 시켜서 태자의 글을 받들게 하고 겸손한 언사와 두터운 예로 이 네 명을 맞이했다. 네 명은 이르러 건성후建成侯의 처소에 객이 되었다.

留侯曰 此難以口舌爭也 顧上有不能致者 天下有四人① 四人者年老矣 皆以爲上慢侮人 故逃匿山中 義不爲漢臣 然上高此四人 今公誠能無愛金玉璧帛 令太子爲書 卑辭安車 因使辯士固請 宜來 來 以爲客 時時從入朝 令上見之 則必異而問之 問之 上知此四人賢 則一助也 於是呂后令呂澤使人奉太子書 卑辭厚禮 迎此四人 四人至 客建成侯所

① 四人사인

색은 사인은 네 명의 백발노인인데 동원공東園公, 기리계綺里季, 하황공

夏黃公, 각리선생角里先生을 이른다. 살펴보니 《진류지》에서 말한다. "원공園公의 성은 유庾이고 자는 선명宣明이며 원園 안에 거처해서 이에 따라 호칭으로 삼았다. 하황공의 성은 최崔이고 이름은 광廣이며 자는 소통少通이다. 제나라 사람으로 하리夏里에 숨어 살며 도를 닦았다. 그러므로 하황공이라고 불렀다. 각리선생은 하내군 지軹 사람이고 태백太伯의 후예이며 성은 주周이고 이름은 술術이며 자는 원도元道이다. 경사에서는 패상선생霸上先生이라고 불렀고 일설에는 각리선생이라고 불렀다." 또 공안국은 《비기》에서 '녹리祿里'로 되어 있다고 했다. 모두 왕소王劭가 최씨와 주씨의 족보 및 도원량陶元亮의 《사팔목》에 의거해 이 설을 만들었다.

四人 四皓也 謂東園公綺里季夏黃公角里先生 按 陳留志云園公姓庾 字宣明 居園中 因以爲號 夏黃公姓崔名廣 字少通 齊人 隱居夏里修道 故號曰夏黃公 角里先生 河內軹人 太伯之後 姓周名術 字元道 京師號曰霸上先生 一曰角里先生 又孔安國祕記作祿里 此皆王劭據崔氏周氏系譜及陶元亮四八目而爲此說

신주 각리선생角里先生의 角은 녹甪으로도 쓰였으며, 일설에 녹리선생甪里先生이라는 말도 있다. 《한서》 〈왕공량공포전〉에서도 역시 녹甪이라 했다. 아울러 《삼국지》와 그 주석에도 자주 언급되어 나온다. 네 사람을 '상산사호商山四皓'라고 한다. 호皓는 '백발'을 뜻하니, '상산에 숨어 사는 네 명의 현인'이란 말이다. 상산은 상락현上洛縣에 있다고 하는데, 상락현은 단수丹水 상류이고 장안 동남쪽이며, 동남쪽으로 계속 가면 관중 남쪽 관문 무관武關에 닿는다.

한나라 11년 경포黥布가 반란을 일으켰다. 주상에게 병이 있어서 태자를 장군으로 삼아 공격하러 보내려 했다. 네 빈객이 서로 일러 말했다.

"무릇 우리가 온 것은 앞으로 태자를 보존시키려 함이다. 태자가 군사를 거느리면 일이 위태롭게 될 것이다."

이에 건성후를 설득해서 말했다.

漢十一年 黥布反 上病 欲使太子將 往擊之 四人相謂曰 凡來者 將以存太子 太子將兵 事危矣 乃說建成侯曰

"태자가 군사를 거느리면 공이 있어도 태자의 즉위에 보탬이 되지 않습니다. 그러나 공 없이 돌아오면 이에 따른 화禍를 받게 됩니다. 또 태자는 여러 장수들과 함께 가야 하는데, 이들은 다 일찍이 주상과 함께 천하를 평정했던 사납고 날랜 장수들입니다. 지금 태자에게 거느리게 하는 것은 양에게 이리를 거느리게 하는 것과 다를 바가 없습니다. 모두 기꺼이 힘을 다하려고 하지 않을 것이니, 아무 공도 세우지 못할 것이 틀림없습니다.

신들이 듣건대, '어미를 사랑하면 그 자식도 감싼다.'라고 했습니다.[①] 지금 척부인은 밤낮으로 주상을 모시는데 조왕趙王 여의如意를 늘 끼고서 앞에 자리를 잡고 있습니다. 주상께서 말씀하시기를 '끝내 불초한 자식으로 하여금 아끼는 자식의 위에 있게 하지 않을 것이다.'라고 했는데, 명백하게 태자의 자리를 대체시키려는 것이 틀림없습니다.

군君은 어째서 다급하게 여후呂后께서 틈을 타서 주상을 받들 때 울면서 '경포는 천하의 맹장猛將으로서 군사를 잘 다루고, 지금 여러 장수는 모두 폐하의 옛 동료들입니다.② 태자에게 이들을 거느리게 하는 것은 양에게 이리를 거느리게 하는 것과 다름이 없어서 기꺼이 쓰이려고 하지 않을 것이고, 또 이 소식이 경포에게 들리면 북을 치면서 서쪽을 공격할 따름일 것입니다.③ 주상이 비록 병이 있으나 억지로 수레를 타시고 누워서라도 통솔하신다면 여러 장수는 감히 힘을 다하지 않을 수 없을 것입니다. 주상께서 비록 괴롭겠지만 처자식을 위해 스스로 강해지십시오.'라고 말씀드리라고 청하지 않습니까?"

太子將兵 有功則位不益太子 無功還 則從此受禍矣 且太子所與俱諸將 皆嘗與上定天下梟將也 今使太子將之 此無異使羊將狼也 皆不肯爲盡力 其無功必矣 臣聞母愛者子抱① 今戚夫人日夜待御 趙王如意常抱居前 上曰終不使不肖子居愛子之上 明乎其代太子位必矣 君何不急請呂后承閒爲上泣言 黥布 天下猛將也 善用兵 今諸將皆陛下故等夷② 乃令太子將此屬 無異使羊將狼 莫肯爲用 且使布聞之 則鼓行而西耳③ 上雖病 彊載輜車 臥而護之 諸將不敢不盡力 上雖苦 爲妻子自彊

① 母愛者子抱모애자자포

색은 이 말은《한비자》에서 나왔다.

此語出韓子

신주 《한비자》〈비내〉에서 "그 자식의 어머니를 사랑하면 그 자식도 감싼다.[其母好者其子抱]"라고 했다. '好호' 자는 원래 남녀의 사랑을 뜻한다.

② 等夷등이

집해 서광이 말했다. "이夷는 제儕(가지런함)와 같다."

徐廣曰 夷猶儕也

색은 여순이 말했다. "등이等夷는 '같은 무리'라는 말이다."

如淳云 等夷 言等輩

③ 鼓行而西耳고행이서이

집해 진작이 말했다. "고행이서鼓行而西는 두려워할 것이 없다는 말이다."

晉灼曰 鼓行而西 言無所畏也

이에 여택이 즉시 밤중에 여후를 만나 말하자 여후가 틈을 노려 주상께 눈물을 흘리고 울면서 말을 하는데 네 명의 뜻과 같았다.

주상이 말했다.

"나는 어린 자식을 보내기엔 참으로 부족하다고 여기니 내 스스로 가려고 생각하고 있을 뿐이오."

이에 주상이 스스로 군사를 거느리고 동쪽으로 가자, 여러 신하들은 (도성에) 남아서 지키면서 모두 패상에 이르러 전송했다. 유후는 병이 들었는데 스스로 억지로 일어나 곡우曲郵[①]에 이르러 주상을 뵙고 말했다.

"신이 마땅히 따라야 하지만 병이 심합니다. 초나라 사람들은 사납고 재빠르니 원컨대 주상께서는 초나라 사람들과 칼날로 다투지 마십시오."

이어서 주상을 설득해 말했다.

"태자를 장군으로 삼아 관중의 군사를 감독하게 명하십시오."

주상이 말했다.

"자방은 비록 병이 들어 억지로 누워 있으면서도 태자를 돕는구려."

이때 숙손통②은 태부였고 유후는 소부少傅의 일을 행했다.

於是呂澤立夜見呂后 呂后承閒爲上泣涕而言 如四人意 上曰 吾惟豎子固不足遣 而公自行耳 於是上自將兵而東 群臣居守 皆送至霸上 留侯病 自彊起 至曲郵① 見上曰 臣宜從 病甚 楚人剽疾 願上無與楚人爭鋒 因說上曰 令太子爲將軍 監關中兵 上曰 子房雖病 彊臥而傅太子 是時叔孫通②爲太傅 留侯行少傅事

① 曲郵곡우

집해 사마표가 말했다. "장안현 동쪽에 곡우취가 있다."

司馬彪曰 長安縣東有曲郵聚

색은 郵는 '우尤'로 발음한다. 살펴보니 사마표의 《속한서》 〈군국지〉에서 말한다. "장안에 곡우취가 있다고 한다." 지금의 신풍新豐 서쪽에 있으며 세속에서는 우두郵頭라고 이른다. 《한서구의》에서 말한다. "5리가 1우郵인데, 우는 사람이 거처하는 사이이며 서로의 거리는 2리 반이다." 살펴보니 우는 지금의 후候이다.

郵音尤 按 司馬彪漢書郡國志長安有曲郵聚 今在新豐西 俗謂之郵頭 漢書舊儀云五里一郵 郵人居閒 相去二里半 按 郵乃今之候也

신주 우郵가 후候라는 말은 '역참'이란 뜻이다.

② 叔孫通숙손통

신주 숙손통은 자字가 하何이며 유생이다. 아마 노魯나라 삼환三桓의 하나인 숙손씨 후예일 것이다. 진나라 2세 황제 때 박사로 불려가서 황제를 돕다가 설薛 땅으로 탈출했다. 여기서 항량項梁에게 귀의했고 이어 항우를 따랐다. 한나라 2년 유방은 팽성에서 싸워 대패했지만, 숙손통은 한왕에게 항복하고 따랐다. 한왕은 숙손통을 박사로 삼고 직사군稷嗣君이라고 불렀다. 한나라 5년 정도定陶에 모여 한왕을 황제로 추대하였는데, 이때 숙손통이 그 의식의 예절을 정했다. 나중에 제사와 의례를 총괄하는 태상太常의 전신인 봉상奉常에 올랐다. 《사기》와 《한서》의 〈숙손통전〉에 행적이 자세히 나오며, 《한서》에서 그가 자주 한나라 초기에 예악제도를 정비했다고 나온다.

한나라 12년 주상이 경포의 군대를 공격해 격파하고 돌아왔는데 병이 더 심해지자, 더욱 태자를 바꾸려 했다. 유후가 간해도 듣지 않으면서 병을 핑계로 일을 살피지 않았다. 숙손 태부는 옛날과 지금의 일을 이끌어 설득하면서 죽을 각오로 태자를 위해 논쟁했다. 주상이 거짓으로 허락한다고 해놓고 오히려 바꾸려고 했다.
연회에 이르러 술상을 차렸는데, 태자가 (그들을) 모셨다. 네 명이 태자를 따랐는데 나이가 모두 여든 살 남짓에 수염과 눈썹이 백발이었고 의관도 매우 위엄이 있었다. 주상이 괴상하게 여기고 물었다.
"저들은 무엇하는 사람들인가?"

네 명이 앞에 마주해서 각각 성명을 말하는데, 동원공과 각리선생과 기리계와 하황공이라고 했다.
주상이 이에 크게 놀라 말했다.
"내가 공들을 찾은 것이 여러 해였는데 공들은 나를 피해 도망쳤소. 지금은 공들은 왜 스스로 내 아이를 따라서 노는 것이오?"
네 명이 모두 말했다.
"폐하께서는 사인士人를 가볍게 여기고 잘 꾸짖으시니 신들은 의에 욕되지 않으려고 두려워서 도망쳐 숨었습니다. 가만히 들어보니 태자께서는 사람에게 인효仁孝하고 사인을 공경하고 아낀다고 하여, 천하에서 목을 길게 빼고 태자를 위해 죽지 않을 자가 없다고 합니다. 그래서 신들이 왔을 뿐입니다."
주상이 말했다.
"번거로울지라도 공들이 끝까지 태자를 보호해 주기를 바라오.①"
漢十二年 上從擊破布軍歸 疾益甚 愈欲易太子 留侯諫 不聽 因疾不視事 叔孫太傅稱說引古今 以死爭太子 上詳許之 猶欲易之 及燕 置酒 太子侍 四人從太子 年皆八十歲餘 鬚眉皓白 衣冠甚偉 上怪之 問曰 彼何爲者 四人前對 各言名姓 曰東園公 角里先生 綺里季 夏黃公 上乃大驚曰 吾求公數歲 公辟逃我 今公何自從吾兒游乎 四人皆曰 陛下輕士善罵 臣等義不受辱 故恐而亡匿 竊聞太子爲人仁孝 恭敬愛士 天下莫不延頸欲爲太子死者 故臣等來耳 上曰 煩公幸卒調護①太子

① 調護조호

집해 여순이 말했다. "조호調護는 영호와 같다."

如淳曰 調護猶營護也

네 사람은 축수를 마치고 종종걸음으로 떠났다. 주상은 눈짓으로 전송하고 척부인을 불러 네 명을 가리키며 말했다.

"나는 바꾸고자 했으나 저 네 명이 보좌하여 우익이 이미 이루어졌으니 움직이기 어렵소. 여후가 참으로 그대의 주인이오."

척부인이 눈물을 흘리자 주상이 말했다.

"나를 위해 초나라 춤을 추시오. 나는 그대를 위해 초나라 노래를 부르겠노라."

그리고 노래했다.

"큰 고니 높이 날아 한 번에 1,000리를 간다네.
날개와 깃이 이미 자라 온 세상을 가로지르네.
온 세상을 가로지르니 어찌해야 마땅한가?
비록 주살①이 있다 한들 오히려 어찌 쏘리오!"

노래를 여러 번만에 끝마치자② 척부인은 흐느끼며 눈물을 흘렸다. 주상이 일어나 떠나자 주연이 끝났다. 마침내 태자를 바꾸지 못했는데,③ 유후가 본래 이 네 명을 초청한 덕분이었다.

四人爲壽已畢 趨去 上目送之 召戚夫人指示四人者曰 我欲易之 彼四人輔之 羽翼已成 難動矣 呂后眞而主矣 戚夫人泣 上曰 爲我楚舞 吾爲若楚歌 歌曰 鴻鵠高飛 一擧千里 羽翮已就 橫絶四海 橫絶四海 當可柰何 雖有矰繳① 尙安所施 歌數闋② 戚夫人噓唏流涕 上起去 罷酒 竟不易太子者③ 留侯本招此四人之力也

① 矰繳증작

집해 위소가 말했다. "작繳은 주살로 쏘는 것이다. 그 화살을 증矰이라 한다."

韋昭曰 繳 弋射也 其矢曰矰

색은 마융은《주례》주석에서 말했다. "증이란 주살에 메는 짧은 화살이다. 이를 증이라 한다." 일설에서는 말한다. "증이라고 하는 것은 하나의 줄이며, 우러러 높이 쏠 수 있어서 증이라고 한다."

馬融注周禮云 矰者 繳繫短矢謂之矰 一說云矰 一弦 可以仰高射 故云矰也

② 闋결

색은 '결[曲穴反]'로 발음한다. 결闋은 곡을 끝마친 것을 이른다.《설문》에서 말한다. "결은 일을 이미 마치고 문을 닫은 것이다."

音曲穴反 謂曲終也 說文曰 闋 事[已閉門]也

③ 竟不易太子者경불역태자자

신주 〈외척세가〉 등에 나오는 것처럼 척부인은 태자를 자신의 아들로 바꾸려고 했기 때문에 여후의 미움을 받아 '인간 돼지'가 되는 잔인한 형벌을 받았다. 아들인 조왕 유여의도 독살되었다. 또한 여후의 자식 혜제도 단명하고, 후손들도 없었으니 지나친 보복에 대한 대가를 받은 것인지도 모른다.

공을 이루면 떠난다

유후는 주상을 따라 대代를 공격하면서 기발한 계책을 내서 마읍馬邑을 함락했다.[①] 소하를 상국으로[②] 세움에 이르러 주상과 함께 조용히 천하의 일에 대해 말한 것이 매우 많았다. 그러나 천하의 존망에 대해서 말한 것이 아니므로 기록하지 않는다. 유후가 이에 일컬어 말했다.

"집안 대대로 한韓나라의 재상이었는데 한나라가 멸망하자 만금의 자산을 아끼지 않고 한나라를 위해 강한 진나라에 복수하고자 천하를 진동시켰습니다. 지금은 세 치의 혀[③]로 황제의 스승이 되어 1만 호에 봉해지고 열후의 자리에 올랐습니다. 이는 포의布衣로서 지극한 데까지 오른 것이니 곧 저는 만족합니다. 원컨대 인간 세상의 일을 버리고 적송자赤松子[④]를 따라 노닐고자 할 뿐입니다."

留侯從上擊代 出奇計馬邑下[①] 及立蕭何相國[②] 所與上從容言天下事甚衆 非天下所以存亡 故不著 留侯乃稱曰 家世相韓 及韓滅 不愛萬金之資 爲韓報讎彊秦 天下振動 今以三寸舌[③]爲帝者師 封萬戶 位列侯 此布衣之極 於良足矣 願棄人間事 欲從赤松子[④]游耳

① 出奇計馬邑下출기계마읍하

집해 서광이 말했다. "다른 판본에는 '출기계하마읍出奇計下馬邑'이라 했다."

徐廣曰 一云出奇計下馬邑

② 蕭何相國소하상국

집해 《한서음의》에서 말한다. "소하가 당시에는 상국이 되지 못했는데 장량이 고조에게 권해서 세운 것이다."

漢書音義曰 何時未為相國 良勸高祖立之

③ 三寸舌삼촌설

색은 《춘추위》에서 말한다. "혀는 입에 있으며 길이가 3치인데 북두칠성 옥형玉衡(자루)을 상징한다."

春秋緯云 舌在口 長三寸 象斗玉衡

신주 북두칠성 국자 머리를 선기璿璣라 하고, 자루를 '옥형'이라 한다.

④ 赤松子적송자

색은 《열선전》에서 말한다. "신농神農 시대의 우사雨師이다. 불 속으로 들어가 스스로를 불사를 수 있으며 곤륜산崑崙山 위에서 바람과 비를 따라 오르내린다."

列仙傳 神農時雨師也 能入火自燒 崑崙山上隨風雨上下也

이에 벽곡[①]을 하며 도인술을 배워 몸을 가볍게 했다.[②] 때마침 고제가 붕어하자 여후가 유후의 덕을 입었다고 여겨 이에 억지로 음식을 권하며 말했다.

"사람이 한세상을 사는 것은 흰 망아지가 문틈으로 지나가는 것과 같은데[③] 어찌 스스로 고통스럽게 하는 것을 여기까지 이르게 합니까!"

유후는 어쩔 수 없이 억지로 말을 듣고 먹었다.

乃學辟[①]穀 道引輕身[②] 會高帝崩 呂后德留侯 乃彊食之曰 人生一世間 如白駒過隙[③] 何至自苦如此乎 留侯不得已 彊聽而食

① 辟벽

색은 辟은 '벽[賓亦反]'으로 발음한다.

賓亦反

② 道引輕身도인경신

집해 서광이 말했다. "일설에는 '도인술을 배워 거동을 가볍게 하려고 했다.'라고 했다."

徐廣曰 一云 乃學道引 欲輕擧也

③ 白駒過隙백구과극

신주 세월은 빠르고 인생은 덧없다는 말이다. 《장자》 〈지북유〉에서 나오는 말이다. 한나라 초기에 도가道家 사상이 널리 퍼졌음을 알려준다.

8년 뒤에 죽어① 시호를 문성후文成侯라고 했다. 아들 불의不疑가 이어 후가 되었다.②
자방子房이 처음으로 하비下邳 다리 위에서 노인을 만나 태공서太公書를 받은 지 13년 뒤에 고제를 따라 제북濟北을 지나가는데, 과연 곡성산穀城山 아래에서 황석黃石을 보고 취하여 보배로 여겨③ 제사 지냈다. 유후가 죽자 황석을 함께 묻었다.④ 매양 무덤에서 복날과 납일臘日⑤에 황석에 제사 지냈다. 유후 장불의는 효문제 5년 불경죄에 연루되어 나라가 없어졌다.
後八年卒① 謚爲文成侯 子不疑代侯② 子房始所見下邳圯上老父與太公書者 後十三年從高帝過濟北 果見谷城山下黃石 取而葆③祠之 留侯死 并葬黃石(冢)④ 每上冢伏臘⑤ 祠黃石 留侯不疑 孝文帝五年坐不敬國除

① 後八年卒후팔년졸

신주 《사기》〈고조공신후자연표〉와 《한서》〈고혜고후문공신표〉에서 모두 장량은 고후 2년에 죽었다고 한다. 이에 따르면 8년이 아니라 9년이어야 한다.

② 不疑代侯불의대후

집해 서광이 말했다. "문성후는 제후가 된 지 16년에 죽고 아들 장불의가 그 자리를 계승했다. 10년 문대부門大夫 길吉이 옛 초楚의 내사內史를 살해하는 모의에 연루되어 사형에 해당되었으나 속죄금을 내고 성단城旦(매일 아침 일찍 일어나 성을 쌓는 죄수)이 되었고 봉국은 없어졌다."

徐廣曰 文成侯立十六年卒 子不疑代立 十年 坐與門大夫吉謀殺故楚內史 當死贖爲城旦 國除

신주 《한서》〈표〉에서 시호를 '문평文平'이라 했다. 선제宣帝 원강 4년(서기전 62)에 조서를 내려 장량 현손의 아들 양릉공승陽陵公乘 장천추張千秋에게 집안을 다시 세우게 했다고 한다. 또 장불의는 살인에 연루되었으니, 불경죄라 할 수 없다.

③ 葆보

집해 서광이 말했다. "《사기》에서 '진珍'이나 '보寶' 자는 모두 '보葆'로 되어 있다."

徐廣曰 史記珍寶字 皆作葆

④ 幷葬黃石병장황석

정의 《괄지지》에서 말한다. "한나라 장량의 무덤은 서주 패현 동쪽 65리에 있는데, 유성留城과 서로 가깝다."

括地志云 漢張良墓在徐州沛縣東六十五里 與留城相近也

⑤ 臘납

신주 매년 말 신에게 제사지내는 날을 말한다. 납臘은 '접接'과 같은 뜻으로 신년新年과 구년舊年이 맞물리는 즈음에 대제大祭를 올려 그 공에 보답하는 것이다. 또 엽獵과도 통하는 것으로 사냥에서 얻은 날짐승, 길짐승으로 선조에게 제사함을 뜻하기도 한다.

태사공은 말한다.

학자들은 대부분 귀신이 없다고 말하지만 괴물[①]은 있다고 말한다. 유후가 만난 노인이 책을 준 것과 같은 일은[②] 또한 괴이하다고 할 만하다. 고조가 곤란한 경우를 당한 것이 여러 번이었는데, 유후는 항상 공력功力이 있었으니, 어찌 하늘의 뜻이 아니라고 할 수 있겠는가? 주상이 말하여 "무릇 장막 안에서 계획을 세워 1,000리 밖의 승리를 결정하는 것은 내가 자방만 못하다."라고 했다.

내가 그 사람을 예상할 때는 장대하고[③] 우뚝한 모습일 것이라고 헤아렸다가 그의 초상화를 보기에 이르렀는데, 용모는 아낙네 중에 아름다운 여자와 같았다. 대개 공자께서 말씀하시길 "용모로 사람을 취하다가 자우子羽[④]에게 실수했다."라고 했는데, 유후를 또한 그렇다 할 것이다.

太史公曰 學者多言無鬼神 然言有物[①] 至如留侯所見老父予書[②] 亦可怪矣 高祖離困者數矣 而留侯常有功力焉 豈可謂非天乎 上曰 夫運籌筴帷帳之中 決勝千里外 吾不如子房 余以爲其人計魁梧[③]奇偉 至見其圖 狀貌如婦人好女 蓋孔子曰 以貌取人 失之子羽[④] 留侯亦云

① 物물

색은 살펴보니 물物은 정령의 괴물이나 약물藥物을 이른다.

按 物謂精怪及藥物也

② 老父予書노부여서

색은 살펴보니 《시위》에서 말한다. "풍후風后는 황제黃帝의 스승인데,

다시 몸을 변화시켜 늙은이가 되어 장량에게 책을 주었다." 또한 다른 설이다.

按 詩緯云風后 黃帝師 又化爲老子 以書授張良 亦異說

③ 魁梧괴오

집해 응소가 말했다. "괴오는 큰 언덕으로 장대하다는 뜻이다."

應劭曰 魁梧 丘虛壯大之意

색은 소림이 말했다. "梧는 '오忤'로 발음한다." 소해가 말했다. "지금 '오吾'로 독음하는 것은 잘못이다." 안사고가 말했다. "그가 가히 경오驚悟하다는 말이다."

蘇林云梧音忤 蕭該云今讀爲吾 非也 小顏云言其可驚悟

④ 子羽자우

색은 자우는 담대멸명澹臺滅明의 자字이다. 〈중니제자전〉에서 말한다. "생김새가 매우 못생겼다." 또 《한자》에서 "자우는 군자의 용모가 있어서 행하는 데는 그의 모습을 일컫지 않았다." 했으니 《사기》의 문장과는 상반된다.

子羽 澹臺滅明字也 仲尼弟子傳云狀貌甚惡 又韓子云子羽有君子之容 而行不稱其貌 與史記文相反

색은술찬 사마정이 펼쳐서 밝히다.

유후는 기개 있고 빼어났는데 뜻을 품고 몹시 분하게 여겼다. 5대가 한韓나라에서 재상을 지냈지만, 하루아침에 한漢나라로 귀의했다. 신발을 신겨 드리고 《태공병법》을 빌리게 되어 신묘한 계산으로 계책을 운용했다.

횡양군 한성이 즉위하고 나자 사도가 되어[①] 호위했다. 패상에서 위태로움을 도왔으며 고릉에서 어지러움을 가라앉혔다. 사람들은 삼걸이라 일컬었으며 비유하여 여덟 가지 어려움을 변설했다.[②] 적송자와 노닐기를 원했으나 흰 망아지같은 인생은 얽어매어 어렵게 되었구나. 아, 저 웅대한 책략은 일찍이 풍채에서 나온 것이 아닐세!

留侯倜儻 志懷憤惋 五代相韓 一朝歸漢 進履宜假 運籌神算 橫陽旣立 申徒[①] 作扞 灞上扶危 固陵靜亂 人稱三傑 辯推八難[②] 赤松願游 白駒難絆 嗟彼雄略 曾非魁岸

① 申徒신도

신주 원문은 신도이나, 〈유후세가〉의 주석처럼 사도司徒이다.

② 人稱三傑 辯推八難인칭삼걸 변추팔난

신주 사람들이 일컫는 삼걸은 장량, 소하, 한신이며, 여덟 가지 어려움은 역이기 계책이 이루어지기 어려움을 여덟 가지로 변설한 것을 가리킨다.

[지도 7] 유후세가

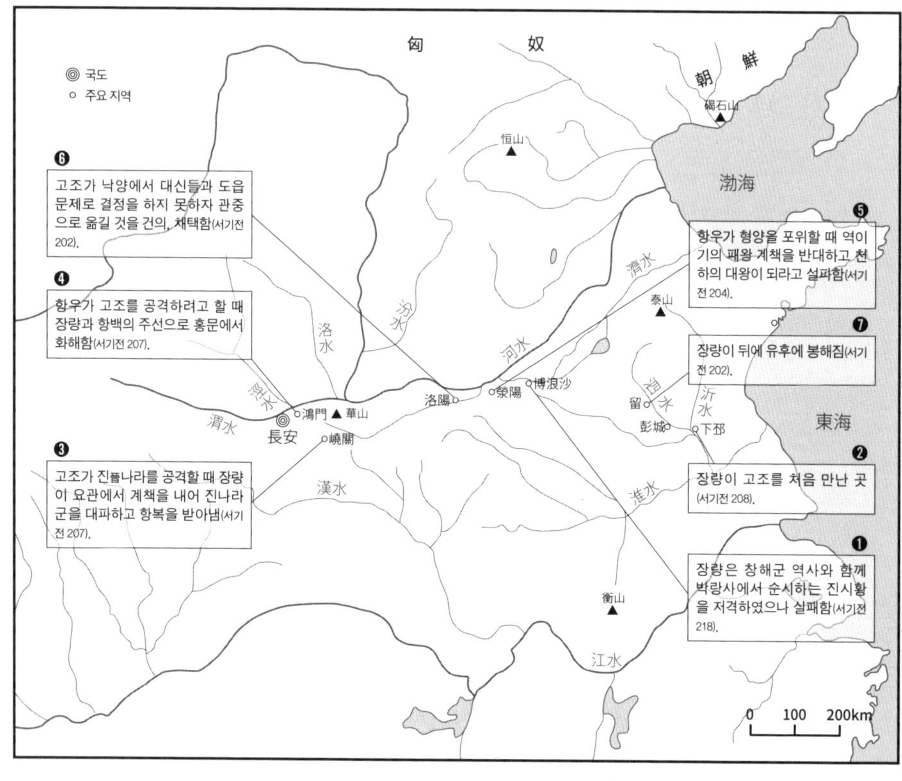

匈
奴
朝
鮮
碣石山
恒山
渤海
◎ 국도
○ 주요 지역
❻
고조가 낙양에서 대신들과 도읍 문제로 결정을 하지 못하자 관중으로 옮길 것을 건의, 채택함(서기전 202).
❹
항우가 고조를 공격하려고 할 때 장량과 항백의 주선으로 홍문에서 화해함(서기전 207).
❸
고조가 진晉나라를 공격할 때 장량이 요관에서 계책을 내어 진나라 군을 대파하고 항복을 받아냄(서기전 207).
❺
항우가 형양을 포위할 때 역이기의 패왕 계책을 반대하고 천하의 대왕이 되라고 설파함(서기전 204).
❼
장량이 뒤에 유후에 봉해짐(서기전 202).
❷
장량이 고조를 처음 만난 곳(서기전 208).
❶
장량은 창해군 역사와 함께 박랑사에서 순시하는 진시황을 저격하였으나 실패함(서기전 218).
汾水
洛水
河水
濟水
泰山
泗水
沂水
留
彭城
下邳
東海
洛陽
滎陽
博浪沙
鴻門
華山
長安
嶢關
渭水
漢水
淮水
衡山
江水
0 100 200km

찾아보기

인명

ㅇ

ㅈ

지명

ㄱ

ㄴ

ㅊ

ㅌ

ㅍ

ㅎ

기타

ㅈ

ㅊ

ㅌ

ㅍ

ㅎ

《신주 사마천 사기》〈세가〉를 만든 사람들

한가람역사문화연구소 사기연구실

이덕일(한가람역사문화연구소 소장, 문학박사)

김명옥(문학박사)

송기섭(문학박사)

이시율(고대사 및 역사고전 연구가)

정 암(지리학박사)

최원태(고대사 연구가)

한가람역사문화연구소는 1998년 창립된 이래 한국 사학계에 만연한 중화사대주의 사관과 일제식민 사관을 극복하고 한국의 주체적인 역사관을 세우려 노력하고 있는 학술연구소이다. 독립운동가들의 역사관 계승 작업을 꾸준히 진행하는 한편《사기》본문 및 '삼가주석'에 한국 고대사의 진실을 말해주는 수많은 기술이 있음을 알고 연구에 몰두했다. 지난 10여 년간 '《사기》 원전 및 삼가주석 강독(강사 이덕일)'을 진행하는 한편 사기연구실 소속 학자들과《사기》에 담긴 한중고대사의 진실을 찾기 위한 연구 및 답사도 계속했다.《신주 사마천 사기》는 원전 강독을 기초로 여러 연구자들이 그간 토론하고 연구한 결과의 집대성이라고 할 수 있다. 한가람역사문화연구소는《신주 사마천 사기》 출간을 시작으로 역사를 바로세우기 위해 토대가 되는 문헌사료의 번역 및 주석 추가 작업을 꾸준히 이어갈 계획이다.

한문 번역 교정

박종민 유정님 오선이 김효동 이주은 김현석

《사기》를 지은 사람들

본문_ 사마천

사마천은 자가 자장子長으로 하양(지금 섬서성 한성시) 출신이다. 한무제 때 태사공을 역임하다가 이릉 사건에 연루되어 궁형을 당했다. 기전체 사서이자 중국 25사의 첫머리인 《사기》를 집필해 역사서 저술의 신기원을 이룩했다. 후세 사람들이 태사공 또는 사천이라고 높여 불렀다. 《사기》는 한족의 시각으로 바라본 최초의 중국 민족사라고 할 수 있는데 여기서 사마천은 동이족의 역사를 삭제하거나 한족의 역사로 바꾸기도 했다.

삼가주석_ 배인·사마정·장수절

《집해》 편찬자 배인은 자가 용구龍駒이며 남북조시대 남조 송(420~479)의 하동 문희(현 산서성 문희현) 출신이다. 진수의 《삼국지》에 주석을 단 배송지의 아들로 《사기집해》 80권을 편찬했다.

《색은》 편찬자 사마정은 자가 자정子正으로 당나라 하내(지금 하남성 심양) 출신인데 굉문관 학사를 역임했다. 사마천이 삼황을 삭제한 것을 문제로 여겨서 〈삼황본기〉를 추가했으며 위소, 두예, 초주 등 여러 주석자의 주석을 폭넓게 모으고 자신의 견해를 덧붙여 《사기색은》 30권을 편찬했다.

《정의》 편찬자 장수절은 당나라의 저명한 학자로, 개원 24년(736) 《사기정의》 서문에 "30여 년 동안 학문을 섭렵했다"고 썼을 정도로 《사기》 연구에 몰두했다. 그가 편찬한 《사기정의》에는 특히 당나라 위왕 이태 등이 편찬한 《괄지지》를 폭넓게 인용한 것을 비롯해서 역사지리에 관한 내용이 풍부하다.